文化心理学
WENHUA XINLIXUE

李莹丽 编著

苏州大学出版社
Soochow University Press

图书在版编目(CIP)数据

文化心理学/李莹丽编著. —苏州:苏州大学出版社,2020.4(2025.2重印)
ISBN 978-7-5672-3000-2

Ⅰ.①文… Ⅱ.①李… Ⅲ.①文化心理学-高等学校-教材 Ⅳ.①C912.6-0

中国版本图书馆 CIP 数据核字(2019)第 276022 号

书　　名	文化心理学
编　　著	李莹丽
责任编辑	刘一霖
策划编辑	刘一霖
出版发行	苏州大学出版社
社　　址	苏州市十梓街 1 号(邮编:215006)
印　　刷	广东虎彩云印刷有限公司
开　　本	700 mm×1 000 mm　1/16　印张:17.25　字数:292 千
版　　次	2020 年 4 月第 1 版
印　　次	2025 年 2 月第 4 次印刷
书　　号	ISBN 978-7-5672-3000-2
定　　价	48.00 元

若有印装错误,本社负责调换
苏州大学出版社营销部　电话:0512-67481020
苏州大学出版社网址　http://www.sudapress.com
苏州大学出版社邮箱　sdcbs@suda.edu.cn

前 言

近年来，心理学者越来越意识到文化塑造人类心理的重要性，因此相关研究不断见于心理学领域顶尖刊物，使得文化心理学蓬勃发展。与此形势不符的是，目前国内介绍文化与心理关系的教材极少，且内容老化，不能适应当前大学心理学教育的需求。基于此，笔者编著了这本《文化心理学》教材，目的在于向心理学领域的学者和在读的本科生和硕士研究生介绍当前国际范围内文化心理学发展的状况和趋势。

本书有以下特点：

第一，结构合理，在介绍基础知识的基础上，按照心理学研究的各个领域介绍相关研究成果和相关理论。

第二，内容丰富、全面，囊括了绝大部分文化与心理相关研究领域的内容。

第三，观点和理论新颖，不仅包括对以往研究的介绍，还包括最新的相关研究成果（文献引用至2018年）。

第四，文献引用较详尽，有利于读者进一步搜索相关文献，扩大阅读范围，加深对文化心理学的理解。

在本书的编著过程中，笔者得到了多名硕士研究生的大力支持，特此感谢杜娟、张新鑫、李志强、冯米雪、张颖、李娅璇等人在资料搜集和编写过程中的参与和贡献。亦感谢出版社编辑的精心修改，使本书更为完善。

李莹丽

2019年5月于苏州大学

目 录

第一章 文化心理学简介

第一节 文化心理学的起源、定义、贡献和发展/3
第二节 文化的起源、定义及与相关概念的区分/6
第三节 文化的内容/13
第四节 文化与人类心理和行为/19

第二章 跨文化心理学研究方法

第一节 跨文化研究的类型/23
第二节 跨文化对比的类型/25
第三节 跨文化研究的设计/27
第四节 文化等值和跨文化研究设计中常见的偏差/35

第三章 文化与心理发展

第一节 文化与婴儿早期发展/50
第二节 文化与儿童期社会化/56
第三节 文化与社会性发展/63
第四节 文化与青春期发展/69

第四章　文化与认知

第一节　文化与感知觉/77

第二节　文化与思维/84

第三节　文化与意识/92

第四节　文化与智力/95

第五章　文化与语言

第一节　文化与言语交流/106

第二节　文化与非言语交流/112

第三节　文化间与文化内交流/116

第四节　文化与双语经验/126

第六章　文化与情绪

第一节　基本情绪的跨文化普遍性/135

第二节　文化对基本情绪的调节/141

第三节　文化对情绪经验的建构/146

第四节　文化对情绪相关观念的建构/147

第七章　文化与社会行为

第一节　文化与人际感知/153

第二节　文化与从众、合作和攻击性/156

第三节　文化与归因/162

第四节　文化与性别差异/164

第五节　文化与爱情和婚姻/178

第八章 文化与人格

第一节 文化与自我/184

第二节 文化与大五人格特质/188

第三节 文化与其他人格维度/192

第四节 本土人格/195

第九章 文化与健康

第一节 健康定义的文化差异/206

第二节 世界范围内健康三大指标的对比/209

第三节 影响健康的主要因素/211

第四节 健康和医疗系统的差异/221

第五节 文化影响身体健康的综合模型/222

第十章 文化与心理障碍及治疗

第一节 文化与心理障碍的分类和诊断/227

第二节 常见心理障碍的跨文化对比/232

第三节 文化特定心理障碍/236

第四节 文化与心理治疗/238

第十一章 文化、管理和跨文化沟通

第一节 工作价值观的文化差异/247

第二节 文化与组织管理气氛/248

第三节 文化与组织管理行为/251

第四节 跨文化沟通/258

文化心理学简介

当今世界处于一个快速变化的时代。最重要的变化之一就体现在文化多元化上。在许多国家里，具有不同文化、国籍和职业背景的人们共同生活、工作和娱乐。多元化的世界为个人的成长提供了机会，也带来了潜在的文化之间的误解、困惑和冲突。

文化多元化和文化之间的关系是当今世界面临的最大的挑战之一，同时，这种挑战也是一个巨大的机遇。如果能够把握好这个机遇，我们就能够从中获得文化多元化带来的丰硕成果：个人的成长、社会的进步和文明的发展。

心理学认为，人类心理是在生物因素和环境因素共同作用下发展形成的。从广义上而言，所谓环境因素，实际上就是人类的文化。人类是群居动物，由于共同生活的需要才创造出文化。文化（Culture）是一个非常广泛、边际模糊的概念。它可以包括一个地域范围内人类所有的生活要素形态，如衣、冠、文、物、食、住、行等。

人类自出生始，就身处于一个既定的文化环境中，通过社会化的过程逐步发展为社会人。在这个过程中，每个人既是文化的传承者，也是文化的创造者。

从微观层面而言，文化对于塑造个体心理的重要性不言而喻。文化赋予我们世界观、价值观和人生观，决定我们的行为规范，影响我们的思维方式，甚至塑造我们的人格特点。

从宏观层面而言，文化对人类社会来说具有以下几个重要功能：

（1）整合。文化有利于协调群体成员的行动，促进合作。社会群体中不同的成员都是独特的行动者。他们基于自己的需要，根据对情景的判断和理解采取行动。文化是他们之间沟通的桥梁。如果他们能够共享文化，那么他们就能够有效地沟通，消除隔阂、达成合作。

（2）导向。文化可以为人们的行动提供方向和可供选择的方式。通过共享文化，行动者可以知道自己的何种行为在对方看来是适宜的、可以给予积极回应的，并倾向于选择有效的行动，这就是文化对行为的导向作用。

（3）维持秩序。文化是人们以往共同生活经验的积累，是人们通过比较和选择认为是合理并被普遍接受的东西。某种文化的形成和确立就意味着某种价值观和行为规范的被认可和被遵从，也意味着某种秩序的形成。而且只要这种文化在起作用，那么由这种文化所确立的社会秩序就会被维持下去。这就是文化维持社会秩序的功能。

（4）传续。从世代的角度看，如果文化能向新的一代流传，即下一代也认同、共享上一代的文化，那么，文化就有了传续功能。

文化渗透在人类社会和人类心理中。忽略文化背景就无法真正了解人类的心理。文化心理学，作为心理学的一个分支，有其独特而重要的功能。文化心理学可以被简要地定义为探索人类心理与文化的关系的一门科学。文化心理学有多重目标，其目标之一在于对比和验证在一定社会文化背景下发现的心理现象和心理理论在其他文化背景下的适用性和局限性；目标之二在于考察特定社会文化背景下的特定心理现象和规律；目标之三在于将文化融入心理理论的建构之中，强调文化从各个方面对人类心理的塑造功能。

本书编写的目的在于对传统主流的人类行为的知识进行文化视角的重新审视，考察我们已知的对于管理、发展、人格、情绪、沟通等人类行为的各种知识是否可以适用于不同文化背景的人们。本书的宗旨并不在于挑战传统知识和研究，而是在于使用跨文化研究成果去挑战传统的忽略文化作用的研究观。

希望学习心理学的学生和对心理学有兴趣者通过阅读本书，能理解、欣赏、尊重和感受文化多样化和文化对人类行为的深刻影响。文化无对错、好坏之分。本书旨在客观地探讨各种文化和相应的心理及行为模式，不进行任何褒贬。

第一节 文化心理学的起源、定义、贡献和发展

一、文化心理学的起源

1. 心理学的目标

心理学有两个核心目标。第一个目标是建立一套关于人的完整的知识体系。心理学家需要了解人们的行为，解释它们为什么发生，甚至预测它们的出现。心理学家通过进行研究活动和创造关于人类行为的理论来实现这个目标。心理学的第二个目标是将这套知识体系投入应用，干预人类的行为，使人们生活得更好。这个目标可以通过多种方式来实现，如心理治疗、心理咨询、心理训练、心理指导等。许多心理学工作者工作在一线，直接与人打交道，致力让人们的精神更为积极向上。

上述心理学的两大目标之间紧密联系。知识体系的创造和应用密不可分。心理学的一线工作者需要掌握心理学知识才能为大众服务。他们往往通过大学教育开始掌握心理学知识，但是他们在大学教育之后仍可以通过继续教育和各种个人学习渠道（例如阅读科研文献、参加学术会议和学术组织活动等）继续学习心理学知识，了解心理学研究领域的进展。只有不断坚持学习的应用心理学家才能更好地为大众服务。同样，进行理论与研究工作的心理学家也需要应用的存在。他们在建构心理学知识理论时往往需要思考它们的应用价值，而且，心理学理论也需要通过应用来验证其有效性。

2. 传统西方心理研究的缺陷

心理学的早期研究多发源于美国，以美国大学生为研究对象。因此，相应地，心理学理论是建立在对美国大学生的认识的基础之上的。有研究者认为，美国人口不到全世界人口的5%，而美国大学生则是这个比例中

的一部分，因此基于美国大学生心理特征的研究获得的心理学理论在根本上是有缺陷的。这类研究中的对象具有"西方的"（Western）、"受教育的"（Educated）、"工业化的"（Industrialized）、"富裕的"（Rich）和"民主的"（Democratic）几个重要特征。将上述英文单词的首字母组合起来可以构成单词"怪物"（Weirdos），因此，相应地，这类研究也被称为"怪物"研究。显然，"怪物"研究的对象缺乏代表性，而研究者却习惯性地将这些研究结果用于解释人类行为。

二、文化心理学的定义

也许人们对传统西方心理研究的批评观点有些极端化。心理学早期研究的成果至少对于美国样本而言是有效的，而且其中相当一部分的内容和理论经过严格的跨方法、跨样本的验证，被发现可以用于解释人类的一些共通心理现象。当然，这种批评观有利于警示我们。无论心理研究结果是从哪里获得的，我们都需要思考其样本的代表性：该结果是对所有人都适用，还是会因为人们的性别、种族、文化、社会阶层、生活风格等差异而有所不同？对这类问题的思考促进了跨文化研究的发展和文化心理学的诞生。

从一定意义上来说，文化心理学即使用跨文化研究方法考察文化对人类心理的塑造过程，对比不同文化下行为和心理过程之差异的一门心理学学科分支。文化心理学家们力图在不同文化背景的人群中验证心理学知识的文化维度。他们最基本的研究方法就是跨文化研究。

跨文化研究首先是一种研究方法。它需要选取至少两种文化背景的被试，对比两种文化背景下的心理研究结果是否一致。跨文化研究也可以被理解为一种科学哲学。它的逻辑中包含了一些具有哲学意义的基础假设，例如：研究结果受研究方法限制；考察心理学研究成果的真伪性或有效性的手段受研究者的文化背景的限制；理论需要研究来验证或推翻；研究需要方法来收集数据、检验理论；研究方法涉及多个维度，其中一个重要维度是决定被试的性质（即跨文化研究在被试性质这个维度上有特定的要求）。

跨文化研究对于心理学的贡献非常重要：它不仅仅在研究方法领域上

进行了变革和改进，亦在哲学高度上丰富和体现了整体论思维（Holistic Thinking）对人的认识。此外，跨文化研究不仅考察不同文化背景下的心理/行为是否相同或不同，还进一步检验心理学理论的普遍性/文化特定性，有利于明确和界定心理学领域现有知识的局限性。

因为跨文化研究是一种方法，所以它不限于研究主题。文化心理学家的研究主题非常广泛。从知觉到语言，从儿童教养到心理治疗，他们对这些主题皆可进行跨文化研究。所以，区分文化心理学和主流心理学的关键并不在于研究主题，而在于是否关注文化对心理和行为的影响，是否使用跨文化研究方法去考察现有知识的局限性。

三、文化心理学的贡献

1. 跨文化对心理学的贡献

跨文化心理学和跨文化研究的发展对主流心理学产生了重要的影响，其影响范围既涉及知识的创造，也涉及知识的应用。如前所述，心理学学科的目标在于建立一套描述、解释、预测人类行为的科学理论知识体系并应用于实践之中。跨文化心理学的研究有助于我们获得精准的知识，了解心理学规律在不同文化背景下的表现，促进知识的应用。

2. 跨文化研究对个人生活的贡献

跨文化心理学家常常追问一些对于心理学知识应用至关重要的问题：我们所掌握的人类心理规律无须考虑被试的文化背景吗？如果答案是否，那么在什么条件下这个规律会发生变化，为什么变化？除了文化以外，还有什么重要因素（例如遗传因素、社会经济地位和其他背景因素）会导致心理规律发生变化？对这类问题答案的追索，丰富了我们的应用知识，使心理学能够更好地为人们服务。

四、文化心理学的发展

尽管跨文化研究的历史可以追溯到百年前，但文化心理学仅在近一二十年才在心理学领域中崛起。文化心理学的发展得益于国际文化交流的发展和人们对文化影响心理的重要性日益深化的认识。文化心理学的发展具体表现在两个方面。一方面，许多研究发现，以往认为的普遍的心理学规律或真理实际上受制于文化；另一方面，许多具体理论模型的建构都将文化视为一个要素。

文化心理学的发展导致了关注跨文化研究的专业刊物的流行。较重要的关注文化和跨文化研究的专业刊物有 *The Journal of Cross-cultural Psychology*、*Cross-cultural Research*、*Culture and Psychology*、*Journal of Personality and Social Psychology*、*Developmental Psychology*、*Psychological Science* 等。

第二节　文化的起源、定义及与相关概念的区分

在一些人看来，文化（Culture）、人种（Race）、国家（Nationality）和种族（Ethnicity）是可以混用的词汇。但是，这些词汇代表的含义实际上有很大的差异。在人们的日常语言中，文化往往意味着许多不同的意思。文化可以指代行为或活动、规则和标准、学习或问题解决方式、群体组织方式、群体的起源等。文化可以表示各种广义的事物，例如食物和服装、住房和建筑工艺、经济和交通、个人和家庭活动、社区和政府、宗教和科学、性别和生活圈子等。而且，在不同文化背景下，文化这个词汇的意义亦有差异。例如，提到文化，一个日本人首先想到的是插花或茶艺，而一个法国巴黎人则可能想到艺术、历史或美食。所以，文化是一个包罗万象的概念。要了解这个概念，我们首先需要了解它的起源。

一、文化的起源

文化有三大起源，即生态、资源和人。

1. 生态

生态指一群人生活的特定生态环境。气候对于文化而言是一个重要的影响因素。例如，不同国家和城市的气候千差万别，而不同的气候导致不同的生活方式，从而塑造出不同的文化特征。生活在湿热气候中的群体与生活在极冷气候中的群体的生活方式差异极大，因此文化差异亦极大。近年来一些研究表明，温度的波动，而不是绝对温度的高低，才是真正影响人们生活方式的重要因素。最适合人体的气温在 22 ℃ 左右，低于或高于这个气温的环境，都要求人体进行调整。极端气候意味着食物短缺或食

腐坏的风险及健康风险。在炎热的环境里，人们常常在有遮蔽的阴凉处和一天中气温较低的时间段活动。例如，西班牙人习惯在一天中最热的中午时分关闭店铺和办公室，晚些再开门，把工作时间往后推移。因此，我们常常可以见到半夜 11 点甚至 12 点才去吃晚餐的西班牙人。

另一个重要的影响文化的生态因素是人口密度。人口密度并非一个地区的人口与土地面积之比，而是该地区的人口与可耕地面积之比。有些地方的人口密度极大，如纽约、东京、香港等；而有些地方的人口密度极小，如阿拉斯加或日本的北海道。而这些地区的文化也存在较大差异。

除了气候和人口密度外，其他生态因素同样会影响或塑造文化。例如，全球气候变化可能通过影响世界不同地区的流行病发病率进而影响到人类的进化。地理环境的封闭/开放会影响文化特征。位于欧洲大陆的国家往往与多个国家接壤，而一些岛国如日本和英国则被大洋环绕。这种地理上的差异影响了人们的态度、信仰和行为，进而塑造了不同的文化。

表 1-1　塑造文化的因素

生　态	资　源	人
• 气候 • 人口密度 • 可耕地	• 食物 • 水 • 金钱	• 群居生活 • 基本人类需求和动机 • 人类普遍心理机制

2. 资源

资源是塑造文化的另一个重要因素。资源可以指自然资源，如水资源、土地资源等。在自然资源匮乏的地区，人们为了生存需要合作和团体力量，所以容易发展出团队精神和相互依赖的心理特征。相比之下，生活在自然资源丰富的地区的人们则更少需要这类心理特征来生存。资源也可以指金钱——人类创造的象征物。大量金钱有助于缓冲资源缺乏或天气恶劣带来的后果。拥有更多金钱的人群需要的合作更少，而缺乏金钱的人群则需要更多的合作才能够生存。

3. 人

人是塑造文化的能动者。

首先，人类以群居为特征的生存方式有助于人类文化的创造。选择群居生活不仅是物质生产的需求，也是人类的心理需求。群体的存在导致了社会分工的出现，从而使人类能够更为高效地通过协作来进行生产。当然，群居生活也有其不利的一面，例如，它可能带来社会冲突和混乱。

其次，人类的基本需求和动机有助于人类文化的创造。人类的基本需求和动机从根本上来看与其繁衍的成功性相关。人类最基本的生理需求如饮食、睡眠、排泄、生殖，以及安全保障需求如卫生、居所和保暖等，都与其生存密切相关。人类的基本需求亦进一步与其社会需求如成就和归属相关。在人类历史上，人们必须解决一系列的社会问题才能够适应环境，成功繁衍。这些社会问题包括协调复杂的社会地位、构成行业和社会群体、吸引异性、驱赶食物和性对象的竞争对手、生育和抚养后代、与自然条件抗争等。事实上，这些问题仍然出现在现代人的生活中。所有个体和群体都需要适应环境，解决生存中出现的各种基本问题，以满足自身的需求和动机。他们的解决方案可能具有独特性，因为这些解决方案与他们生存的地理环境、社会环境和家庭环境息息相关。

再次，人类普遍的心理机制有助于人类文化的创造。进化赋予人类高度发达的大脑和相应的心理机制。文化与人类普遍的心理机制共同演化。人类普遍的心理机制中包括了多种基本能力和认知功能。它们有助于人们适应环境，满足其生理和社会需求。第一，语言是其中一项重要的基本能力。与其他动物不同，人类具有独特的表征物理和超物理世界的能力，创造出词汇和语法构成句子；还创造了文字，使语言能够从语音表达发展到书面传递。语言的沟通和传承功能使人类的文化创造和传承得以实现。第二，人类拥有进行复杂社会认知、记忆和假设推理的认知能力。以心理理论能力为例，我们不仅明白他人是具有意图的主体，而且明白对方能认识到我们具有独立的意图。这种心理理论能力使我们意识到在社会互动中他人能评价我们的行为，进而促进归因心理的发展。人类独特的道德系统可能正是在心理理论和归因评价的能力基础上产生的。动物也许也能理解彼此存在的意图，但是人类与动物的一个根本区别在于人类可以分享意图。人类通过语言交流来获知彼此的意图，甚至可以通过表情解读来推测对方的意图。意图分享是人类社会协作的核心，是人类的文化塑造的基础之一。第三，人类还具有持续改良的能力。人类发明了有益的东西后，这种东西常常会被代代相传，且得以不断改良。电脑、汽车、音响、武器等，无不如此。Tomasello、Kruger和Ratner（1993）将人类的这种能力称为棘轮效应（Ratchet Effect）。就像一个棘轮，人类创造的产品从不反向退化，而是一直往前发展,不断被完善。这种棘轮效应从未在其他物种中发现。猴子也许能够使用树枝来捕捉昆虫,但是它们从未改良过工具。人类心理机制中其他重要的基本能力还包括记忆、思维和情绪等。记忆使人类能够创造和记录历史,从而获得传统、习俗和遗产。人类的未来假设思维则有利于人类计划未来,并为未来的不确定性而焦虑。人类的情绪作为一种有利于进行快速反应的信息加工机制,亦为文化的创造做出了贡献。第四,人类的人格特质,作为人类适应环境、解决问题、应对基本需求的先决倾向特征,为文化的创造奠定了基础。一个地区的一群具有相似人格和气质特征的人有可能形成特定的文化。

表1-2 人类普遍心理机制的内容

认知能力	情 绪	人格特质
• 语言 • 复杂社会认知 • 记忆	• 基本情绪 • 自我意识情绪	• 外向性 • 神经质 • 开放性 • 宜人性 • 责任性

二、文化的定义

人类为了生存和繁衍的需求,迫于所处的生态和资源的限制,在基本心理机制的调节下,发展出具有适应性的行为模式、思维模式、生活方式等。这些要素构成了人类的文化。文化是一个抽象的词汇,无法直接被观察或测量。我们只能通过人类的各种具体心理和行为模式来对之进行推断。

人类的群体生活需要进行社会协调,否则社会混乱就会发生。为了获得社会秩序和协调,我们创造了生存的规则系统,即文化。文化为我们的行为、思维和感受提供了指南。这些指南代代传承,并且受益于棘轮效应,在传承过程中得以不断改进。

许多研究者都试图定义文化。有人将文化定义为为成为一个社会成员而学习的所有能力和习惯。有人将文化直接定义为共享的生活方式或人格特征。有人认为文化是超越个人的共享符号系统或信息系统。有人则强调文化是通过符号系统获得并传承的意义和行为模式,或规则、意义及行为的综合。

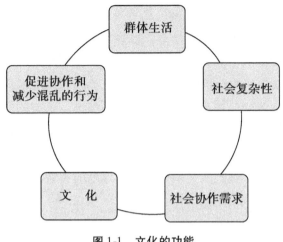

图 1-1 文化的功能

无论在心理学领域还是在人类学领域，文化都没有一个公认的定义。因此，在具体实践中，人们常常依据特定需求对文化进行定义。基于此，本书将文化定义为群体分享且代代传承的独特意义和信息系统。它是一个群体赖以满足基本生存需求、追求健康幸福和演绎生活意义的基础。

三、文化概念相关问题

1. 文化是人类独有的产物吗

如果我们将文化理解为人类为满足基本生理和社会需求而适应环境的问题解决方案，那么我们不可避免地会询问文化是否人类独有的产物，因为毕竟所有的生物都需要适应环境，满足其基本生存需求。人类的文化有一些特征与其他动物是共享的。例如，许多动物也是社会性动物，它们在群体中工作和生活；动物社会中也存在清晰的社会网络和社会等级；许多动物也能发明和使用简单的工具；许多动物也能进行彼此之间的交流；等等。所以，动物也拥有文化，或起码是一种具有基本形式的包括社会习俗的文化。

但是人类文化与动物文化有根本的差异。此差异主要表现在三个特征上：复杂性、区分性和制度化。复杂性指人类的文化高度演化，异常复杂；区分性指人类的文化在不同族群之间有巨大的差异，每个族群都发展出自己的独特的文化；制度化指人类的文化具化于一个社会的各种制度体系之中。

2. 哪些群体拥有文化

很多群体都拥有自己特定的文化。

（1）文化与国籍。

国籍指一个人的出生国家。每个国家都有其自身的文化，因为国家与文化形成的影响因素相关。例如，国家有特定的国土边界，因而有其特定的地理、气候和自然资源。国家有其独特的社会文化历史、语言、政府和经济基础，而这些因素都与文化的形成和发展密切相关。当然，一个国家不仅存在主流文化，也存在亚文化。亚文化的出现往往与一个国家内部的不同地域有关。

（2）文化与语言。

一个文化群体使用词汇和语法来编码其世界中有意义的事物。不同母语的群体往往有不同的文化。即使是使用同一母语的群体，不同的方言对他们来说也意味着不同的文化。例如，英语是英国、美国、澳大利亚和新西兰等国的主要语言，而这些国家的文化存在很多差异。

（3）文化与种族。

种族通常指一群以共同的国籍、地理起源、文化或语言为标志的人。种族不是人种，因为人种是基于基因和遗传进行划分的概念。种族的划分界限较为模糊，它不仅与国家起源有关，也与文化有关。当然，因为种族并非一个精确的划分，所以它与文化的关系很复杂。要了解个体或群体的心理差异，心理学家不能满足于仅仅使用种族来对被试进行分类。

（4）文化与性别。

学术界常常使用生理性别（Sex）和社会性别（Gender）来指代人类的性别。生理性别指男性和女性之间的生理差异，其中最明显的是他们在生殖系统的解剖学上的差异。相应地，生理性别角色（Sex Roles）指与生理差异和繁衍功能直接相关的男性和女性的相应的行为模式，如性行为模式。社会性别指一个社会或文化赋予男性和女性的相应的行为或活动模式。这些模式与其生理性别或生理性别角色并不完全相关。相应地，社会性别角色（Gender Role）指个人采择文化规定的性别特定的恰当行为的程度。

性别差异的产生来源于男性和女性代代传承的心理文化。性别差异即文化差异。男性和女性在一定程度上隶属不同的文化。当然，男性文化和女性文化往往还隶属一个更高层次的文化，如国家文化。

（5）文化与残疾。

残疾人群指存在感官、肢体或其他身体部分残疾的人。他们与健康人群不仅在身体的健全程度上存在明显的差异，也在社会心理上存在显著的差异。残疾人既有与普通健全人一样的感受、思维和动机，亦有与他们的残疾相关的特定的思维和情感。残疾人群共享特定的态度、观点、信念、行为、标准和价值，所以他们共享特定的文化。

（6）文化与性取向。

人们往往具有不同的性取向，如异性恋、同性恋、双性恋、无性恋等。我们常常认为性取向是一个人的主要特征。事实上，性取向不同的人群具有特定的心理特征。这些心理特征构成他们各自独特的文化。

3. 文化与相关概念的区分

（1）文化与社会。

尽管很多人并不区分社会和文化这两个词汇，但是实际上这二者的含义差异很大。社会是一个人际联系的系统，它代表个体之间的多种关系、个体与多个集体之间的多种关系、集体之间的多种关系。文化则指与社会网络相关的意义和信息。例如，家庭是一种社会群体单位。人类文化赋予家庭独特的意义，个人则从这些意义中提取特定的信息。而且，不同人类文化赋予家庭不同的意义。

（2）文化和人种。

人种并非文化。学术界对于人类的人种的种类一直存在争议。行外人常常通过肤色、头发和其他身体外观特征来区分人种，而大多数人类体格学家则通过群体基因频率来界定人种。但是，无论使用什么方法来界定人种，人种之间的差异远远小于他们之间的共同性，所以有学者认为人种之分只是人为武断的产物。

对于人种的起源，学术界也存在争议。一种流行理论认为，在约20万年前人类的共同先祖起源于非洲，之后其后裔迁徙到世界各地。这种理论的支持证据来自人类体格学和考古学的成果。而另一种理论则认为200万年前人类就已经在世界上不同地区存在。不同地区的人种渐渐融合，形成今天的人种分布状态。

今天大部分心理学家都认为，人种更多的是社会建构的产物。有研究者认为，人类有对各种事物，尤其是对人类的各种特征进行分类的自然倾向。由于一些容易辨别的身体表面特征常常被用于分类的信息加工过程，人种就成为民众朴素心理学的核心,因而变得具有认知和社会的意义及重要性。

将人种视为生理差异的产物也许存在疑问,但是将人种视为社会建构的产物是确切无疑的。虽然如此,但是将人种视为社会建构的产物也为精确的研究带来了一些问题。首先,社会建构的人种的区分模糊不清,并因社会背景不同而变化。其次,不同文化的人们对于人种有不同定义。在有些文化中人种被认为是某种维度上的程度变化,而不是独立的类型。另外,在一些文化中社会经济地位被认为是决定人种的重要因素。由此可见,人种的定义和划分都与文化密切相关,而文化赋予了人种内涵。

（3）文化与人格。

文化是一个宏观、社会、群体水平的建构。人格则是一个群体中的个体彼此之间的差异,是个人独特的品质和特征的组合。个人对于其身处的文化可以具有自己特定的心理表征,且一个文化中的个体之间文化心理表征可能有所不同。这种差异亦成为他们各自人格的一部分。个体对文化的心理表征并不等于宏观层面上的文化,因为文化是个体之间共享的代代传承的意义和信息系统,但是人格并不是可共享的特征。

（4）文化与流行文化。

人们常常将流行的时尚称为流行文化。流行文化通常是指在一群人中流行的音乐、艺术和其他表现形式的时尚。流行文化与文化具有一定的相通之处,例如二者都包括了被一群人分享的表达形式和价值观。但是,这二者之间存在重要的区别。首先,文化包括规则系统,规范人们的态度、价值观、观点、信念、标准和行为,影响范围深广;而流行文化只涉及某种表达方式的价值的分享,不需要在多个心理领域里分享大范围的心理特征,所以影响有限。其次,文化是代代传承的,它在较长的时间维度上是稳定的;而流行文化是一个快速变化的表达方式和价值观,往往在几年内就推陈出新、改弦易辙。本书中讨论的是文化,不是流行文化。

第三节　文化的内容

文化作为一个意义和信息系统,基本上是我们用于指代生活范围内各个方面的一个抽象词汇。文化的内容可以大概划分为两大类,即客观成分和主观成分。

一、客观成分

文化的客观成分包括客观、明确的物质成分。例如建筑、服装、食物、艺术、厨具等。现代世界中的广告、短信、媒体、电视、网络等都是文化客观成分中重要的人造物质产品。

二、主观成分

文化的主观成分包括所有文化中非物质的成分。它们包括心理过程，如态度、价值观、信念和行为等。文化主观成分的重要内容见表1-3。

表1-3 文化的主观成分

价值观	个人主义/集体主义 权力距离 神圣价值观
信念	动态永恒性 社会犬儒主义 宗教
规范	礼仪和礼貌 表达性行为 紧密性/松散性
态度	观点意见 刻板印象 社会歧视
世界观	自我概念 文化世界观 归因

1. 价值观

价值是指向值得拥有的目标、激发行为的指引原则，它定义个人或群体在道德、政治、社会、经济、审美或宗教方面的伦理。价值可以在两个层面上存在，即个人价值和文化价值。个人价值是引导个人生活的过渡/暂时性的值得拥有的目标。文化价值则指一个社会集合体对被其视为美好、正确和值得拥有的事物的共享的抽象观念。

每种文化对于什么是有价值和值得拥有的事物都有自身的观念。文化研究者曾从多个角度提出文化在价值观念上的差异。其中最著名的理解文化价值的理论来自Geert Hofstede考察工作相关价值观的研究。通过研究一个跨国商业组织内来自72个国家、掌握20种以上的语言和7个职业水平的117 000多名员工，Hofstede提取了63个与工作相关的价值观点（Hofstede，2001），并从中提取了可以划分不同文化种类的5个价值维度：

● 个人主义/集体主义（Individualism vs. Collectivism）。这个维度指文化一方面鼓励人们只照顾自己和直系家庭，另一方面鼓励隶属集体的个人照顾群体成员以获得忠诚的倾向。

● 权力距离（Power Distance）。这个维度指文化鼓励群体中权力较少的成员接受权力不平等分布的程度。

- 不确定回避（Uncertainty Avoidance）。这个维度指人们畏惧并发展出信念、制度或仪式去避免未知或模棱两可的情景的程度。
- 男性气质/女性气质（Masculinity vs. Femininity）。这个维度一端是成功、金钱和物质，另一端是关心他人和生活质量。它指男性和女性之间的情感角色的分布状况。
- 短期/长期取向（Short vs. Long Term Orientation）。这个维度指文化鼓励人们延迟满足物质、社会和情感需求的程度。

另一个著名的文化价值研究者是 Shalom Schwartz。他使用一个包含 56 个项目的量表测量了许多国家的被试的价值观，并从中提取出 7 个普遍存在的价值观：

- 嵌入性（Embeddedness）。这种价值观指一种文化强调维持现状和规矩，约束可能破坏群体团结或传统秩序的行为或倾向的程度。它促进社会秩序、对传统的尊重、家庭安全和自律。
- 等级制度（Hierarchy）。这种价值观指一种文化强调固定角色和资源（如社会权力、权威、谦卑或财富）呈等级分布具有合理性的程度。
- 成就性（Mastery）。这种价值观指一种文化强调通过积极的自我主张或通过改变和掌握自然和社会环境力量来获得成功的程度。它促进野心、成功、勇敢和能力。
- 智力自主性（Intellectual Autonomy）。这种价值观指一种文化强调助长和保护个人追求自己的智力方向的思想和权利的程度。它促进好奇心、心胸开阔和创造性。
- 情感自主性（Affective Autonomy）。这种价值观指一种文化强调助长和保护人们独立追求积极体验的程度。它促进愉悦和刺激多变的生活。
- 平等主义（Egalitarianism）。这种价值观指一种文化强调超越自私利益、主动增进他人福利的程度。它促进平等、社会正义、自由、责任感和诚实。
- 和谐性（Harmony）。这种价值观指一种文化强调与环境匹配的程度。它促进人与自然合一，保护自然和美的环境。

在上述价值维度中，Hofstede 的个人主义/集体主义维度在跨文化研究中获得最多关注。它被用于解释和预测许多文化之间的差异，尤其是在思维和情绪研究领域。现在，研究者不仅关注文化之间的价值观差异，还进一步关注一种文化内不同群体的价值观差异。

有些价值观被视为不可动摇的。这些价值观被称为神圣价值观。它们与普通价值观不同，因为它们包括了驱动行为的道德信念。全世界绝大多数的人都认为某些核心价值观（如关心家庭和国家或忠于宗教、荣誉和正义）是神圣、不可违反的。这些核心价值观的重要性超过了其他价值观。

不同文化之间的价值观差异甚大。例如，大部分人认为应当忠于一对一的配偶关系，而某些文化则允许男性或女性有多个配偶。

不同的价值观和信念塑造了文化的不同特征。根据一些突出的特征，研究者将某些文化称为羞耻或内疚文化（Piers，Singer，1971）、荣誉文化（Cohen，Nisbett，Bowdle，el at，1996；Vandello，Cohen，Grandon，et al，2009）、面子和尊严文化（Kim，Cohen，Au，2010）、高/低情景文化（Matsumoto，Willingham，2009），以及权力或权力等级文化（Matsumoto，2007；Torelli & Shavitt，2010）。这些划分在具体研究中具有一定的理论指导意义。

2. 信念

信念是被视为真理的观点和主张。不同文化下的人们有不同的信念。当前的文化信念研究关注社会公理（Bond，2004；Leung，Bond，De Carrasquel，et al，2002）。社会公理指一个文化中人们对于自我、社会、物理环境和精神世界的普遍信念，是两个或多个事物之间的关系的论断，起到指引人们日常行为的作用。Leung 等人（2002）在 41 种文化群体中发现了普遍存在的个人层面上的 5 种社会公理，而 Bond（2004）对其数据进一步进行了文化层面的分析，发现在文化层面上存在以下两种社会公理维度。

（1）动态永恒性（Dynamic Externality）。这个维度代表人们对外在力量如命运的过分简单的依赖。它是文化层面上对于信念结构的反映，是人们心理组合体的构成部分，帮助个人动员心理去面对环境中的困难。研究表明，在动态永恒性维度上获得高分的社会更趋向于集体主义、保守化和权力等级化，有更高的失业率、更少的自由和人权活动，更渴望安全和物质资源，其成员拥有更长的寿命。

（2）社会犬儒主义（Societal Cynicism）。这个维度代表一个社会群体中占主导地位的对于现实世界的忧虑或悲观的认识。在这个维度上获得高分的文化群体相信世界对人充满恶意。群体中的人们被不可避免的消极事件包围，个人受强权压迫并不得不屈从于任性自私的个体、集团和机构的蹂躏。

Hofstede、Schwartz 和 Bond 的文化观点并不相互排斥。例如，个人主义指一组涉及自主性与个性的价值观的品质。权力距离则与群体内最高权力、维持权力等级制度、情景性信念和长期时间观相关的价值观有关。男性气质涉及与掌控有关的价值观。不确定回避指与风险/谨慎有关的价值观和信念。这些联系可以从国家层面的相关研究结果中找到证据。例如，Hofstede 的个人主义维度得分与 Schwartz 的情感和智力自主性以及平等主义得分呈正相关；权力距离与长期取向、嵌入性、等级制度和动态永恒性呈正相关。个人主义、情感和智力自主性、平等主义与权力距离、长期取向、嵌入性、等级制度、动态永恒性呈负相关。

同时，上述这些维度之间亦有重要差异。例如，个人主义更多指个人与其所隶属集体之间的关系，而权力距离更多指群体内权力和地位的分化。所以，尽管这些维度在概念和实践上相互关联，但它们反映了文化心理内容概念化的不同方面。

对很多个人和文化而言，宗教的地位非常重要。宗教是组织化的信念系统，结合了多种态度、价值、信念、世界观和规范，为人们的生活提供指导方针。尽管不同的宗教各有差异，但是它们有着共同点，即它们都服务于一个特定的需求——帮助人们管理自我及与他人相关的行为，以避免社会混乱，促进社会和谐。在一些文化里，宗教被认为与个人的日常生活实践有所不同，具有划分性，例如人们只在每个周日去教堂；在另外一些文化里，宗教则更多融入日常生活，而人们在日常实践中无法不考虑相应的宗教意义和内涵。在一些文化里，宗教与政府有清晰的划分；而在另外一些文化里，宗教渗入文化中，以至于人们无法单独去思考文化、国家和宗教。宗教在文化之间的差异无关好坏，是世界上不同地区各自演化而自然形成的。

3. 规范

规范是一个文化群体普遍接受的行为标准。它被一个文化群体成员视为给定情景里最合适的行为。所有的文化都为人们如何按照期望去符合规范地做出行为提供指导方针。例如，在一些文化里，人们穿很少或者不穿衣服，而在另外一些文化里，人们则几乎将全身都包裹在衣服里。近年的相关研究还发现了针对异文化人群的行为规范，以及人在情绪化时如何控制自己的表情的规范。

在不同文化中，正常的行为都与社会仪式有关。仪式是文化规定的行为或约定俗成的程序/常规。它可能包括宗教仪式、婚礼仪式、早餐模式等。仪式之所以重要是因为它强化文化的意义系统。

有些仪式与礼貌有关。许多文化都将共享行为模式中的礼貌规范具体化为礼仪。礼仪是一种行为的编码，描述一个文化群体中与当代文化和习俗规范一致的社会行为的期望。礼仪在很多文化里都是一个重要部分，尽管文化之间对于礼貌是什么，什么行为是礼貌的、合适的和好的存在不同看法。礼仪被认为是成熟和通情达理的标志。不遵循社会规则者被认为是奇怪的人。礼貌是文化特定的，所以不同文化对礼貌行为的判断往往不同。例如，在一些文化中避免直视他人的眼睛被认为是表示尊重的友好行为，而在另一些文化中，人们表达尊重时必须直接看着别人的眼睛。

一个重要的规范的文化差异维度是紧密性/松散性（Tightness/Looseness）。这个维度有两个关键成分：社会规范的强度（即社会规范有清晰度和普遍性）和制裁的强度（即社会对于偏离规范的宽容程度）。Pelto最早提出这个维度，并认为不同传统社会对于社会规范的表达和遵从存在差异。

4. 态度

态度是人们对于当前思维中或记忆里保存的事物的评价。文化影响着人们形成对行为或行动的态度，进而成为刻板印象和偏见的基础。文化也促成一些不与特定行为相联系的态度，例如相信某种政治体制是最好的体制。

5. 世界观

文化在世界观上也有重要差异。世界观是文化特定的关于世界的信念系统，包括关于世界的态度、信念、观点和意见，是人们对于物理现实和社会现实的先决假定。例如美国文化有助于人们形成以个人控制为中心的世界观，即个人控制自己的生活、命运和幸福。但很多文化并不支持这种世界观，反而认为一个人的生活受控于神、命运或某种超自然。

世界观的一个重要方面是我们如何思考自我，即我们知道多少自己的自我概念。在有些文化里，人们认为自我是独特、分离的个体，个人的成败与他人无关；而在另外一些文化里，人们则认为自我与他人不可分离，每个人都依赖彼此，而在这样的观念下，个人的成败被视为集体的成败。

世界观是一个普遍的心理过程。需要注意的是，世界观与行为并不总是吻合的，人们的言行不一定一致，因此，世界观的文化差异不一定与行为的文化差异相关。

第四节 文化与人类心理和行为

一、文化影响人类行为和心理的过程

文化是习得的现象。新生儿没有文化。在成长过程中，人们习得相应文化中恰当或不恰当的特定行为和活动模式，采择或拒绝相应文化的价值观。许多心理学家认为，态度、价值观、信念、人格和认知等心理过程都是由文化所建构的，也就是说，由于这些心理过程与文化如此紧密交织，不理解文化背景就无法理解这些心理过程。

文化影响人类行为和心理的过程是一个系统。生态、资源和人这三大因素组合促成人类的生活方式，而文化则是解释和描述这些生活方式的一个抽象概念。个人自出生始便通过文化适应（Enculturation）的过程来学习文化。文化适应逐步塑造个人的心理特征，包括个人如何感知世界、思考自己和他人行动的驱动原因、拥有和表达情绪、与他人互动等。

在理解人类行为时，我们必须意识到文化只是影响人类心理和行为的主要因素之一。另外两个重要影响因素是情景因素和个人因素。个人因素包括人格、生物和生理因素及人类天性。情景因素则是一个重要的调节文化和个人因素对于行为的影响的因素。在一些情景下，行为可能主要由个人因素决定；在另外一些情景下，行为可能主要由文化因素决定。

需要注意的是，文化影响心理过程的系统不是静态或单向作用的。实际上，系统意味着其内在不同成分相互联系和彼此作用（相互反馈和强化），不断动态地演变和发展。文化影响成员心理，但是文化亦随着成员的心理变化而变化。科技如沟通和交通技术的变化能引起生活方式的变化，进而引起文化的改变。即使是生态变化如全球变暖带来的气候变化，也能引起文化的改变。日本、韩国、新加坡、中国和巴巴多斯等都经历了显著的文化变化，体现在个人的态度、价值观、意见、信念和行为等各个方面（Allen, Ng, Ikeda, et al., 2007; Matsumoto, Kudoh, & Takeuchi, 1996）。所以，文化与个人行为的关系是相互影响的动态关系。

二、心理过程的普遍性和文化特殊性

人类文化的演化启示我们，在人类群体中存在多种共同参与的心理过程。例如，因为人类有独特的将他人视为意图的代理者的心理能力，所以我们能推断他人行为背后的原因。这个心理过程被称为归因，而归因是所有人都具备的普遍心理过程。但是，因为不同人类群体的文化存在差异，即使归因是一个普遍心理过程，不同文化中的人们进行归因的方式也会因文化而异。不同文化可能导致不同的归因风格。这个例子启示我们用一种微妙的方式来理解文化与心理学及文化心理学分支的关系。在比较人类文化与非人类的动物文化这个层面上，一个心理机制对于所有人类是普遍的；在比较不同人类文化这个层面上，同样的心理机制却出现了文化特殊性。这个规律适用于其他心理机制如情绪、认知和动机。

三、客位观和主位观

文化心理学家在讨论心理过程的普遍性和文化特殊性时常常使用发源于语言研究领域的两个术语，即客位观（Etics）和主位观（Emics）。客位观指跨文化一致的心理过程；而主位观指文化特殊心理过程。

每种文化都是特定的地理、气候、资源、前文化基础、与其他文化的接触等因素组合的产物。尽管我们拥有共同的心理机制，文化却赋予了这些心理机制特殊性。正如我们都可以发出声音，文化却教会我们如何发出正确的声音，创造单词，并组成各自的语言。文化影响我们的交流、思维、决策、对未来的计划和问题解决方式。它判定什么是礼貌和礼仪。它规定宗教和禁忌。文化存在于世界不同地区，其影响也不相同，这就促使了文化主位观的产生。

但是，尽管不同文化中的人们常常表现出不同的行为，但他们行为的原因非常相似。人类具备共同的基本需求和能力。如果我们只看表面，不同文化中的人们的行为似乎就显得很古怪。如果我们明白了他们的行为怎样和为什么会发展为文化的一个部分，我们就能理解这些行为。例如，我们都希望能找到与自己分享生活的另一半，都为自己给别人留下的社会形象而焦虑，都自我感觉不错。世界上不同文化中的人们都在使用不同的方式（主位观）来试图达成同样的目的（客位观）。

从总体上而言，全世界的人在基本需求上非常相似：与人友好相处，找到配偶，获得成功，完成生活的基本功能。文化为人们解决这些基本需求提供途径。不同地区和历史的文化通过不同的方式来解决人们的需求；

有时候，文化像一个放大器，强化某些行为；有时候，文化像一个创造者，创造前所未有的行为；有时候，文化像一个能动器，促进某些行为；有时候，文化像一个抑制器，抑制某些行为。

需要注意的是，文化是一个从古至今、跨越一代又一代人的事物，它存在的目的是帮助人们存活下去。当前地球人类数量的不断增长表明文化在完成帮助人类存活这个目标上是非常成功的。

思考题

1. 本书中文化的定义是什么？它与其他研究者给出的文化的定义有何不同？
2. 你怎样看待文化与心理学的关系？
3. 你在成长过程中有什么重要的价值观、信念、规则或世界观？
4. 你怎样从国籍、种族、性别等维度来定义你自己和你的文化背景？

参考文献

1. ALLEN M W, NG S H, IKEDA K I, et al. Two decades of change in cultural values and economic development in eight East Asian and Pacific Island nations[J]. Journal of Cross-Cultural Psychology, 2007, 38(3): 247-269.

2. BOND M H. Culture and aggression: from context to coercion[J]. Personality and Social Psychology Review, 2004, 8(1): 62-78.

3. COHEN D, NISBETT R, BOWDLE B F, et al. Insult, aggression, and the southern culture of honor: an experimental ethnography[J]. Journal of Personality and Social Psychology, 1996, 70(5): 945-960.

4. HALL E T. The hidden dimension[M]. New York: Doubleday, 1966.

5. HOFSTEDE G H. Culture's consequences: comparing values, behaviors, institutions, and organizations across nations[M]. California: Sage Publications, 2001.

6. KIM Y H, COHEN D, Au W T. The jury and abjury of my peers: the self in face and dignity cultures[J]. Journal of Personality and Social Psychology, 2010, 98(6): 904-916.

7. LEUNG K, BOND M H, DE CARRASQUEL S R, et al. Social axioms: the search for universal dimensions of general beliefs about how the world functions[J]. Journal of Cross-Cultural Psychology, 2002, 33(3): 286 - 302.

8. MATSUMOTO D. Individual and cultural differences in status differentiation: the status differentiation scale[J]. Journal of Cross-Cultural Psychology, 2007, 38(4): 413 - 431.

9. MATSUMOTO D, KUDOH T, TAKEUCHI S. Changing patterns of individualism and collectivism in the United States and Japan[J]. Culture and Psychology, 1996, 2(1): 77 - 107.

10. MATSUMOTO D, WILLINGHAM B. Spontaneous facial expressions of emotion of congenitally and non-congenitally blind individuals[J]. Journal of Personality and Social Psychology, 2009, 96(1): 1 - 10.

11. PIERS G, SINGER M B. Shame and guilt: a psychoanalytic and a cultural study[M]. Oxford, England: W. W. Norton, 1971.

12. TING-TOOMEY S. The challenge of facework[M]. New York: SUNY Press, 1994.

13. TOMASELLO M, KRUGER A C, RATNER H H. Cultural learning [J]. Behavioural and Brain Sciences, 1993, 16(3): 495 - 552.

14. TORELLI C J, SHAVITT S. Culture and concepts of power[J]. Journal of Personality and Social Psychology, 2010, 99(4): 703 - 723.

15. VANDELLO J A, COHEN D, GRANDON R, et al. Stand by your man: indirect prescriptions for honorable violence and feminine loyalty in Canada, Chile, and the United States[J]. Journal of Cross-Cultural Psychology, 2009, 40(1): 81 - 104.

第二章　跨文化心理学研究方法

跨文化心理学研究与普通的心理学研究相比在方法学上有其特殊的要求，其中最核心的就是研究方法和研究材料的文化等值要求。了解跨文化心理学研究方法，不仅有助于我们理解和剖析已有跨文化研究的研究问题、研究方法、研究结果和理论解释，还有利于我们在进行跨文化研究时进行更为科学和合理的设计和解释。本章将介绍跨文化研究的常见类型、跨文化研究中对比内容的常见类型、跨文化研究的设计以及跨文化研究中常见的各种偏差。

第一节　跨文化研究的类型

一、方法有效性研究

在跨文化研究中有一类研究专门探究某些研究工具（如测试/问卷/量表）是否跨文化等效，这类研究即方法有效性研究。

研究方法的信度和效度是所有研究者都关心的问题。效度是指一个量表、测验或者其他测量工具能够准确地测到它想要测量的内容的程度。信度是指一个测验的可靠性，即同一测验多次测量同一个团体所得结果之间的一致性程度。信度和效度对所有类型的研究都至关重要，无论研究中是否涉及文化。

跨文化研究者不能简单地将在某种文化背景下发展和验证的测验或测量方法直接用到另一种文化背景里。即使某个量表在一种文化中得到了信度和效度的验证，我们亦不能简单地认为它在其他文化中也同样有效。我们必须使用令人信服的合理验证来表明它在所有文化中都同样有效，否则,从该测验中得到的数据在不同的文化之间是不可比较的。

跨文化研究者非常关注测验等值问题。仅仅将一个测量工具从某种语言的版本翻译为另一种语言的版本并不能确保测验等值,所以检测测量工具在不同文化中的信度和效度,确保它们可以在各种文化中使用,从而确保跨文化研究中测量工具的等值性是非常有必要的。跨文化研究者在验证跨文化研究方法的有效性时也是如此做的。研究者需要检验最初用于测量某一文化背景下的某种心理概念(Psychological Construct)的测试/问卷/量表在另一种文化中是否适用,是否有意义,是否有心理测量的等值性即是否同样可靠和有效。这类研究的目的不在于检验关于文化差异的某个假设,而是在于检验心理测量工具的跨文化等值性,以及这些测量工具在其他文化中的应用效果。

方法有效性的研究很重要,因为做测验等值的检验是跨文化对比研究能够进行的前提和基础。

二、本土文化研究

文化心理学家进行的另一种类型的研究是本土文化研究。其特点是对一些复杂的文化理论模型进行详细描述,并使用这些理论模型预测和解释文化差异。这种方法背后的哲学基础是心理过程和行为只能在其发生的文化环境中被理解。因此,要想理解心理过程和行为,就需要深入分析产生和支持这些过程和行为的文化系统,并将它们彼此联系起来。例如,Mesquita 描述了不同的文化系统如何产生不同的自我概念,而这些不同的自我概念反过来又产生不同类型的特定关注点(Mesquita, 2001; Mesquita, Karasawa, 2002)。根据 Mesquita 的理论框架,个人主义文化鼓励发展独立的自我意识。这种自我意识鼓励人们关注个人问题,并认为情绪是个人内在的、主观的情感表达。相反地,集体主义文化鼓励相互依存的自我意识的发展。这种自我意识鼓励人们关注个人的社会价值和群体价值,并认为情绪反映了人际关系。

本土文化研究起源于人类学。例如著名的人类学研究者 Margaret Mead 和 Ruth Benedict 的研究成果对本土文化研究起到了重要启示作用。早期的跨文化研究人员如 John Berry 和 Beatrice Whiting 都关注本土文化研究。本土文化研究这种方法被用来解释许多心理过程中的文化差异,包括道德、归因方式(Nisbett, Peng, choi, et al, 2001)、观看场景时的眼动模式(Masuda, Nisbett, 2001)、无言语思维的性质(Kim, 2002)、维持高自尊水平的需求（Heine，Lehman，Markus，et al，1999）等。

三、跨文化对比研究

跨文化对比指对某些感兴趣的心理变量进行文化之间的比较。跨文化对比是跨文化研究的支柱，也是跨文化研究中最普遍的类型。不同类型的跨文化研究在不同的时期都有各自突出的特点，都有自己的一套方法论问题，而这些问题会影响其研究质量。下面我们将讨论现今的跨文化研究中与信度和效度最密切相关的问题。

第二节　跨文化对比的类型

一、探索性检验/假设性检验

跨文化对比研究可以按照四个重要维度来划分不同的类型。第一个维度即探索性检验与假设性检验之分。探索性检验研究旨在探索跨文化相似性和差异性是否存在。研究者在探索性检验研究中倾向于尽量贴近收集到的数据，按照数据提供的信息来构建相应的解释、假设和理论。假设性检验研究旨在探索为什么存在文化差异。因此，它们有非常明确的关于跨文化相似性和差异性的理论假设，并通过分析收集到的数据来检验其理论假设的真伪。这种研究有利于理论的跳跃性发展，但是，这些理论跳跃性发展的有效性经常受到跨文化偏差和不等值的威胁。

探索性检验研究和假设性检验研究在方法论上的优势和劣势正好相反。探索性检验研究的主要优势在于探索跨文化的相似性和差异性的范围很广。这在跨文化研究领域中尤为重要。这类研究的缺点在于不太能找到导致这些差异的原因。而假设性检验研究对相似性和差异性进行聚焦研究，可以产生更多实质性的理论贡献。这类研究也能明确地尝试验证相互对立的解释和理论，但不太可能在已有理论领域之外发现新的差异。

二、背景因素存在与否

第二个划分跨文化对比研究的维度是研究设计中是否包含背景因素。背景因素可能包括被试特征（如社会经济地位、教育和年龄）或文化特征（如经济发展和宗教机构）。从方法学的角度来看，背景因素涉及任何可能的变量。这些变量可以部分或完全地解释观察到的跨文化差异。在研究中纳入这些因素将提高研究效度，并有助于排除偏差和不等值的影响。例如，在研究中加入一个测量反应风格（Response Styles）的量表有助于从跨文化对比的角度来评估外向性人格受反应风格影响的程度。假设性检验研究通常需要加入背景变量。

三、结构导向型/水平导向型

划分跨文化对比研究的第三个维度是结构导向型研究和水平导向型研究。前者涉及概念的比较（如不同文化中对抑郁的定义是否一样）、结构的比较（如不同文化中是否可用相同的构成要素来评估抑郁症）和概念之间的关系的比较（如抑郁和焦虑的关系在所有文化中是否都一样）。后者涉及某些特征得分的比较（如不同文化中的人的抑郁程度是否一样）。结构导向型研究关注变量之间的关系，并试图找出不同文化之间这些关系的相似性和差异性。水平导向性研究旨在发现不同文化中的人是否在不同变量上有不同的均值。

四、个人角度/生态文化角度

划分跨文化对比研究的第四个维度涉及个人角度与生态文化角度的差别分析。个人角度研究是心理学研究的典型类型，由每个被试提供数据且构成分析的单位。生态文化角度研究是用国家或文化作为分析的单位，尽管可能是从不同文化背景的被试群体中得到数据，但通常会将每种文化背景下的被试数据进行汇总和平均，以均值来代替各文化背景下的被试数据。生态文化角度研究也可以从其他途径获得国家数据（如人口统计、平均温度或降雨量）。表2-1给出了个人角度研究和生态文化角度研究对比

表2-1 个人角度研究和生态文化角度研究的对比例子

个人角度研究			生态文化角度研究		
分析水平	自尊	学术能力	分析水平	自尊	学术能力
被试1	被试1的自尊得分	被试1的学术能力得分	国家1	国家1的自尊得分	国家1的学术能力得分
被试2	被试2的自尊得分	被试2的学术能力得分	国家2	国家2的自尊得分	国家2的学术能力得分
被试3	被试3的自尊得分	被试3的学术能力得分	国家3	国家3的自尊得分	国家3的学术能力得分
被试4	被试4的自尊得分	被试4的学术能力得分	国家4	国家4的自尊得分	国家4的学术能力得分
被试5	被试5的自尊得分	被试5的学术能力得分	国家5	国家5的自尊得分	国家5的学术能力得分

的具体例子。

生态文化角度研究是文化心理学研究的重要组成部分。但是，许多跨文化研究者已经意识到，仅仅发现两个文化群体之间的差异并不能证明这种差异是由于文化不同而产生的。毕竟，两个文化群体之间的差异可能由很多种原因导致，其中可能包括也可能不包括文化因素。因此，研究人员往往进一步致力探索并明确基于文化差异的心理维度差异，以便在主观层面上更好地了解文化，并更好地解释在研究中观察到的差异。

最著名的生态文化角度的研究是 Hofstede 的开创性工作。Hofstede 在其最初的著作中报告了来自 40 个国家的数据，此后不久又增加了另外 13 个国家的数据（Hofstede，1984）。之后，他进一步收集了一家跨国商业组织中来自 72 个国家的 117 000 多名员工的数据。这些数据涉及 20 多种语言、7 个职业级别、63 个与工作价值观相关的题目。受访者填写了一份有 160 题的问卷，其中 63 题与工作价值观有关。Hofstede 从生态文化角度对这些数据进行了统计分析，总结出了四个维度来描述数据中的文化特征，即著名的四维度集合。依据亚洲人价值观相关研究，Hofstede 又在上述四个维度的基础上加入了第五个维度，即短期/长期取向（Short vs. Long Term Orientation）（Hofstede，2001）。

近年来，结合个人角度研究和生态文化角度研究数据的多层次研究渐渐流行。这种研究使用来自两个或更多层次的数据，使用复杂的统计技术，审查一个层次的数据与另一个层次的数据之间的关系。例如，多层次研究可以考察认知任务表现上的个体差异（1 级）与这些个体的个性特征（2 级）有什么关系，以及这些个体的个性特征（2 级）与文化价值观或其他生态变量（3 级）有什么关系。多层次研究有利于充分利用各种层次的数据来分析复杂的变量关系，有利于建构和验证理论。多层次研究是未来的跨文化研究的发展趋势。

第三节 跨文化研究的设计

一、提出正确的研究问题

在心理学领域，无论研究是否跨文化，研究者首先要知道应该研究什么问题。文化差异相对较容易被发现，尤其是当被比较的群体之间的文化差异很大时。但是，研究的目的是对已有的知识体系（即文献）做出贡献，而不是单纯地寻找一些文化差异。

无论做何种研究设计，研究者都要先对相关文献有较全面和功能性的了解，明了已有知识体系中存在哪些空白，以及应该解决哪些研究问题来为这些知识体系做出贡献。有些研究者只专注于研究方法的设计，而没有充分考虑首先应该解决哪些研究问题。复杂的研究设计和统计技术无法挽救一个既不新颖也不具有洞察力的研究。

对进行什么研究的思考会引出如何进行研究的问题。这是一个研究方法论领域的问题。这和前面提到的跨文化对比的不同类型有关。当前研究是探索性检验研究还是假设性检验研究？是否应该考察环境或背景变量？在研究方向上是属于结构导向型还是水平导向型？分析的水平是什么？……上述这些都是研究者应该考虑的问题。当然，没有任何一项研究可以同时解决所有问题。通常来说，更值得推荐的是在一定的局限范围内把研究做好而不是试图进行一项包含太多内容但质量不高的研究。

目的局限于记录文化差异的研究并不是文化心理学领域迫切需要的研究，因为我们当前已经有很多记录某些心理变量在两种或多种文化之间存在差异的研究。事实上，由于人类不同文化千差万别，只要研究中对比的文化差异足够大（例如东方文化与西方文化的差异），我们就很容易得到某些心理变量呈显著性差异的结果。实际上，跨文化研究者如今面临的主要挑战之一是如何划分和定位不同文化背景下心理差异的来源，确定导致这些差异的有效文化因素与非文化因素都是哪些。进行跨文化研究设计需要密切关注涉及有效文化因素的相关实证文献。在此过程中，研究人员需要注意一些理论和实证问题。例如，这些差异的根源是否可以用文化来解释？这些研究问题迫使研究人员对文化进行明确的操作定义，找到可以客观测量文化的方法。一旦引发不同文化背景群体心理差异的具体文化因素被确定，一个分析层次的问题就会产生。文化变量同时存在于群体和个体层面，而研究本身可以完全依据个体层面或文化层面，也可以在不同程度上与多个层面相结合来进行。对不同变量在不同层次上的分析会产生不同的理论和方法学上的含义。研究者需要参考研究文献中不同的解释。当个体层面的文化因素被纳入研究时，研究者需要在个体层面上区分它们和非文化因素（如人格）对因变量的影响。当然，一个变量是否属于文化变量，并不仅仅是由研究人员决定的。变量的分类需要基于一定的理论和数据，并经过严密的逻辑推理。

研究人员在进行研究设计时必须面对的另一个问题是关于变量间如何互相影响的理论模型。人们普遍认为，文化以一种自上而下的方式产生差异（即先决的文化因素影响后续的个人心理和行为）。这是许多人持有的一种理论偏好，但是这种偏好有何依据，更重要的是，如何从实证的角度来验证这一点？个人层面的心理过程和行为很可能自下而上地影响和改变文化，或者自上而下和自下而上的两种过程同时发生。无论人们相信事物是如何组合在一起的，研究人员都有必要采取与他们的信念和模型相适应的研究设计策略。

二、在文化和个人心理过程/行为之间建立联系的研究设计

在不同文化背景下，某些心理变量存在差异的研究并不能说明这些心理差异源于文化因素。探索性研究从数据中可以归纳出的解释或理论是非常有限的。因此，大多数研究者已经意识到，在文化内容和感兴趣的变量之间建立实证的联系非常重要，由此关联性研究就产生了。目前常见的关联性研究包括拆箱研究和实验研究。

（一）拆箱研究

拆箱研究是跨文化比较研究基本模式的进一步扩展，其中包括对某个文化变量的测量。这个文化变量被认为是导致因变量在不同文化群体之间发生显著变化的文化内容。这些研究的基本思想是，文化就像洋葱，需要一层又一层地剥皮，直到什么都不剩。

Poortinga 等人认为：文化是一个总结性的标签，是对文化群体之间的各种行为差异的一种笼统解释，但它在同一个文化群体内，几乎没有任何解释价值。把群体之间的行为差异（例如测试表现）归因于文化，并不能说明这些差异的本质。剥离跨文化差异是跨文化心理学的主要任务之一，例如用特定的前因变量来解释这些差异，直到最后解释不了为止。随之消失的还有文化这一变量。文化是一个没有核心的概念。从方法论的观点来看，文化可以被看作一组巨大的、联系松散的自变量集合。

在拆箱研究中，文化作为一个笼统的概念被具体的变量替代，从而真正解释文化差异。这些文化变量也称为背景变量。研究者应该对它们进行测量，并通过统计计算它们的效应量，检验它们在多大程度上可以解释因变量在文化群体之间的差异。如果背景变量确实在统计学上可以解释因变量的变化，那么研究者就可以根据该实证结果推测文化的某一内容可以解

释所观察到的差异；反之，那么研究者就可以知道特定的背景变量无法导致所观察到的因变量差异。不论在哪种情况下，研究人员在提出文化的某些内容与感兴趣的变量存在相关关系时，都是有实证研究可依据的。

拆箱研究中较有代表性的研究领域包括对文化的个体层面维度的测量、对不同文化的自我建构的测量、对文化人格的测量和对具体的文化实践的测量。

1. 对文化的个体层面维度的测量

在过去几年中，跨文化研究中常用的一种背景变量是在个体层面上测量获得的文化维度，即在个体层面上评估一个被认为是文化产物的变量。到目前为止，人们使用这种方式已经测量了很多类型的背景变量，其中最常见的变量是个人主义/集体主义（IC）维度。这个维度最初是由 Hofstede（2001）提出的。此后，著名的跨文化科学家 Harry Triandis 支持这一维度的划分，并认为 IC 理论框架系统化并解释了许多不同类型的文化差异（Triandis，1994，1995）。Krassner 等人（2017）在控制了测量工具的等值性后调查了智利、韩国、波兰和美国四个国家的幼儿气质类型的差异，发现：智利的幼儿在外向性和消极情绪因子上的得分高于其他三个国家幼儿的得分；在自我控制因子上，韩国幼儿的得分高于其他三个国家幼儿的得分。这些研究者认为上述结果与这些国家文化中的 IC 维度密切相关，IC 对塑造儿童气质发展具有重要作用。

由于强调将 IC 作为文化的基础理论框架，科学家们开创了许多在个体层面上测量它的方法。Triandis 本人就是运用这一方法的领导者。在多年研究中他使用和提倡了许多不同类型的个体层面的 IC 测量方法。Hui（1988）设计了个人主义-集体主义（INDCOL）量表来测量个人在六种集体（配偶、父母和孩子、亲属、邻居、朋友、同事和同学）中的 IC 倾向。1985 年，Triandis 等人进一步扩展了 INDCOL 量表，增加了情景等其他评级。在 1986 年的研究中，Triandis 等人综合使用了 Hui（1984）的测题、Triandis 等人（1985）的测题和其他文化背景研究者提议的 IC 测题。在 1988 年的研究中，Triandis 等人使用了 INDCOL 和美国文化版本的 IC 测题。1990 年，Triandis 等人采用了一种多重法来测量 IC。这种方式不仅代表了方法上的进化，也代表了思维上的进化。这些研究者把 IC 看作一种文化综合体，包括价值观、信仰、态度和行为。他们把主体文化的各种心理领域看作一个整体，而不是可分割的独立成分。他们的多重法包括对自我的社会内容的评价，对内外群体同质性的感知，对态度和价值的评价，以及对社会行为作为社会距离函数的感知。根据每个方法的得分，参与者被划分为个人主义者和集体主义者。在个体层面，Triandis 将个人主义和集体主义分别称为个人中心主义（Idiocentrism）和他人中心主义（Allocentrism）（Triandis，1986）。

Triandis 和他的同事（Singelis, Triandis, Bhawuk, et al, 1995）制定的量表包括评估修订后的个人主义和集体主义概念的题目。他们进而提出存在水平和垂直方向的个人主义和集体主义。在水平集体主义中，个人把自己视为与群体中其他所有成员相互平等的一员；在垂直集体主义中，个人将自己视为以等级关系或地位关系为特征的一个群体成员。在水平个人主义中，个人是自主平等的；在垂直个人主义中，个人是自主的，但不平等。这种对于个人主义和集体主义的细化是对传统 IC 理论的发展。

Matsumoto 等还设计了一种个体层面的 IC 测量方法，用于评估人际交往中特定情景的 IC 倾向，即 IC 人际评价量表（ICIAI）。Matsumoto 等（2002）在一个拆箱研究中使用这个量表来检验美国人和日本人在情绪判断上的文化差异。研究结果表明，美国人和日本人对面部表情的感知程度不同。更重要的是，他们还证明了这些面部表情感知差异与个人层面 IC 水平的差异相关。这个结果从实证角度上解释了面部表情判断差异来源于文化差异，即 IC 水平差异。这类研究表明了拆箱研究设计的效用。

Hess 等人评估了文化的自我建构和编码规则功能对面部表情判断的影响（Hess, Blaison, Kafetsios, 2016）。在这个研究中，德国和希腊被试给情绪面孔打分（1~7 分）。这些面孔要么单独出现，要么被其他一致或不一致的面部表情包围。研究者假设，因为希腊被试在 IC 维度上的依存水平高于德国被试，根据文化编码规则，希腊被试对愤怒表情的评价不敏感，而对悲伤和厌恶表情的评价很敏感。其研究结果表明：对于希腊被试，背景为中性表情时，他们对愤怒的感知程度最低，对悲伤表情的感知程度则在表情单独出现的情况下最高；对于德国被试，在一致的背景下面部表情会进一步放大他们对愤怒和快乐表情的感知。这说明，文化在 IC 维度上的依存水平越高，被试越倾向于使用整体加工方式，即在对目标的知觉过程中容易受到背景信息的影响。但是，如果将个体层面的依存水平作为控制变量进行分析时，上述两组文化背景的被试间的差异就消失了。该研究结果证实了在研究文化差异时同时考虑国家层面和个人层面因素的有效性。

对自我的自主性和关联性的感知可能会受到一个人在特定文化环境中的经历和社会期望的影响。Lee 等人（2016）研究考察了文化和自主相关的自我建构对三个亚洲国家社交网站（SNS）使用情况（尤其是满足人际关系目标的情况）的影响。这项跨文化研究的参与者包括 305 名来自马来西亚（105 人）、韩国（113 人）和中国（87 人）的大学生。研究者考察了特定人际社交行为，如浏览联系人的资料、检查更新、增加接触 SNS 联系人及 SNS 的使用强度。结果表明，与研究预测一致，自主相关的自我建构预测 SNS 使用强度。韩国被试的自我建构自主性得分最高，同时他们更倾向于使用社交网络来增加联系。该研究结果表明，文化背景以及在不同文化中对自我的理解方式可能会鼓励人们使用不同类型的社交网络。

有一个元分析研究考察了 83 个关于 IC 群体差异以及 IC 对各种心理过程的影响。研究结果表明，总体上，欧裔美国人比其他种族者的个人主义水平高且集体主义水平低（Oyserman, Coon, Kemmelmeier, 2002）。但就具体的单维比较而言，他们在个人主义维度上的水平并不比非裔美国人或拉丁美洲人的高，在集体主义维度上的水平也不比日本人或韩国人的低。此外，这个元分析研究还表明，在其考察的所有研究中，IC 对自我概念和人际关系的影响只有中等程度的效应，但对归因和认知风格的影响有较大的效应量。这个研究的结果在一定程度上挑战了研究者关于 IC 可能是文化差异的来源的观念，并促使他们寻找其他类型的背景变量。

2. 自我建构量表

Markus 和 Kitayama 受到 IC 理论启发，提出个人主义和集体主义文化的不同在于它们在成长中形成的不同的自我概念，个人主义文化鼓励发展独立型的自我建构，而集体主义文化鼓励发展依存型的自我建构。这个观点的提出促进了在个体层面上测量独立/依存型的自我建构量表的发展，其中最著名的是 Singelis 的自我建构量表（Self-Construal Scale, 1994）。Singelis 使用这个量表，在实证上将自尊和尴尬感上的文化差异与不同类型的自我建构联系起来，再次证明了拆箱研究设计的效用（Singelis, Bond, Sharkey, et al, 1999）。

3. 文化人格

任何被认为在文化层面上有差异的、可能影响心理过程的变量都可以被用作背景变量，其中之一就是人格。不同文化的总体人格特征存在差异。例如,美国、澳大利亚和新西兰以相对较高水平的外向性著称,而法国、意大利、瑞士则与较高水平的神经质联系在一起。因此,文化差异的产生可能是因为不同文化背景下的人具有不同的人格特征。

Matsumoto(2006)测量了美国和日本被试对情绪的调节和传导能力,发现他们在情绪调节上存在文化差异。他还测量了几种人格特征,证明外向性、神经质和尽责性等人格特征与情绪调节有关,并解释了其中的文化差异。因此,一个变量上显著的文化差异可以用两种文化研究中的总体人格水平的差异来解释。

4. 文化实践

在关联性研究中另一种重要的背景变量是那些评估文化实践的变量,如子女养育、人际关系的性质、文化世界观等。例如,Heine 和 Renshaw (2002)的研究表明,美国人和日本人对他人的喜爱程度是不同的,而喜爱程度的差异与其各自文化实践有关。美国人喜欢与他们相似的人或者有共同观点的人,日本人则更喜欢熟悉的人以及可以相互信赖的人。

(二) 实验研究

另一种主要的关联性研究类型是实验研究。实验研究中研究者创造实验条件(即设置包含不同水平的自变量)以建立事物之间的因果关系。被试通常被随机分配到这些实验条件中,然后由研究者比较不同实验条件下的结果。这类研究与跨文化对比研究有着本质区别,因为在跨文化对比研究中,研究者既不能创造文化群体,也不能将被试随机分配到这些群体中(跨文化对比研究通常是准实验设计的例子)。然而,真实验与此不同,因为研究者可以设置自变量的不同水平,并将被试分配到这些水平条件下。当今的跨文化心理学中有不同类型的实验。在这里我们主要讨论两种常用类型的实验:启动范式研究和行为范式研究。

1. 启动范式研究

启动范式研究是从实验的角度操纵被试的心理定式,并测量由此产生的行为变化的研究。在文化心理学领域里,研究者试图操纵被认为与文化有关的心理定式,以观察被试的行为是否因启动了不同的心理定式而有所不同。如果答案是肯定的,那么研究者就可以推断,启动的心理定式导致了观察到的行为差异,从而在文化产品(心理定式)和心理过程(行为)之间建立因果联系。

最早的文化心理学定式研究之一是由 Trafimow、Triandis 和 Goto

(1991)所做的关于启动脑海中已有的文化内容研究。在这项研究中，研究者使用指导语引导美国和中国的被试以个人导向或集体/群体导向的方式进行思考。个人导向指导语如下："在接下来的两分钟里，你不需要写任何东西。请想想是什么让你与你的家人和朋友不一样？"集体/群体指导语如下："在接下来的两分钟里，你不需要写任何东西。请想想你和你的家人、朋友有什么共同之处。他们希望你做什么？"之后，所有的被试被要求完成一项关于自我态度的测量，填写一系列不完整的句子。这些句子从"我是_____"开始。研究者从个人主义/集体主义维度来对被试的回答进行编码。研究结果表明，正如预期的那样，美国被试在总体上比中国被试产生了显著更多的个人导向的反应，而中国被试则产生了更多的集体/群体导向的反应。此外，研究结果也发现了指导语的启动效应。无论美国人还是中国人，被引导去思考自己与他人有何不同的人，都会产生更多的个人导向的反应。同样地，无论美国人还是中国人，接受集体/群体导向指导语的个体（即思考自己与他人有何相似之处的个体）都会产生更多集体/群体导向的反应。

2. 行为范式研究

最严格的实验涉及对实际环境的操纵和观察因环境而变化的行为。这类文化心理学领域的研究被称为行为范式研究。例如，人们普遍认为，集体主义文化的成员之间的合作更多，因为群体取向是集体主义的本质，合作是团体有效运作的必要条件。有两个关于合作行为的经典研究表明了实验对确定文化导致行为差异的因果关系的重要性。在第一个研究中，Yamagishi（1986）使用问卷调查结果将一群日本被试划分为高信任被试和低信任被试（即个人诚信水平高/低的被试）。然后要求所有被试参加一个合作实验。在这个实验中，在设置一个惩罚不合作行为的制裁系统和不设置该制裁系统两种实验条件下，被试通过支付金钱的方式选择与他人合作而使双方获益（此时个人获得的利益较少）或不与他人合作而获得更多个人利益（此时对方获得的利益较少或为零）。因此，实验条件就是制裁系统存在与否。研究结果表明，在没有制裁系统的条件下，高信任被试确实比低信任被试表现出更多的合作行为；然而，在有制裁系统的条件下，低信任被试反而比高信任被试表现出更多的合作行为。

Yamagishi（1988）随后在美国重复了这项研究，并比较了美国人和日本人的反应。他发现美国人和日本人的结果是一样的：在没有制裁系统的情况下，高信任美国人比低信任美国人合作得更多；而在有制裁系统的情况下，结果正好相反。此外，在有制裁系统的条件下，美国人和日本人的合作表现并无差异。因此，这个实验的结果表明：在日本文化中观察到较高水平的合作行为是由于该文化存在对不合作行为的制裁系统；当美国人被置于同样类型的文化体系中时，他们与日本人的行为方式是一样的。

（三）文化神经科学研究

文化神经科学研究为文化差异提供神经科学基础的知识。越来越多的证据表明，大脑活动的某些特定模式与文化因素有关。在一个事件相关势能（ERP）的脑电研究中，Cai 等人（2016）考察了自我提升现象的生物脑电基础和东西方文化对其的影响。在该研究中，西方和东方被试对积极和消极的特征做出自我参照判断，研究者则同步记录被试的脑电信号。研究者发现，在判断层面，被试在整体上倾向于选择更多的积极特质为自我描述，选择更多的消极特质为非自我描述。此外，所有的被试对积极的自我描述特质和消极的非自我描述特质的反应较快。这表明自我增强动机在不同文化中同样有效。在神经生理学水平上（N170 和 LPP 成分），与积极的自我描述特质相比，消极的自我描述特质引发了更高振幅的 LPP，而消极和积极的非自我描述特质所引发的 LPP 并无差异。该结果表明，自我增强动机的脑生理基础不受东/西方文化调节。但是，东方被试在评估负性特征时比西方被试产生了更大的 N170。这表明注意力资源对处理负性信息优先分配。该特征可能与东方文化关注群体对个体的评价有关。

第四节　文化等值和跨文化研究设计中常见的偏差

在设计和评估跨文化研究时，等值和偏差是极其重要的概念。偏差（Bias）是指在文化内部或文化之间意义不同导致的差异。等值（Equivalence）是不同的文化之间在概念含义和研究方法上相似或相等的状态/条件。它使得跨文化对比具有意义。上述两个概念密切相关：偏差是指不等值的状态，等值是指不存在偏差的状态。

从最严格的意义上说，如果跨文化对比研究的任何方面存在偏差，那么这种比较就失去了意义。只有当理论框架和研究假设在被比较的文化中具有同等意义，并且实验操纵、数据收集和分析的方法具有同等意义时，比较的结果才有意义。

因此，对于跨文化研究者来说，了解研究中哪些方面可能存在文化偏差以及努力在这些方面达到等值是很重要的。下面我们将讨论几个常存在偏差的领域。

（一）概念偏差

跨文化研究的一个主要关注点是被检验的整体理论框架以及关键的特定研究假设的跨文化等值性。如果这些内容的含义在研究关注的不同文化中并不相同（即出现概念偏差），那么从这些文化中获得的数据就不具有可比性，因为它们意味着不同的东西。如果理论框架和研究假设在参与的文化中是等值的，那么这项研究就可能是有意义和有用的。

例如，在美国或欧洲接受过研究训练的人可能会被正规的和系统的教育体系所特有的逻辑决定论（Logical Determinism）和理性主义（Rationality）束缚。另外，因为我们非常习惯在纸上以二维的方式来描述人类的行为，这种二维表征模式会影响我们的心理表征方式。其他文化背景的人如果没有接受过这样的教育，或者不习惯将自己对世界的想法简化成二维表征，他们的想法可能就不一样。如果上述情况确实存在，就会产生一个更为深刻的问题：在欧洲或美国文化架构下创建的理论，对那些不认同这种文化的人来说，是否也具有同样的意义？显然，如果一个理论不具备跨文化相等的意义，那么它就不是等值的。

又如，在幸福感研究领域中，幸福的概念是否具有跨文化的一致性对研究结果的意义价值非常重要。Delle 等在一个研究中探索了跨国家和文化维度的幸福定义，分析它们的组成部分及与参与者人口学特征的关系。该研究的对象为 2 799 名生活在阿根廷、巴西、克罗地亚、匈牙利、印度、意大利、墨西哥、新西兰、挪威、葡萄牙、南非和美国等国的成年人（年龄范围为 30～60 岁，50% 为女性）。被试完成一个幸福与快乐调查（EHHI），并报告自己对幸福的定义以及其他一些信息。结果表明，被试对幸福的定义范围很广，涉及广泛的生活领域、环境-社会领域和心理领域。总体而言，在心理领域中将幸福定义为内心和谐的比例占主导地位，在社会环境领域中将幸福定义为良好家庭和社会关系的比例占主导地位。该研究结果提示研究者，在使用幸福这个词汇测试不同文化背景的被试的幸福感时，需要考虑他们对幸福的定义是否一致。

(二) 方法偏差

1. 取样偏差

在心理学研究设计中，样本的代表性是核心问题之一。如果样本缺乏代表性，就会导致取样偏差。在跨文化研究中，对于取样偏差问题，研究者首先需要考虑所选择的样本是否能恰当地代表所研究的文化。事实上，大多数跨文化研究不仅是跨文化的研究，也是跨城市的研究，更确切地说，是跨不同大学的研究。例如，美国人和中国人之间的跨文化比较可能会涉及西雅图和北京两个城市的数据。西雅图的被试是美国文化的代表吗？北京的被试提供的数据会和西安、长春、重庆、上海、广州等地的被试提供的数据一样吗？当然，答案是我们不知道的，但对跨文化研究非常重要。无论在同一个研究中还是在不同的研究中，为了证明研究结果在同一文化背景下的不同群体中都是适用的，研究者需要考虑如何收集到同一文化群体中多种来源的被试数据。

在跨文化研究中，对于取样偏差需要关注的第二个问题是研究中的样本在非文化的人口统计学变量（如年龄、性别、宗教信仰、社会经济地位、职业以及其他特征）上是否存在差异。例如，研究者需要比较来自洛杉矶的50名美国人和来自上海的50名中国人的数据。这两组被试的文化背景不同、社会经济地位不同、教育水平不同、社会经验不同、科技形式不同、宗教背景不同，那么，他们在心理或行为上的差异到底是哪个因素导致的呢？为了解决这个问题，研究人员需要在跨文化对比数据时找到控制这些非文化类的人口统计学变量的方法。有两种常用方法可以对之进行控制，一种是在选择被试时加以控制，即尽量选择在控制变量上一致的被试；另一种是在分析数据时进行统计上的控制，而这需要研究者事先收集到被试在人口统计学变量上的信息，然后将这些人口统计学变量作为协变量加入探索自变量对因变量影响的统计过程中。

需要注意的是，跨文化研究中往往有这样的现象，即某些非文化类的人口学特征与文化不可分割地交织在一起，以至于研究人员无法在跨样本比较中保持两种文化背景的被试在这些人口学特征上的一致性。例如，在不同文化中宗教信仰的意义和实践存在差异，使得它们往往与文化密不可分。研究者对比一个无宗教信仰的文化群体和一个信仰某种宗教的文化群体时，将无法判断两个群体的心理/行为差异是文化不同导致的，还是宗教信仰条件不同（有/无）导致的。即使研究者试图在两种不同的文化中保证被试的宗教信仰一致也不能解决问题,因为在美国信仰天主教和在日本或马来西亚信仰天主教的意义是不一样的。除了宗教信仰外,社会经济地位也是一个常常无法与文化分割的变量,因为在世界各地的文化样本中,总体社会经济地位存在着巨大的差异。当研究对比一群来自经济水平落后地区的被试和一群来自经济发达地区的被试时,研究者将无法判断二者之间的心理/行为差异是源于文化差异还是源于社会经济水平差异。对于这样的多因素不可分割的现象,研究者需要在解释其研究结果时更为谨慎,不可轻易下结论。

2. 语言偏差

语言偏差是跨文化研究中不可忽略的潜在问题。跨文化研究很特殊,因为它经常涉及使用多种语言收集数据,而研究人员需要保持数据收集过程中语言的等值性。语言偏差是指跨文化研究程序中涉及的语言部分如问卷、指导语等缺乏两种或多种文化之间的语义对等性。

学术界常用的建立语言等值性的方法有以下两种。

第一种被称为反向翻译(Back Translation)。反向翻译是将一种语言版本的研究材料翻译成另一种语言,然后让他人将这个版本翻译成第一种语言。如果反向翻译后的版本与原文基本相同,我们通常就可以认为两种语言版本的研究材料达到了语言等值;如果不相同,则该过程需要重复,直到反向翻译的版本与原文版本相同。这个过程背后的观念是最终产品必须与原文语言在语义上对等。通过成功的反向翻译,原版本语言的任何特定文化概念都将被消除或被等效地翻译成目标语言。也就是说,特定文化的意义和内涵逐渐从研究材料中消失,研究材料中只剩下各种语言之间彼此最接近的语义对等物。由于实现了语言上的等值,成功反向翻译后的研究材料在跨文化假设检验研究中被认为有真正的可对比性。

第二种建立语言等值性的方法是委员会法(Committee Approach)。在这种方法中,几个双语者共同将研究材料翻译成目标语言。他们共同讨论协商目标语言中可以使用的各种形式、单词和短语,并将之与他们对原材料中的语言的理解进行相互比较,最后达成一个具有共识性的产品。这个过程的产品反映了翻译的理念,即达成跨语言和跨文化的语言等值性共识。

研究人员可能会将多种语言等值性方法结合起来,以获得更科学合理的结果。例如,他们可以先将一个研究材料进行翻译和反向翻译,然后由翻译委员会协商修改。又如，Smith等（2018）在对中文普通话-英语双语者在两种语言情景下的认知偏差任务操作特征的研究中，为了建立语言等值性，使用了反向翻译程序和一个所谓的离心程序（Decentering Procedure）。

3. 程序偏差

在不同文化中收集数据的过程或程序也可能出现偏差。这种偏差被称为程序偏差。例如，在美国，许多大学里的心理学教授都强烈鼓励选修心理学入门课程的学生参与心理学研究，做研究中的被试；而美国学生通常希望参与研究，以作为他们学术经历的一部分，并且许多美国学生很擅长做实验被试。其他国家的风俗习惯可能不同。在一些国家，教授只是简单地收集来自学生的某些数据，或者要求学生完成一个实验。在另一些国家，学生可能认为能够参加一项研究是神圣或光荣的，视之为一种特权，而不是一件苦差。因此，不同文化背景下的被试对参与研究的期望和经验可能会有所不同，从而影响到他们在研究过程中的表现或发挥。

在其他类型的心理学研究中研究者常用的收集数据的程序同样需要应用于跨文化研究中。但这些程序在不同的国家可能有不同的意义。收集数据的地点是实验室还是其他地方，收集数据的时间是白天还是晚上，收集数据的方法是问卷法还是调查法，等等，在不同文化中可能都有不同的意义。跨文化研究者需要在工作中面对和思考这些程序上的意义差异，并建立可以进行跨文化比较的等效的程序、环境和设置。同样地，文献阅读者在评估跨文化研究时也需要意识到这些可能存在却很容易被忽略的差异。

4. 测量偏差

在跨文化研究中，测量工具可能是与偏差和等值性这两个概念关系最为密切的领域。测量偏差是指在不同文化中用于收集数据的测量工具未能达到同样的有效（效度）和可靠程度（信度）导致的偏差。

可以肯定的是，在跨文化研究中，语言等值本身并不能保证测量工具的等值，因为即使在两种语言中使用的单词是相同的，这些单词在两种文化中也不一定具有完全相同的含义。一个经过成功翻译的研究材料与其原语言版本是在两种或多种语言中彼此最接近的语言对等物。然而，它们可能仍然不完全一样。例如，在翻译英语单词anger时，我们可能会在中国话中找到一个等价的词，例如愤怒、恼怒、生气等，但是，这个翻译词是否具有与英语相同的内涵、力度和解释力呢？要找到与大多数单词完全等值的译文是非常困难的。因此，跨文化研究者除了关注语言等值外，还需要关注测量的等值性。

不同的文化可能以不同的方式定义和/或测量一个变量。某个事物在两种或两种以上的文化中具有相同的名称并不意味着它具有相同的含义（Poortinga，1989），也不意味着它可以用同样的方法来测量。如果一个概念对不同文化的人来说意味着不同的东西，或者在不同的文化中以不同的方式测量，那么比较就没有意义了。跨文化研究人员在研究过程中，对变量进行定义和操作时，需要敏锐地意识到等值性问题。

智力领域的研究就是一个涉及测量等值的例子。在经济水平较发达的工业社会里，智力通常被认为是由言语能力和分析批判思维能力构成的。以考察言语和推理能力为主的韦氏成人智力量表（WAIS）已被广泛用于在各种文化背景下评估智力。然而，不同文化对智力的构成可能有不同的认识。例如：有的文化可能认为高尚的品格和真诚是高智力的标志；有的文化可能认为保持和谐无冲突的人际关系的能力是高智力的标志；还有的文化则可能认为创造力和艺术能力是衡量智力的指标。在这样的情况下，对来自文化背景差异很大的 WAIS 数据进行比较可能不是对智力这个概念或变量有意义的跨文化比较。换言之，这种对智力的跨文化比较缺乏效度。

为了获得测量等值性，研究者常采用统计学方法加以控制。心理测量的等值性可以用几种不同的统计方法来确定。其中最常用的一种方法是确定不同语言版本的问卷是否具有相同的内部结构。这对于使用问卷法收集数据的情况尤其重要。研究者常使用探索性因子分析技术来检验问卷的结构。探索性因子分析中提取的因子是基于被试在各个问卷题目的回答之间的关联性来计算的。每个因子都与某些问卷题目测量的内容密切相关，代表某个心理结构。研究者可以用因子分来直接代表被试在这个心理结构上的得分。在不同文化中使用问卷时，其中一个问题是从不同文化的数据中是否可以提取出相同的因子或因素。如果是，那么这个量表在结构上就达到了等值。如果不是，那么该量表在结构上是有偏差的，表明不同的心理结构在影响不同文化群体的人的反应模式，因此，这些群体之间可能不具有可比性。例如，Ng 和 Levy 设计了一个特质量表，通过探索性因素分析提炼出一个包含五个项目的单因素模型。他们在美国和新加坡分别施测，对双方的数据进行探索性因素分析，发现了类似的因素结构，以此证明这个特质量表在美国和新加坡两地文化中具有等值性（Ng，Levy，2018）。

另一种确定心理测量等值性的方法是检查跨文化测量工具的内部一致性。内部一致性可以通过检查问卷上的项目是否相互关联来评估。如果一个量表/问卷测量的是相同的心理结构，那么它的项目之间应该是相互关联的，即具有内部高度一致性。如果这些项目在不同文化中测量的心理结构都是一样的，那么它们应该在每个被测试的文化中都具有高度的内部一致性。例如，流行病学研究中心抑郁量表（CES-D）是流行病学研究中应用得最广泛的抑郁症状测量工具之一。考虑到CES-D量表的跨种族测量等效性对于研究的重要性，Assari等在全美具有代表性的黑人和白人成年人样本中对12个CES-D项目进行了验证性因素分析（CFA）。该研究的被试为3 570名非裔美国人和891名西班牙裔美国人。研究者采用多组结构方程建模，发现对于两类被试而言，最好的拟合模型都是三因素模型。具体来说，两组被试数据的因素结构相同，但是因素负荷有所不同。这个结果在一定程度上支持了CES-D在美国跨种族施测的等值性。（Assari，Moazen-Zadeh，2016）。

5．反应偏差

除了以上描述的关于方法上的偏差和等值性问题外，跨文化研究者还需注意不同的文化中的人会出现不同的反应偏差。反应偏差是一种以某种特定方式对项目或量表做出反应的系统化倾向。如果反应偏差存在，要对不同文化之间的数据进行比较就非常困难，因为研究者难以辨别数据中的差异是被测量对象的真实心理差异，还是他们对研究中所使用的量表做出的习惯性行为反应的差异。

反应偏差中最常见的一种是社会期望反应（Socially Desirable Responding）。这种偏差是指被试在受测过程中试图给出符合社会期望的答案的倾向。社会期望反应有两个方面，包括自欺性强化（Self-eceptive Enhancement，即以积极的角度看自己）和印象管理（Impression Management）。某些文化背景的被试比其他文化背景的被试可能会更关心如何以符合社会期望的方式做出反应。例如，Lalwani、Shavitt和Johnson（2006）的研究表明，欧美学生在自欺性强化方面的得分高于韩裔美国学生和新加坡学生，而新加坡学生在印象管理方面的得分高于欧美学生。研究者认为，个人主义文化取向越强的个体，其自欺性强化倾向越强；而集体主义文化取向越强的个体，其印象管理能力越强。Matsumoto（2006）的研究亦表明，一且研究者对社会期望反应进行统计控制，美国和日本大学生的个人主义和集体主义文化取向之间的差异就会消失。该结果说明个人主义倾向和集体主义倾向的差异可能主要表现在被试回答问题时的社会期望反应差异上。

另外两种常见的反应偏差类型是默许偏差（Acquiescence Bias）和极端反应偏差（Extreme Response Bias）。前者是一种对问题题目观点表示同意的倾向，后者则是无论问题题目内容为何，都使用极端值（如非常符合或非常不符合）回答的倾向。Van Herk、Poortinga 和 Verhallen（2004）研究了6个欧洲国家关于家庭行为（如做饭、使用产品、刮胡子、洗衣服）的市场调查结果，发现地中海附近国家（希腊、意大利和西班牙）比欧洲西北部国家（法国、德国和英国）表现出更多的默许偏差和极端反应偏差。

最后一种常见反应偏差是参照群体效应（Reference Group Effect）（Heine, Lehman, Peng & Greenholtz, 2002）。参照群体的不同会影响人们的反应方式。人们在进行等级评定时，会与他人进行隐性的社会比较，而不是依据个人私下的价值体系进行直接推断（Peng, Nisbett, Wong, 1997）。换言之，在完成评分量表时，人们会含蓄地将自己与组中的其他人进行比较。例如，Heine 等（2002）认为，在问卷调查中，日本被试往往以高度集体主义的日本人群为参照群体，因此在回答问题时容易夸大自己的个人主义倾向，甚至在个人主义得分上比美国被试还高。同样地，美国人也可能会夸大他们对自己的集体主义的评分，因为他们的参照群体是高度个人主义的美国群体。Peng 等（1997）研究比较了四种不同的价值观调查法——传统排名法（Traditional Ranking）、评分法（Rating）、态度量表法（Attitude Scaling Procedures）和行为情景评分法（Behavioral Scenario Rating Method），发现最合理有效的方法是行为情景评分法，其他方法都容易受到反应偏差的影响。然而，行为情景评分法是所有方法中最不常用的一种。

文化的哪些方面会导致反应偏差？Johnson, Kulesa, Cho 和 Shavitt（2003）研究了19个国家被试的反应偏差，并将这些偏差与每个国家在 Hofstede 的文化维度上的得分进行了相关度的比较。其研究结果发现，极端反应偏差更多地出现在鼓励男子气、权力和地位的文化中。研究者解释认为，极端反应偏差可以使一个人的言语表述更精确、更清晰以及更果断，而这些特点在这些文化中受到重视。此外，该研究也发现个人主义文化的被试不太可能产生默许偏见,这可能是因为个人主义文化并不强调保持和谐、传达友善和顺从这些特征。

在传统上,人们将反应偏差看作为得到真实反应而需要加以控制的方法学上的人为产物。然而,如今越来越多的人认为它们是文化对数据产生影响的重要组成部分。无论研究者在方法论上如何看待这一问题,都应该考虑反应偏差的影响,并将之纳入跨文化比较的数据分析中。

6. 解释偏差

研究者在跨文化研究中还需要面对解释偏差(Interpretational Bias)。

首先,解释偏差容易出现在对统计显著结果的解读过程中。当研究者对感兴趣的变量进行文化差异检验时,经常使用卡方检验或方差分析等推断统计方法进行显著性检验。这些统计方法将观察到的各组之间的差异与人们通常仅基于偶然因素所期望的差异进行比较,然后计算该结果完全出于偶然因素的概率。如果这个概率非常低(通常以小于5%为标准),那么研究者可推断,各组之间的差异的出现不是因为偶然因素,即这些差异反映了样本所代表的文化群体之间的实际差异。这种通过否定对立面来证明某个现象的过程(如果A与B互为不可兼容的对立面,那么非A即B)是统计推断假设检验背后的核心逻辑。在传统上,研究者通过软件运算如果得出统计上有显著差异的结果,马上就将其解释为对所有或大多数被比较组的成员都有实际意义。也就是说,研究者和相应的读者经常假设这些群体中的大多数人在对比平均值时是有差异的。因此,如果研究发现,美国人的情感表达能力在统计学上显著强于日本人,人们往往就会得出这样的结论:所有的美国人都比所有的日本人更善于表达。但是,组间平均数具有统计学上的差异,这一事实本身并不能说明组间差别的实际意义程度,因为即使两组间不少个体的得分是相同的,组平均数在统计学上仍可能出现显著差异。当然,统计指标可以帮助我们确定平均值的差异在多大程度上反映了个体之间的显著差异。这个指标在统计学上被称为效应量(Effect Size)。有些研究者在跨文化研究中使用这类指标时直接称之为文化效应量(Cultural Effect Size, Matsumoto, Grissom, Dinnel, 2001)。代表文化效应量的具体数值越大,表明文化对于研究涉及的心理/行为特征的影响越大,那么组水平差异(即平均值差异)所反映的个体水平差异的程度就越大。效应量指标的使用有助于打破将组间差异转化为个体差异的刻板性解释。

其次,解释偏差容易出现在对非等值数据的处理和解释过程中。尽管跨文化研究者在理论、假设、方法和数据处理方面会做很多努力来实现文化等值，但文化不等值问题往往是不可避免、固有和难以解决的。在跨文化研究中，人们几乎不可能在概念上和实证研究上创造出对研究涉及的两个或多个文化来说意义完全相同的东西。跨文化研究者通常采用的办法是在具体研究中就理论和方法而言尽可能地使数据接近等值。因此，研究人员经常面临如何处理非等值数据的问题。Poortinga（1989）概述了处理跨文化数据不等值问题的四种常见方法：① 预先排除比较。这是研究者所能采取的最容易的措施，即在设计研究时排除那些对研究目的而言意义不大且容易造成混淆的比较。例如，研究者在对比两种文化背景被试的自尊水平时，考虑到男女群体自尊水平可能在这两种文化背景下有较大差异（即在一个文化中男女自尊水平接近，而在另一个文化中男性自尊水平高于女性），因此只选择两个文化背景下的男性被试来进行对比。② 减少已收集数据中的不等值。许多研究者采取一定的方法来确定研究方法中存在的等值和不等值部分，然后只比较那些等值的部分。例如，如果一名研究者使用一个包含20个题目的量表来测量两种文化背景的人的焦虑程度，并在量表中发现了不等值的证据，那么他可能会逐个检查每一个题目是否等值，然后只使用达到等值的题目，重新计分，并在最新的计分结果上进行对比。③ 解释非等值。研究者确定了研究结果中的非等值部分时，可能将非等值结果解释为文化差异的表现。④ 忽略非等值。出于设计或解释上的疏忽，许多跨文化研究者可能会忽略研究中的非等值现象，直接将两（多）个文化背景下的人群的心理差异归因于文化差异，而非研究工具或研究材料的非等值。忽略非等值的解释无疑导致了解释偏差。研究者如何解释已经得到的不等值数据，取决于他们的经验和偏好，以及数据本身和研究结果的性质。由于许多跨文化研究都缺乏等值性，研究人员在解释研究结果时往往面临许多灰色地带。文化本身是一个复杂的现象。只有能保持客观且经验丰富的研究人员才能很好地处理这些灰色地带，并根据数据做出合理、有效和可靠的解释。

再次，解释偏差也出现在对研究结果的解读过程中。① 研究者受背景文化过滤器的影响。在跨文化研究中，研究者本身的背景文化不仅影响其考虑的研究问题，也影响其对研究结果的解释。大多数研究者不可避免地要通过自己的文化过滤器来解释他们获得的数据。这种文化背景的差异会在不同程度上影响他们的解释方式。例如，多年来，研究人员将日本人与美国人在情绪状态上的文化差异归因为日本人压抑情绪。(Matsumoto, Ekman, 1989)。然而,后来研究提供的证据表明,这种差异与其说是因为日本人压抑情绪,不如说是因为美国人夸大了自己的情绪反应(Matsumoto, 1999)。因此,研究者对数据的解读是有偏差的,偏差来源于(具有美国文化背景的)研究者下意识地认为美国被试呈现的数据是真实的反应。② 研究者将相关关系错误推论成因果关系。在假设性检验的跨文化研究中,文化在研究设计和数据分析中往往被视为自变量,使这些研究成为准实验的形式。这些研究中变量之间的关系基本上是相关关系,因此从这些研究中得出的推论只能是相关而非因果推论。例如,一个研究者对比美国和中国香港的群体在社会判断这一变量上的数据会发现,美国人在人际知觉(Person Perception)得分上显著高。对这个结果的解释应该仅限于相关性解释,即文化成员(美国人或中国香港人)与得分之间存在相关关系。据之进行因果推理(例如,身为美国人会导致人际知觉得分更高)是没有根据的。因果推论依赖于真实验设计,如设计自变量条件(不同的文化群体),并随机将被试分配到每个条件下。无疑,这种真实验范式对于跨文化研究而言是无法实现的。③ 研究者所做的文化归因错误(Cultural Attribution Fallacies)。在对跨文化结果进行解释时,研究者还可能将两(多)个文化群之间的某种心理/行为特征差异归因于某些在研究中未曾测量的因素。例如,当在一个研究的结果中发现美国和中国香港被试在社会判断倾向上存在显著差异时,研究者可能会认为这些差异是由于两种文化中个人主义/集体主义的差异造成的。这种无依据的解释是不符合科学逻辑验证精神的,属于误导性的推理。研究者只有在该研究中实际测量了个人主义/集体主义得分,发现两种文化背景的被试在这个维度上的得分显著不同,且有证据表明个人主义/集体主义得分模式影响美国和中国香港被试在社会判断任务上的得分,才可以进行上述解释。

 思考题

1. 在设计跨文化研究时,哪些方面最容易出现文化不等值?
2. 在解释跨文化研究结果时,如何才能进行文化影响心理/行为的因果推理?
3. 查阅一篇跨文化研究,探讨其在研究设计和解读数据结果时的优缺点。

参考文献

1. ASSARI S, MOAZEN-ZADEH E. Confirmatory factor analysis of the 12-item center for epidemiologic studies depression scale among Blacks and Whites[J]. Frontiers in Psychiatry, 2016,7:178.

2. CAI H, WU L, SHI Y, et al. Self-enhancement among Westerners and Easterners: a cultural neuroscience approach[J]. Social Cognitive & Affective Neuroscience, 2016,11(10): 1569-1578.

3. HEINE S J, LEHMAN D R, MARKUS H R, et al. Is there a universal need for positive self-regard[J]. Psychological Review,1999, 106(4):766-794.

4. HEINE S J, LEHMAN D R, PENG K,et al. What's wrong with cross-cultural comparisons of subjective Likert scales?: the reference-group effect[J]. Journal of Personality and Social Psychology, 2002,82(6): 903.

5. HEINE S J, RENSHAW K. Interjudge agreement, self-enhancement, and liking: cross-cultural divergences[J]. Personality and Social Psychology Bulletin,2002, 28(5): 578-587.

6. HESS U, BLAISON C, KAFETSIOS K. Judging facial emotion expressions in context: the influence of culture and self-construal orientation[J]. Journal of Nonverbal Behavior,2016, 40(1):55-64.

7. HOFSTEDE, G. Culture's consequences: international differences in work-related values:Vol. 5[M]. California: Sage Publications,1984.

8. HOFSTEDE G, BOND M H. Hofstede's culture dimensions: an independent validation using Rokeach's value survey[J]. Journal of Cross-Cultural Psychology,1984, 15(4): 417-433.

9. HUI C C H. Measurement of individualism-collectivism[J]. Journal of Research in Personality, 1988,22(1): 17-36.

10. JOHNSON T, KULESA P, CHO Y I, et al. The relation between culture and response styles: evidence from 19 countries[J]. Journal of Cross-Cultural Psychology, 2005,36(2):264-277.

11. KIM H S. We talk, therefore we think?: a cultural analysis of the

effect of talking on thinking[J]. Journal of Personality & Social Psychology, 2002,83(4): 828.

12. KRASSNER A M, GARTSTEIN M A, PARK C, et al. East-West, collectivist-individualist: a cross-cultural examination of temperament in toddlers from Chile, Poland, South Korea, and the U.S. [J]. European Journal of Developmental Psychology,2017, 14(4): 449-464.

13. LALWANI A K, SHAVITT S, JOHNSON T. What is the relation between cultural orientation and socially desirable responding? [J] Journal of Personality and Social Psychology,2006, 90(1): 165-178.

14. LEE S L, KIM J A, GOLDEN K J, et al. A cross-cultural examination of SNS usage intensity and managing interpersonal relationships online: the role of culture and the autonomous-related self-construal[J]. Frontiers in Psychology, 2016,7: 376.

15. MASUDA T, NISBETT R E. Attending holistically versus analytically: comparing the context sensitivity of Japanese and Americans[J]. Journal of Personality and Social Psychology, 2001,81(5): 922-934.

16. MATSUMOTO D. American-Japanese cultural differences in judgements of expression intensity and subjective experience[J]. Cognition & Emotion, 1999,13(2):201-218.

17. MATSUMOTO D. Are cultural differences in emotion regulation mediated by personality traits? [J] Journal of Cross-Cultural Psychology, 2006a,37(4):421-437.

18. MATSUMOTO D. Culture and cultural worldviews: do verbal descriptions about culture reflect anything other than verbal descriptions of culture? [J] Culture & Psychology, 2006b,12(1): 33-62.

19. MATSUMOTO D, CONSOLACION T, YAMADA H, et al. American-Japanese cultural differences in judgements of emotional expressions of different intensities[J]. Cognition & Emotion, 2002,16(6):721-747.

20. MATSUMOTO D, EKMAN P. American-Japanese cultural differences in intensity ratings of facial expressions of emotion[J]. Motivation & Emotion, 1989,13(2):143-157.

21. MATSUMOTO D, GRISSOM R J, DINNEL D. Do between-culture

differences really mean that people are different?: a look at some measures of cultural effect size[J]. Journal of Cross-Cultural Psychology, 2001, 32(4): 478 – 490.

22. MATSUMOTO D, VAN DE VIJVER F J. Cross-cultural research methods in psychology[M]. Caunbridge: Cambridge University Press, 2010.

23. MATSUMOTO D, WEISSMAN M D, PRESTON K, et al. Context-specific measurement of individualism-collectivism on the individual level: the individualism-collectivism interpersonal assessment inventory[J]. Journal of Cross-Cultural Psychology, 1997, 28(6): 743 – 767.

24. MESQUITA B. Emotions in collectivist and individualist contexts[J]. Journal of Personality & Social Psychology, 2001, 80(1): 68 – 74.

25. MESQUITA B, KARASAWA M. Different emotional lives[J]. Cognition & Emotion, 2002, 16(1): 127 – 141.

26. NG R, LEVY B. Pettiness: conceptualization, measurement and cross-cultural differences[J]. PLOS ONE, 2018, 13(1): e0191252.

27. NISBETT R E, PENG K, CHOI I, et al. Culture and systems of thought: holistic versus analytic cognition[J]. Psychological Review, 2001, 108(2): 291 – 310.

28. OYSERMAN D, COON H M, KEMMELMEIER M. Rethinking individualism and collectivism: evaluation of theoretical assumptions and meta-analyses[J]. Psychological Bulletin, 2002, 128(1): 3 – 72.

29. PENG K, NISBETT R E, WONG N Y. Validity problems comparing values across cultures and possible solutions[J]. Psychological Methods, 1997, 2(4): 329 – 344.

30. POORTINGA Y H. Equivalence of cross-cultural data: an overview of basic issues[J]. International Journal of Psychology: Journal International De Psychologie, 1989, 24(6): 737 – 756.

31. SINGELIS T M. The measurement of independent and interdependent self-construals[J]. Personality and Social Psychology Bbulletin, 1994, 20(5): 580 – 591.

32. SINGELIS T M, BOND M H, SHARKEY W F, et al. Unpackaging culture's influence on self-esteem and embarrassability: the role of self-constru-

als[J]. Journal of Cross-Cultural Psychology, 1999,30(3):315 - 341.

33. SINGELIS T M, TRIANDIS H C, BHAWUK D P, et al. Horizontal and vertical dimensions of individualism and collectivism: a theoretical and measurement refinement. Cross-Cultural Research, 1995,29(3): 240 - 275.

34. SMITH L, LEUNG W G, CRANE B, et al. Bilingual comparison of Mandarin and English cognitive bias tasks[J]. Behavior Research Methods, 2018, 50(1): 302 - 312.

35. TRAFIMOW D, TRIANDIS H C, GOTO S. G. Some tests of the distinction between the private self and the collective self. Journal of personality and social psychology, 1991,60(5): 649 - 655.

36. TRIANDIS H C. Culture and social behavior[M]. New York: McGraw-Hill,1994.

37. TRIANDIS H C. New directions in social psychology: individualism &collectivism[M]. Boulder, CO, US: Westview Press,1995.

38. TRIANDIS H C, BONTEMPO R, BETANCOURT H. The measurement of the etic aspects of individualism and collectivism across cultures[J]. Australian journal of Psychology, 1986,38(3):257 - 267.

39. TRIANDIS H C, LEUNG K, VILLAREAL M J, et al. Allocentric versus idiocentric tendencies: convergent and discriminant validation[J]. Journal of research in personality, 1985,19(4):395 - 415.

40. VAN HERK H, POORTINGA Y H, VERHALLEN T M. Response styles in rating scales: evidence of method bias in data from six EU countries. Journal of Cross-Cultural psychology,2004, 35(3): 346 - 360.

41. YAMAGISHI T. The provision of a sanctioning system as a public good [J]. Journal of Personality and Social Psychology, 1986,51(1):110 - 116.

42. YAMAGISHI T. The provision of a sanctioning system in the United States and Japan[J]. Social Psychology Quarterly,1988,51(3):265 - 271.

文化与心理发展

个体发展是生物有机体与环境的影响相互作用的结果，但对于生物学因素和环境-经验因素的关系，各个学派的观点迥异。行为主义的学习理论强调环境的影响，而另一些理论则更加注意有机体与环境之间的交互作用。皮亚杰认为，个体发展的关键因素是经验。同时，由于各个文化所提供的经验是相似的，因而各个阶段的顺序甚至时机等都具有跨文化的相似性。另外一些理论认为，个体发展遵循不同的道路，发展道路因个体成长所在的文化环境的不同而不同。根据这些理论都可以预测，人类的早期发展应该具有生物学上的普遍性，但由于大多数文化都有些特异性的成分，因此人类在发展的早期也可能表现出文化的特异性。

第一节 文化与婴儿早期发展

依恋（Attachment）是婴儿与主要养育者之间形成的以相互关爱和希望保持亲近为特征的亲密情感联系。婴儿与主要养育者之间的依恋是成年期心理健康的基础。由于男女的生理差异，在欧美文化中，抚养婴儿的责任一般都由母亲承担。研究者试图通过一些方法区别婴儿与母亲之间依恋模式的类型，从而预测婴儿的成人期行为。然而，并非所有的婴儿都由母亲一人承担养育，因此，根据婴儿和母亲之间的依恋来推断婴儿的成人期行为也许并不适当。

1. 依恋的理论与研究

婴儿需要由成人照顾多年才能独立。在这一过程中，婴儿与成人建立起一种依恋关系。依恋理论最初由英国精神分析师 Bowlby 提出，以解释婴儿与父母分离后所体验到的强烈苦恼。Bowlby 发现，被分离的婴儿会以极端的方式（如哭喊、紧抓不放、疯狂地寻找）力图抵抗与父母的分离或靠近不见了的父母。之前的精神分析理论家认为，婴儿的这些表达是他们仍不成熟的防御机制的表现。这种机制被调动起来用以抑制情感痛苦。但 Bowlby 指出，在许多哺乳动物中这种表达是很常见的。他认为这些行为可能具有生物进化意义上的功能。因此 Bowlby 提出，这些依恋行为，如哭喊和搜寻，是婴儿与原有依恋对象分离后产生的适应性反应。其原因是婴儿不能独自获取食物和保护自己，他们依赖成年个体提供照顾和保护。Bowlby 认为，在进化的历程中，能够与一个依恋对象维持亲近关系（依恋）的婴儿更有可能生存到生殖繁衍的年龄。因此，自然选择的力量渐渐"设计"出一套"依恋行为系统"的动机控制系统，用于调整婴儿与所依恋对象的亲近关系。

与养育者之间的依恋关系为儿童探索世界提供了一个安全的基础。Harlow（1959）著名的恒河猴实验证明了这点。在该实验中，年幼的恒河猴被隔离在笼子里。笼子里面有两个假的猴母亲，其中一个用金属丝编成，并有一个乳头供猴子吃奶；另一个包了柔软的布，没有供猴子吃奶的乳头。结果表明，恒河猴饥饿的时候会到"金属丝妈妈"那里吃奶，吃完奶再跟"布妈妈"依偎在一起。当研究者把陌生的或可能产生威胁的物体放入笼中时，猴子紧紧依附的是"布妈妈"而不是"金属丝妈妈"。当研究者给猴子提供玩具时，猴子依偎着"布妈妈"才敢接近玩具。显然，决定依恋行为的是温暖和安全，而不是食物。研究者推断，安全的依恋是健康情绪和社会发展的基础。

Bowlby 认为儿童的依恋类型存在差异，在依恋对象对儿童的可亲近性以及儿童面临威胁时如何调整自己的依恋行为方面存在个体之间的不同。Ainsworth 等人（1970）开发了"陌生情景"测试法（见图 3-1 和表 3-1），并以此作为评价儿童依恋类型的一个标准程序。该程序包括一系列实验室情景：最初，儿童跟妈妈一起来到一个陌生的房间；过了一会儿，一个陌生人进来；接着妈妈离开；然后陌生人离开；最后妈妈返回。研究者需要观察儿童在上述每一阶段的反应。Ainsworth 的研究发现：当母亲离开房间时，大约 60% 的儿童变得心烦意乱；但当母亲返回时，这些儿童会主动靠近母亲，并很容易在母亲的安慰下平静下来。表现出这种行为模式的儿童通常被称为安全型儿童。当母亲离开房间时，约 20% 或更少的儿童最初会不安,在分离后表现得极为痛苦。而更重要的是,当重新与母亲团聚时,这些儿童难以平静下来,并经常出现相互矛盾的行为,显示出他们既想得到安慰,又想"惩罚"母亲。这些儿童通常被称为焦虑-抵抗型儿童。最后,约20%的儿童在母亲离开房间时显得不会因分离而过于痛苦,并在重聚时主动回避与母亲的接触,有时会把自己的注意力转向玩实验室地板上的物体。这些儿童被称为回避型儿童。

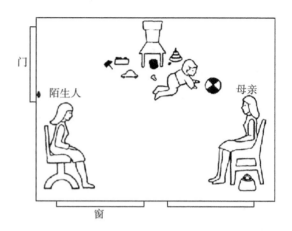

图 3-1　陌生情景测试环境样例

表 3-1　陌生情景实验操作步骤

片段	现有的人	持续时间	情景变化
1	母亲、婴儿和实验者	30 秒	实验者向母亲和婴儿做简单介绍
2	母亲、婴儿	3 分钟	进入房间
3	母亲、婴儿、陌生人	3 分钟	陌生人进入房间
4	婴儿、陌生人	3 分钟以下	母亲离去
5	母亲、婴儿	3 分钟以上	母亲回来、陌生人离去
6	婴儿	3 分钟以下	母亲再离去
7	婴儿、陌生人	3 分钟以上	母亲回来、陌生人离去
8	母亲、婴儿	3 分钟	母亲回来、陌生人离去

婴儿期的依恋类型会对后期的发展产生广泛的影响。Shaffer 总结了大量文献后提出,早期的安全依恋有助于儿童以后形成更好的问题解决能力,如能更善于完成复杂的、具有创新性的象征性游戏,拥有更多的积极情感和更少的消极情感。这样的儿童好奇心强,喜欢学习,自主性也高。更重要的是,婴儿与养育人之间形成的依恋类型会影响婴儿形成一种内部工作模型。这种模型会被用于解释各种事件以及形成对人际关系的期望。

2. 依恋行为与文化

依恋理论及陌生情景测试的前提是成人照顾婴儿以及母亲是婴儿的第一照看人。从全球文化的角度来看，在一些文化中以"陌生情景"作为评价程序并不适当。

首先，婴儿的照顾者身份存在文化差异。在有些文化中，母亲是最重要甚至是唯一的婴儿照顾者。在有些文化中，父亲会花相当多的时间跟数月大的婴儿在一起。在有些文化中，婴儿的主要照顾人可能是祖父母或外祖父母。在一些村庄文化里，婴儿的主要照顾人甚至是其他年龄较长的儿童，如姐姐或哥哥。此外，西方很多家庭已经习惯于把几个月大的婴儿送到日托中心，所以，婴儿的主要照顾者是职业的日托中心工作人员。因此，以母亲和婴儿在陌生情景中的反应来了解婴儿依恋类型并不适合所有文化类型。

根据实证研究结果，文化对依恋的影响是非常明显的。Agishtein 和 Brumbaugh（2013）选择了美国种族类型比较多的皇后学院的大学生进行问卷调查，通过考察原国籍、种族、宗教、个人主义/集体主义和文化适应五个方面的被试信息，发现不同种族和地区的人的依恋类型不同，但没有发现宗教影响依恋类型的证据。其中印度文化背景的被试的依恋焦虑得分较低。研究者认为，这可能与认为强烈的情感依恋会破坏家庭结构的传统印度观念有关。

其次，研究者发现，依恋焦虑与集体主义水平呈正相关，焦虑和回避与主流文化适应水平呈负相关。研究者对文化适应性与依恋的关系进行分析后还发现，对任何文化的强烈认同感都意味着更安全的依恋。

Shaffer 等人认为早期的安全依恋对成人的情感世界影响深远。Munroe 等人（1997）在肯尼亚进行了一个小型研究后发现，在婴儿期被妈妈抱的频率与 12 岁时的情感意向存在相关性，而与认知能力没有相关性。该研究结果表明，早期依恋与晚期的情绪发展有关，但与其他领域的发展没有关系。Kornadt（1999）等人进行了一项持续 9 年的跨文化追踪研究，发现早期的父母养育行为与 9 年后的儿童的社会行为之间存在重要关系。在他们的报告中，来自东亚和西欧的 8 个文化群体的儿童的攻击性表现与体现安全依恋的儿童养育变量之间存在高相关性。比较理想的研究早期依恋和后期发展之间的关系的方法是跨文化的追踪研究。但因为研究成本太高，这类研究并不多。相反地，研究者多使用一些不太严谨的研究方法，例如成人访谈研究，要求成人回忆他们的早期依恋经验，考察早期依恋经验与现在行为之间的关系。但学术界对这类研究结果的解释存在不少争论。

尽管多数社会中子女的第一照看人都是母亲，但不同文化中照看子女的方式并不完全相同，因此使用陌生情景实验作为评价依恋类型的方法并不适当。在母亲作为第一照看人的文化中进行的为数不多的跨文化研究表明，早期的依恋经验跟成人期的行为有一定的关系。因此，为了人们长期的心理健康，在生命的早期形成健康的依恋类型是十分必要的。

3. 气质与文化

古希腊医生 Hippocratic 很早就观察到人有不同的气质。他认为人体内有四种体液：血液、黏液、黄胆汁和黑胆汁。Hippocratic 根据人体内的这四种体液的不同配合比例，将人的气质划分为四种不同类型：① 多血质：体液中血液占优势。② 黏液质：体液中黏液占优势。③ 胆汁质：体液中黄胆汁占优势。④ 抑郁质：体液中黑胆汁占优势。Galen 最先提出了气质这一概念，用气质代替了 Hippocratic 体液理论中的人格，形成了 4 种气质学说。此分类方式一直在心理学中沿用至今。

气质类型及相应的神经系统基本特点与高级神经活动类型见表 3-2。

表 3-2　气质类型及相应的神经系统基本特点与高级神经活动类型

气质类型	神经系统基本特点	高级神经活动类型
多血质	强、平衡、灵活	活泼型
胆汁质	强、不平衡	兴奋型
黏液质	强、平衡、不灵活	安静型
抑郁质	弱	抑制型

气质是表现在心理活动的强度、速度、灵活性与指向性等方面的一种稳定的心理特征，是个体在反应性和自我调节上的差异，并且受到遗传和经验的共同影响。气质反映了在早期生活中出现的基于身体的个体差异，并在此后保持相对稳定。

不同文化背景下的人们的气质类型可能会有系统性差异。一项新近研究（Farkas, Vallotton, 2016）调查了智利和美国 12 个月大的孩子的气质。研究者使用婴儿行为问卷修订版，对 150 名 0～15 个月大的智利婴儿和 73 名 10～15 个月大的美国婴儿进行了评估。孩子的父母完成了一份人口调查问卷和婴儿行为问卷修正简短版（Infant Behavior Questionnaire-Revised-Very Short Form，IBQ-R-VSF）。该问卷衡量的是气质的三个维度：外向性、消极情感和努力控制。IBQ-R-VSF 量表中一共有 37 个题目，每一个都描述了婴儿的行为反应。家长在 7 点的 Likert 量表上报告婴儿在上一周的每个行为的频率。研究所得结果如下：首先，智利婴儿的父母报告的婴儿努力控制水平显著高于美国婴儿的水平。这可能反映了智利文化比美国文化有更大的权力距离以及由此产生的预期，即智利婴儿通过控制自己的行为以满足成人的期望。该结果也可以从另一个角度来解释，即智利和美国的父母对婴儿的行为有不同的期望，这些期望会影响他们对婴儿行为频率的评价。其次，与美国婴儿相比，智利婴儿的负面情绪水平较低。这一发现支持了权力距离假设。美国婴儿可能表现出更强的负面情感，是因为在权力距离较小的文化中，孩子们被允许更自由地表达他们的负面情绪；在权力距离更大的文化中，下属（包括孩子）必须学会控制自己的负面情绪。此外，在美国，消极的表达可能被视为一种主张的表现。这种主张在这种个人主义的文化中得到了鼓励。相比之下，这种行为在智利的文化中会被视为不服从的标志，因为它与集体主义的价值观相抵触。再次，无论智利婴儿还是美国婴儿，受过更多高等教育的家长都报告婴儿有更高水平的外向性。IBQ-R-VSF 许多外向性的项目都与父母对婴儿的积极影响和社会反应有关。受教育程度较高父母的养育压力和生活压力水平较低。他们更自信，可能会更积极地评价自己的婴儿的气质，并认为自己的婴儿更快乐，与婴儿的交流更频繁。

Cozzi 等人（2011）对婴儿的气质差异进行了一项跨文化研究。该研究对意大利和美国幼儿的样本（N = 306）进行跨文化差异评估。测量使用的量表为幼儿行为问卷（Early Childhood Behavior Questionnaire，ECBQ）。该问卷总共包含了 201 项指标，旨在评估 18 ~ 36 个月大的幼儿在 18 个方面的气质。父母们被要求对过去两周观察到的幼儿特定行为频率进行评分。评分范围从 1 分（从不）到 7 分（总是）。研究结果表明，意大利幼儿在可爱、冲动、低强度快乐、知觉敏感性和积极预期方面得分较高，而美国幼儿在挫折、高强度快乐、抑制控制、害羞和可抚慰方面得分较高。研究结果在年龄方面则显示，年龄较大的儿童在注意力集中、注意力转移、不适、恐惧、抑制控制、知觉敏感性、积极预期和社交能力方面得分较高，在活动水平和冲动方面得分较低。被研究的幼儿在性别方面的差异表现为，男童在高强度快乐方面得分较高，女童在恐惧和害羞方面得分较高。研究者解释，意大利幼儿被评定为比美国幼儿更可爱与意大利亲子交流模式有关。意大利幼儿可能受到父母与幼儿交流时强调敏感性的影响，表现出与他人亲密接触的渴望。此外，相对于美国儿童，意大利幼儿较低的害羞程度也说明了意大利幼儿对社交体验的渴望更强。社会刺激在意大利父母养育孩子的方式中起着关键作用，这可能会导致他们的孩子在社交场合表现出更大的满足感，或者促使他们将孩子在社交场合的行为解释为快乐的表现。意大利的幼儿具有高的低强度快乐和知觉敏感性得分，这点也反映了文化之间的差异。意大利家庭中具有较高水平的亲子互动结构，可能为意大利儿童提供更多机会来注意和观察低水平的刺激。相比之下，美国父母的亲子互动模式更多受自给自足的文化理念影响。这个差异也能解释美国幼儿为何表现出高水平的抑制控制和低冲动性。

另一项跨文化的研究采用翻译后的早期幼儿行为问卷（Early Childhood Behavior Questionnaire，ECBQ）和婴儿行为问卷修订版（Infant Behavior Questionnaire-Revised，IBQ-R）考察了生活在美国、俄罗斯和日本的婴幼儿气质之间的差异。结果发现这三个文化组群的早期气质在高阶维度和细化成分上存在显著差异。美国儿童在外向性上比日本和俄罗斯儿童得分更高。日本儿童的消极情绪得分最高，且在有意控制上得分较低。此外，外向性和低强度或高强度的积极情绪维度上的文化差异随年龄增长而减少。

第二节　文化与儿童期社会化

社会发展（Social Development）是指由于社会文化因素的影响，个体在成长阶段对待自己与对待别人的行为随年龄增长而逐渐变化的历程。社会发展也被称为人格发展（Personality Development）或人格成长（Personality Growth）。人们在社会发展中的历程即社会化（Socialization）。在此历程中，个体由原本单纯的自然人，经过在社会环境中与人、事、物的互动，逐渐认识自己、了解别人，并进而在人与己的关系中学习到如何待人、律己、循规、守纪等合乎社会规范的一切态度、观念和行为。

儿童期是社会化过程的重要阶段。在这一阶段，儿童各方面的心理功能持续发展。儿童通过接受一定的训练，习得自己生活环境周围的文化。在各个不同的文化中，儿童所接受的训练、习得的文化并不相同，从而形成了不同的人格。

1. 文化传递与儿童训练

儿童社会化的最终目的是让儿童学会适应当地的文化，其最终结果导致文化在代与代之间进行传递，并且在某个文化之内人们的行为具有相似性，在文化之间人们的行为具有差异性。在正常情况下，儿童会自然而然地习得文化。但在更大的社会环境的影响下，儿童可能被迫学会其他的文化，从而使本民族的文化传递中断。

对一个社会而言，实现文化传递的过程也是儿童社会化的过程。这一过程是通过社会对儿童的训练进行的。很多对各个文化中儿童训练的研究是根据人类关系地区档案（Human Relations Area Files，HRAF）的人种学报告进行的。Whiting 和 Child（1953）利用人类关系地区档案考察了各个社会训练儿童的情况。他们从人类关系地区档案中提取了 5 个社会的人种学数据，考察了 5 个行为系统，分别是口唇、肛门、性、依赖和攻击。该研究得出了两个颇具普遍性的结论：首先，全世界的儿童训练从某些方面来说都是一致的，即都与某些普遍的行为问题有关。其次，儿童训练在不同社会之间存在差异。

另外一些利用人类关系地区档案的研究者集中考察了 6 个被认为是普遍存在于所有社会中的关于儿童养育的核心维度。Barry 等人（1957，1959）界定了这 6 个维度：① 依从训练（Obedience Training）：儿童通过接受训练在多大程度上能服从成人。② 责任训练（Responsibility Training）：儿童通过接受训练在多大程度上能够为生存和家务劳动承担责任。③ 养育训练（Nurturance Training）：儿童通过接受训练在多大程度上能够照看和帮助兄弟姐妹及其他需要帮助的人。④ 成就训练（Achievement Training）：儿童通过接受训练在多大程度上能够向优秀的标准努力。⑤ 自立（Self-reliance）：儿童通过接受训练在多大程度上能够照顾自己且不需要他人的帮助而满足自身需要和欲望。⑥ 一般独立训练（General Independence Training）：儿童通过接受训练在多大程度上能够（超越上面界定的自立）向往自由而摆脱控制、统治和管理。Barry 等人的分析表明，上述 6 个维度中的 5 个维度可以构成 2 个集群。其中一个集群把责任和依从训练结合起来，而养育训练只是这一集群的边缘部分。另一个集群则结合了成就、自立和独立训练。两个集群之间呈负相关。另外，Barry 等人发现，上述维度上的社会化发展中存在性别差异，女孩的社会化更多的是为了顺从（Compliance），而男孩的社会化更多的是为了果断（Assertion）。

2. 生态文化与儿童训练

依据不同经济形态，传统社会可以分别被定义为采集、打猎、捕鱼、畜牧或农耕社会。这些生存经济形式分布在一个具有两极的维度上。一极是畜牧业。强调严格遵守能够保持牧群健康的固定活动，可以保证将来拥有充足的食物。另一极是打猎和采集。每天的食物来自当天的收获，获得食物的能力和技巧能直接导致奖励或惩罚。农业和捕鱼的社会位于两极之间。Haviland 经过对这些传统社会的考察，把这些社会的儿童养育模式概括为两种，即依附训练和独立训练。

依附训练（Dependence Training）能够增强个体在执行指派任务时的顺从性，并鼓励个体留在群体中。在畜牧和农耕社会中，耕作土地、照料牲畜以及其他副业经济需要大量劳动力，因此家庭规模需要扩大。然而，扩大家庭规模存在潜在的破坏性的紧张关系。例如，掌管家庭的成人做出家庭决策，而所有其他成员必须服从这一决策。另外，招入的配偶无论是丈夫还是妻子都必须服从群体的意愿。这些并不容易做到，成员不服从管理的情况很可能出现。依附训练能解决群体关系紧张问题。依附训练包括支持和惩罚两个维度。支持体现在多个方面。例如，成人会纵容年幼的孩子，特别是纵容他们得到长期的口腔满足（表现为喂奶持续数年）。即使是年幼的孩子也可能被赋予一定的家庭责任，如照顾更为年幼的孩子。在惩罚方面，儿童的攻击行为和性行为遭到严厉阻止。这类支持和惩罚塑造了顺从的、与世无争的、具有责任心的人。他们不敢越雷池半步，不做任何具有潜在破坏性的事。

独立训练（Independent Training）强调个人的独立性、自力更生和个人成就，使一个人拥有自我和能力。在强调独立训练的社会中，核心家庭由丈夫、妻子和他们的后代组成，但他们是独立的而不是大家庭的一部分。独立训练是打猎和采集的社会以及美国那样的工业社会和后工业社会所具有的特点。在这些社会中，自力更生和个人成就对人们来说，尤其是对男子而言，是生存的重要特质。独立训练包括鼓励和劝阻两个维度。在鼓励方面，侵犯行为和性行为受到鼓励，或者受到较大程度的容忍。在学校、家庭中，儿童之间的竞争都得到鼓励。在美国家庭中，这种竞争已经走向极端,婴儿期的生物学功能——吃、睡、哭叫、排泄——都转变为父母和子女之间的竞争。在学校中,竞赛运动受到鼓励,教室里也充满各种竞争,如拼单词比赛、有奖竞赛、考试成绩排列等。学生很快就进入相互竞争的状态中,如果奖学金很多,学生们还会千方百计为同学设置障碍,防止其他人也表现得太好。在劝阻方面,人们不重视婴儿的口腔满足,喂奶不依据婴儿需要而依据时间表来进行。在短暂的喂奶期之后,人们开始给婴儿喂食物,并试图培养婴儿独立进食。在孩子出生后父母会尽快给他独立的空间,使之与父母分开。婴儿得不到依附训练文化中那么多的照料。对儿童来说,集体责任感不受鼓励。父母经常鼓励孩子独立完成游戏任务,而不是为家庭福利做贡献。总之,独立训练一般鼓励个人去寻求帮助和关心而不是给出帮助和关心,鼓励个人努力施加对他人和环境的支配力。在这样的社会中,人们都会小心留意自己的利益,存在"个人主义、自信和冒险"的特征。

独立训练和依附训练是一个统一体的两个极端。某些社会中会同时兼具这两种训练的某些要素。例如在寻食社会中,分享是日常的秩序。人们常常劝阻竞争,因为它与合作相抵触;婴儿能从成人处获得许多积极的照料和长期的口腔满足。同时,这种社会也鼓励个人的成就和独立性,因为那些自力更生的人往往在寻食活动中更能获得成功。美国人一般认为宽容的儿童养育方式会造就无责任感的人,然而在寻食社会中,宽容的儿童养育方式也能造就有责任感的人。

3. 生态文化与儿童训练的关系

根据独立训练和依附训练的性质可以预测,在畜牧和农耕社会中食物积累的程度较高,人们应该会倾向于比较"尽责、谨慎和保守"。Barry 等人的一个跨文化研究(1959)考察了生存经济与儿童训练之间的关系。他们假定,社会为培养适当的成人行为而训练儿童,因此生存经济和儿童养育习惯之间会有必然的联系。他们以 46 个社会群体为样本进行研究,发现食物积累程度与责任心和依附训练存在正相关,与成就、自立和独立训练存在负相关。当采用更加综合的社会化的测量方法时,上述关系就更加清楚了,顺从-独断维度评分与食物积累程度之间的相关得分达到 0.94。在顺从-独断维度评分达中等水平以上的 23 个社会中,有 20 个是食物积累程度高的,而在 23 个顺从-独断维度评分处于中等以下水平的样本社会中,有 19 个是食物积累程度低的。因此,社会化重点与广泛的生态和文化环境之间具有很强的相关性。

4. 社会化中的性别差异与文化

研究发现，所有社会都有行为模式的性别差异；所有社会都按性别进行劳动分工。这两个现象不仅普遍，而且二者之间可能存在函数关系。

（1）行为性别差异的文化普遍性。

一般认为，男女的行为性别差异大体上表现为男性更加独断，具有成就取向和高支配性，而女性更加响应社会、被动和顺从。需要注意的是，尽管这些性别之间的行为差异是普遍的，但其差异程度因文化而不同。性别之间的行为差异在某些社会中可能极大，在另一些社会中却可能极小。因此，研究者需要考察不同的文化中性别差异的方向是否具有普遍性，以及不同的文化中性别差异的量是否有差异。

（2）性别差异与社会化过程。

男女之间行为方式存在差别已经是一个普遍存在的现象，但是，性别差异和社会化过程之间是什么关系呢？

对此问题的第一种回答是，由于男性和女性具有不同的生物学特征，因此社会化的过程顺应了这种区别。人类学家很早就发现，很多文化中都根据性别进行劳动分工，而且劳动分工的方式也具有普遍性。例如，几乎在所有的社会中准备食物都是女性的事情；照看儿童通常也是女性的责任，尽管有时男性也会分担照看儿童的责任，但男性不担负主要责任。这种分工的原因：① 男女的生物学差异造成的身体差异，特别是女性总体上力量较差；② 生育孩子主要是女性的责任。男性和女性担任不同的经济角色，其中女性主要负责家务活动，这是一种功能性的反应。

对上述问题的第二种回答是，男女实现社会化的方式之所以不同，是因为社会要求儿童提前承担与他们的性别相联系的成人职责，以为成年以后担职责做准备。因而，行为差异可以被看作不同的社会化的产物，而社会化又反映了不同的成人活动，也可以被看作为形成成人活动而进行的适当训练。

男女在社会活动中的分工具有生物学因素，在不同的文化中男女分工的方式也不尽相同。

首先，在不同的社会中，男女社会化的过程并不相同。对于社会化过程，在定居和食物积累程度高的社会（如农耕社会）中，不但女性会受更多养育和顺从的训练，而且不同性别的训练的差异也很大。而食物积累程度低的社会（例如采集或打猎）则较少根据性别区分劳动。不论男性还是女性，几乎都不需要进行顺从的训练。在这样的社会中，妇女对基本生存活动的贡献也是生存活动的一部分。因此，男性重视妇女的工作，不会贬损妇女或坚持让妇女从属于他们。

其次，在不同的文化中，由于男女分工的方式不同，妇女对于生存贡献的程度也不同。女性参与生存经济活动的程度取决于活动的方式。例如，研究表明，如果通过采集获得食物，妇女的参与程度通常较高。在人种学报告所编码的 14 个采集社会中，妇女在 11 个社会中是高贡献者。与此相反，在 16 个打猎社会中，妇女在其中的 2 个社会中是高贡献者。如果主要的生存活动是采集或者农耕（除了精细农耕外），妇女的贡献就较大；如果主要生存活动是动物饲养、精细农耕、捕鱼或打猎，妇女的贡献就较小。此外，妇女对生存的贡献较大的社会往往盛行一夫一妻、异族结婚、彩礼、控制生育以及以工作为导向训练女孩的风俗。在这样的社会中，女性比较受重视，有自由，一般不会成为男性满足性需要和繁殖需要的工具。另一项研究还发现，在夫妻较为平等的文化中，双方的关系更为亲密，表现在夫妻晚上休息时更为亲近、更为私密，双方在一起吃饭的时间更多，双方经常在一起度过休闲时间，丈夫会参加孩子的生日会等方面（De Munck，Korotayev，2007）。上述研究结果表明，生态文化背景对男女社会化的方式具有广泛的影响，不仅直接影响社会化的具体方式，还对男女的社会地位、夫妻关系等产生微妙的影响。

5. 养育信念系统的文化差异

婴幼儿的心理发展水平和社会化的方式受文化调节，而文化通过人们所持的观念产生影响。也就是说，在不同的文化中，人们对婴儿养育有不同的要求，对儿童进行训练的方式和目的也有区别。例如，在特定文化中，父母和其他照看者有一些关于养育儿童的共同习惯，如提供情感和温暖表达，制定喂养和排泄的时间表，甚至有关于发展本身的信念、价值观和习惯（例如，在什么时候儿童应该走路、说话、骑自行车、选择朋友）。这种养育领域的知识和信念被称为养育信念系统，或者养育种族理论。

（1）关于睡眠的信念。

对于年幼婴儿，在不喂养的时候，我们是让婴儿独自待着，还是当他们表现出不高兴时就把他们抱起来？中国的母亲在看到婴儿哭泣时通常就会把婴儿抱起来。如果婴儿在该睡觉的时候不睡觉，母亲会把婴儿抱起来轻轻地摇，说一些轻柔的话或唱有助于睡眠的歌曲，让婴儿尽快睡着。其实，这些行为反映出关于儿童睡眠的一些信念。

关于儿童睡眠，不同文化中的观念并不相同，例如，美国母亲和荷兰母亲的观念就有差异。Super 等人（1996）研究了不同文化中调节年幼儿童睡眠的模式。他们通过访谈和直接观察，研究了荷兰和美国城市中 6 个月到 4 岁零 6 个月的年幼儿童及他们的父母。对荷兰母亲来说，强制养成有规律的睡眠习惯是一件很重要的事情。荷兰母亲认为，如果儿童没有足够的睡眠，就容易被激怒或惹恼，而且年幼儿童需要充足的睡眠才能发育和成长。事实上，这样的观念在荷兰的健康保护系统中也很受重视。在美国，人们认为儿童有规律的睡眠习惯随着年龄的增长会逐渐养成，而且一般无法人为引发儿童睡眠的规律性。从荷兰父母的日记中可以看出，荷兰的儿童在早年有更多的睡眠。研究者通过观察也发现，当醒着时，荷兰儿童更多地处于"安静的觉醒"状态，而美国儿童更多地处于"活跃的觉醒"状态。

（2）掌握技能的时间表。

在中国的传统社会中，成年人尤其是男性要进行复杂的耕作活动，因此也比较注重让年幼的儿童学习一些成年人的技能。而在现代中国以及西方国家中，人们更加强调让儿童尽可能多玩游戏，特别是与其他儿童一起玩游戏，因此儿童社会交往的技能比较好。

Willemsen 等人（1997）进行了一项研究，考察不同文化中人们对儿童发展的期望。研究者把儿童应该掌握的 77 种技能分为 6 个不同的领域，分别是身体技能、知觉技能、认知技能、个体内部技能、人际技能和社会技能，然后对 68 位荷兰母亲、50 位居住在荷兰的土耳其母亲和 60 位赞比亚母亲进行了访谈，要求母亲们指出这些技能应该在多大年龄掌握。其研究结果表明：① 母亲期望儿童掌握身体技能的年龄在各文化之间的差异很小，但对于社会技能，例如在家庭内部帮忙、与兄弟姐妹玩、记住阿姨和叔叔们的名字等，赞比亚母亲期望孩子掌握的年龄显著高于另外两个样本，而居住在荷兰的土耳其母亲期望孩子掌握的年龄又高于荷兰母亲期望孩子掌握的年龄。对于另外四个技能领域，各个样本之间的差异比社会技能领域的差异要小。② 儿童的年龄与技能掌握期望的跨文化差异呈曲线关系。在 5 岁之前，技能掌握期望差异随着年龄增长而增大，但对于较大年龄的儿童才能掌握的技能来说，三个样本之间的技能掌握期望差异减小了。③特定的背景变量可以解释这些差异。母亲的职业地位、教育水平、孩子的数量和年龄等因素结合起来,可以解释 1/3 的跨文化差异,其中母亲的教育水平和孩子的数量的预测作用最大。教育水平高的母亲提出的掌握技能的年龄偏低,孩子多的母亲提出的掌握技能的年龄偏高。

(3) 温暖表达。

在西方文化中,母亲的温暖表达和母亲与子女之间情感纽带的质量被认为与孩子的健康成长有极大的正相关关系,有助于亲子间安全型依恋的发展。然而,在不同的文化中,母亲的温暖表达可能有着不同的意义,导致不同文化下的母亲可能做出不同的行为。Cheah 等人(2015)在一项跨文化研究中比较了美国的华裔母亲和欧裔母亲在"温暖表达"上的差异,发现尽管母亲的温暖表达能够改善儿童的行为和学业表现,削弱儿童的攻击性并增强其自控力,帮助儿童更好地适应学校和社会生活,但华裔母亲相比欧裔母亲而言还是更少向儿童表达温暖而更多地采用严厉管教。出现上述现象的表面原因是华裔母亲相对来说没有欧裔母亲那么重视温暖表达,实质原因源于二者之间的文化差异。欧裔母亲重视独立自我(即与他人相分离的自我概念)的建构,将童年看作通过温暖表达来培养儿童个性、情感表达以及自尊的重要时期。她们倾向于以身体或言语等直接的、外显的方式来进行教育。哪怕儿童仅取得一点点成功,她们也不会吝啬表扬。她们希望让儿童感觉到自己做的事情很重要,让儿童自我感觉良好。而华裔母亲则更重视集体自我(即与他人相联系的自我概念)的建构,认为强烈的情感表达是不礼貌、可能会破坏和他人的关系的行为,经常赞美儿童可能威胁到父母权威并导致儿童的自满与自大。虽然华裔母亲在移民后做出了许多改变,表现出更多的温暖、民主行为,减少了权威强迫行为并通过表扬帮助孩子适应新环境,但她们还是保留了很多固有图式,比如依然倾向于使用工具性行为来表达爱与温暖。由此可见,养育信念系统决定了不同文化中人们抚养儿童的方式,进而影响儿童各个方面的心理发展。

第三节 文化与社会性发展

对于儿童的社会性发展,父母除了希望儿童具备良好的道德感,能够明辨是非以外,还希望儿童做到两点:第一,能够避免伤害他人,也就是在不伤害、不攻击他人的前提下满足自己的需要；第二，有亲社会的行为表现，也就是能够无私地为他人着想并愿意付诸行动。

在不同的文化场景中，儿童的道德观念、攻击行为与亲社会行为可能受文化的影响从而表现出一定的差别。

1. 道德认知与文化

（1）道德认知规律。

道德是调节社会行为的原则或观念。个体发展是一个社会化的过程。在这个过程中，个体要逐渐学会按照社会规则做事并逐步掌握社会的道德规范。心理学家所研究的道德主要包括三个成分：① 情绪或情感成分，包括与正确的或错误的行为相联系的感受（如内疚、关心他人的感觉等）以及能够激发道德观念和行为的情感；② 认知成分，包括关注是非概念的界定和对行为做出决定；③ 行为成分，是指当个体撒谎、欺骗或被诱导做其他违背道德规范的事时的行为表现。心理学对道德发展的研究主要涉及道德认知的发展，并主要沿袭了 Piaget 和 Kohlberg 的方法和理论。

Piaget 在观察儿童玩游戏的过程中发现，儿童对游戏规则的解释方式随年龄的增长而改变。他以独创的临床研究法（谈话法）为研究方法，给儿童讲述包含道德价值内容的对偶故事，然后在观察和实验过程中提出一些问题，分析儿童的回答，尤其是错误的回答，从中找出规律，揭示儿童道德认知发展的阶段及其影响因素。

经典对偶故事例子：

A. 一个叫 John 的小男孩在他的房间时，家里人叫他去吃饭。餐厅门背后有一把椅子。椅子上有一个放着 15 个杯子的托盘。约翰并不知道门背后有这些东西。他推门进去时，门撞倒了托盘。结果 15 个杯子都被摔碎了。

B. 从前有一个叫 Henry 的小男孩。一天，他母亲外出了。他想从碗橱里拿一些果酱。他爬到一把椅子上，然后伸手去拿。由于放果酱的地方太高，他的手臂够不着。在试图取果酱时，他碰倒了一个杯子，结果杯子被摔碎了。

Piaget 针对上面两个对偶故事提了两个问题：这两个孩子是否感到同样内疚？这两个孩子哪一个更不好？为什么？

Piaget 认为，儿童的道德认知发展必须经历从自律到他律的过程，在此之前，还经历了一个具有以自我为中心的规则概念的阶段——前道德阶段。

另一位著名的道德发展理论学家是美国哈佛大学教授 Kohlberg。他继承了 Piaget 的理论，采用纵向研究，以 72 个 10～16 岁的男生的道德判断为题，研究了数十年，后来提出了他的三期六段道德发展理论。Kohlberg 在研究中给被试讲述故事。这些故事中的人物都处于两难境地，从而使不同的道德原则处于针锋相对的境地。讲完故事后，Kohlberg 向被试提出问题，并根据被试的回答来推断其道德发展的阶段。

经典道德两难故事例子：

在欧洲，一位妇女因为得了癌症而濒临死亡。医生认为有一种药也许能救她的生命。这种药是本镇一位药剂师最近发现的。这种药很昂贵，但药剂师所要的价格是制这种药成本的 10 倍。他制这种药需要花 400 美元，但卖一点药他就要价 4 000 美元。这位妇女的丈夫 Heinz 去找所有他认识的人借钱，尝试了所有合法的手段，但他只能借到大约 2 000 美元，仅仅是药价的一半。他告诉药剂师，他的妻子快要死了，央求他便宜点卖给他或者晚一点再付钱。但药剂师说："不，我发现了这种药，要靠它赚钱。"Heinz 尝试了所有可能的合法手段却无用，最后他绝望了，于是闯入药店给他妻子偷药。

问题：Heinz 应不应该偷药呢？为什么？他是对的还是错的？为什么？他有责任和义务去偷药吗？他竭尽所能去挽救妻子的生命是否重要？为什么？他偷药是违法的吗？他偷药在道义上是否错误？为什么？仔细回想故事中的情景，你认为他最负责任的行为应该是什么？为什么？

Kohlberg 分析了被试回答的理由，认为其中主要存在三个道德推理水平，分别是前习俗水平（包括惩罚和服从定向阶段以及工具性的相对主义定向阶段）、习俗水平（包括人际协调的定向阶段和维护权威或秩序的定向阶段）和后习俗水平（包括社会契约定向阶段和普遍道德原则定向阶段）。

（2）道德推理发展阶段的跨文化比较。

Kohlberg 提出，道德推理的发展在所有文化中都遵循同样不变的顺序，最终达到最高水平，但发展的速度和所达到的最高水平会有差异。然而，是不是所有的文化中道德推理发展都符合 Kohlberg 的理论呢？尤其是所有文化中的道德推理发展都遵循同样的顺序吗？

在一个综述研究中，Snarey（1985）考察了来自 27 个文化群体的 45

个研究。他发现相当多的研究支持 Kohlberg 所提出的不变的顺序。前两个水平在很多社会中都得到确认。关于道德推理的最高水平，收集数据的 8 个民间或乡村社会中都没有证据表明存在后习俗水平。因此，后习俗水平可能仅仅是复杂的城市社会的特征。然而，即使是在城市样本中，典型的水平也是习俗水平，而不是后习俗水平。其他证据亦表明道德推理在文化之间存在差异。Edwards（1986）认为，文化群体会有道德推理水平的差异，是因为价值观和社会组织不同。从已有研究来看，道德推理发展存在不同的发展阶段，但在不同文化中所出现的发展阶段并不完全相同。至少后习俗水平可能是特定社会塑造的结果，并非在所有社会中都会出现。

（3）道德意义的文化差异。

Shweder 等人曾在一个研究中向印度和美国的 5~13 岁的儿童和成人提出 39 种行为，让他们判断这些行为是对的还是错的，如果是错的，那么错误是否严重。例如其中的三种行为：① 一位年轻的已婚妇女未经丈夫允许就去看电影，结果被丈夫打得身上青一块紫一块，虽然她的丈夫一再警告她不得这么做。② 哥哥和姐姐决定结婚生孩子。③ 在父亲死的那一天，他的长子去理发，还吃鸡肉。研究结果表明，两种文化的人对于什么行为是对的具有显然不同的认识。随着年龄增长，印度儿童表现出越来越多的普遍道德原则性质的认识，而美国儿童则有越来越多的社会常规认识。在另一个研究中，Shweder 等人（1990）让一个美国城市社区群体和一个印度奥里萨的群体判断社会规定，例如寡妇是否应该吃鱼，然后比较了二者的判断。研究结果表明，两个社会对道德行为的认识是不同的。研究者提出，道德发展的高级阶段是以自然法则和正义观念为基础的"替代的后习俗道德"，而不是以个人主义、世俗主义、社会契约为基础的道德观念。

Miller 等（1990）以印度和美国的儿童和成人为被试研究了道德观念。他们将 400 名被试分为三组，让被试分别对三种假定情景进行道德推理：某人没有帮助面临生命威胁的另一个人、某人没有帮助非常需要帮助的另一个人、某人没有帮助一个有点需要帮助的人。其中，某人与需要帮助的另一个人的关系在不同情况下分别是父子、好朋友、陌生人。结果发现，印度人认为在上述所有条件下不帮助别人都是不道德的，而美国人认为只有在对方生命受威胁时不帮助才是不道德的行为。印度人的判断反映了倾向于优先考虑社会责任的道德规范，而美国人的判断反映了倾向于优先考虑个人权利的道德规范。但是，如果判断的是严峻的情景（例如威胁生命的时候），总体而言，印度人和美国人的道德判断存在重要的文化差异，表现为适当的道德行为的社会责任的范围不同，以及用以判断这些事情是否构成道德义务的标准有差别。印度人在更大范围的事件上认为自己有道德义务，比美国人更强调他人的需要。

Ma（1988）在 Kohlberg 理论的基础上对中国人的道德发展进行了研究，后来又对中国内地和香港以及英国的被试进行了研究，并据此提出了对 Kohlberg 理论的修正。他认为，中国人的道德观念跟西方人的不同，中国人重视"中庸之道"（以社会中绝大多数人的行为方式行事）和"好意"（顺应自然的美德）。中国内地和香港的被试表现出很强的利他行为和遵守法律的倾向。总的来说，中国人重视"情"（人类情感或感受）甚于"理"（理智、理性），他们重视孝道、群体一致性、集体主义和博爱。Ma 和其同事（1996）还以 620 名中国香港人、100 名英国伦敦人和 353 名美国人为被试，考察了 Kohlberg 的道德推理发展阶段在不同文化中的表现。结果发现，这些被试总体的情况符合 Kohlberg 提出的层级结构。但在对第四阶段的理解方面，各文化中存在一些差异。中国被试倾向于认为第四阶段的表述很像第五和第六阶段的表述，而英国和美国的被试则认为第四阶段的表述更像第二和第三阶段的表述。研究者认为，这与不同文化的人看待社会秩序、规范和法律的观点的差异有关。

从印度、中国、美国的道德发展研究来看，由于受深层次的价值观、态度等的影响，人们所认同的道德观念以及道德的发展规律并不完全相同。

2. 攻击行为与文化

（1）攻击行为概述。

攻击行为是指任何对生物体有意的伤害行为，且被伤害者会力图避免这种行为。这一定义按照行为者的意图而非行为的后果来界定攻击行为。一般来说，攻击行为通常可以分为两类：敌意性攻击和工具性攻击。如果行为者的目的是伤害对方，其行为就是敌意性攻击；如果行为者是通过伤害他人而达到其他目的，其行为就是工具性攻击。

（2）攻击行为与文化。

攻击行为是不是在不同的文化中普遍存在？不同文化中的攻击行为有没有差异？跨文化研究和人种志研究都发现，某些社会和亚文化群体会比另外一些社会和亚文化群体有更强的暴力倾向和攻击性。例如 Shaffer 提到,巴布亚新几内亚的阿拉佩什人、锡金国的雷布查人以及中非的卑格米人都用武器狩猎,但他们很少表现出对人的攻击行为;而巴布亚新几内亚的卡布什人却鼓励孩子好战。

攻击行为出现跨文化差异的原因之一可能是文化通过父母教育施加的影响。1 岁左右的幼儿已经开始有一些工具性攻击行为。2 岁左右幼儿的工具性攻击行为有增无减,但有时会采用协商而非攻击的方式解决冲突。儿童解决问题的方式受文化的影响,具体表现为不同文化中父母对儿童攻击行为的态度不同。一项研究(Anderson, Sakamoto, Gentile, et al, 2008)考察了文化对日本和美国的学前儿童攻击行为的影响。日本文化是一种集体主义文化,强调用协商的方式解决冲突。美国文化是个人主义文化,不强调人际和谐。该研究发现:美国儿童比日本儿童表现出更多的愤怒情绪、攻击行为和语言。同时,美国母亲和日本母亲对儿童的情绪表达具有不同的容忍度。相对来说,日本母亲更加不能容忍儿童的暴力和攻击行为。

攻击行为出现跨文化差异的另一个原因是 Bond 等人(2004)提出的理论模型。他们认为,任何社会都要在进行资源分配的同时保持社会的稳定,因此进行资源分配必须遵守规则,即社会规范。违反这些规范的行为被称为攻击行为。不同的文化中形成的规范不同,从而影响了攻击行为的发生概率。

3. 亲社会行为与文化

(1)亲社会行为概述。

1 岁左右的幼儿已经开始表现出亲社会行为,如同情、分享等。尽管 2~3 岁的幼儿对同伴的悲伤表现出同情和怜悯,但他们不热衷于自我牺牲行为。只有父母教育儿童要考虑他人的需要,或者一个同伴主动要求或强迫他们做出分享行为时,儿童才会表现出利他行为。从全世界多种文化中的研究者进行的研究来看,从小学低年级开始,亲社会行为越来越普遍。

影响儿童亲社会行为的因素很多。首先,婴幼儿表现出的亲社会行为受他们个人气质的影响。其次,父母在儿童伤害他人后的反应也会影响儿童的亲社会行为。而且,在儿童发展过程中,社会认知和情感因素对儿童的利他行为具有重要影响。

（2）亲社会行为与文化。

不同的社会化过程可能表现为重视依附训练和重视独立训练，其结果就是有的文化中的人表现为"尽责、谨慎和保守"，而有的文化中的人表现为"个人主义、自信和冒险"。据此也可以推测，前者可能会表现出更多的亲社会行为，而后者的亲社会行为可能较少。

著名人类学家 Whiting 等人曾经对肯尼亚、墨西哥、菲律宾、日本、印度和美国这六种文化背景中的儿童进行了观察，发现来自非工业化社会的儿童表现出更多的亲社会行为。实际上，无论在工业社会还是在非工业社会，亲社会行为都受到鼓励，只是程度和人们对之的态度有所不同。例如李康等人对加拿大和中国的儿童进行了一个跨文化研究，要求儿童对四个故事进行评价。在其中两个亲社会故事中，主人公都做了一件好事。当故事中的老师问是谁做的时，其中一个故事中的主人公坦率地承认，另一个故事中的主人公则不承认是自己做的。对于承认还是不承认做好事，两国的儿童表现出显著的差异。中国的儿童更倾向于认为不应该承认，而加拿大的儿童则认为应该承认。上述结果可能与社会化过程有关。在强调依附训练的文化中，人们通常生活在大家庭中。儿童通过做家务和照看弟弟妹妹等方式促进、维持家庭的运转，因此他们习惯于表现出亲社会行为，并倾向于认为这样的行为是应当的，没有必要承认。而在强调独立训练的文化中，社会和家庭不会给儿童分配家庭责任。儿童即使要做一些家务劳动，也是以自我服务为主，跟家庭的关系不大，因而较少表现出亲社会行为，即使有亲社会行为，也认为没有必要掩饰。上述结果也可以用个人主义/集体主义的维度进行解释。西方发达国家大多是个人主义社会，强调竞争和个人的目标，因此自我牺牲并非应尽的义务。而较落后的非工业国家多是集体主义社会，比较强调抑制个人主义，为了集体的利益而与他人合作，因而人们表现出更多利他行为。

第四节　文化与青春期发展

青春期是一个变革的阶段。家庭、同龄人从各方面塑造着青少年的行为。通过简单的观察就可以发现，青少年发展到 12 岁、13～15 岁、16 岁左右，生理、心理各方面会出现显著的变化，从而使这一被称为青春期的阶段看起来非常特别。但是，青春期作为一个单独、独特的阶段而被人们注意并不是一直有的现象，而是在 20 世纪初随着工业社会的发展而出现的事情。而且，西方主流社会认为青春期的青少年遭遇身心发展上的"风暴"也并非存在于所有文化中，或者至少程度会因为文化不同而有所不同。因此，青春期生理、心理发展与文化之间的关系究竟如何，还是值得深入研究的复杂问题。本节将详细讨论青春期生理、心理发展与文化的关系。

1. 青春期发育的文化差异

青春期的开始在生理发育变化方面有两个明显的表现：第一是身高和体型发生了巨大的变化；第二是个体达到性成熟，并开始具备生育能力。

（1）青春期发育。

青春期发育的明显表现就是发育加速，也就是身高和体重加速增长。女孩的发育加速期一般开始于 10.5 岁，到 12 岁时发育速度达到最高峰，到 13～13.5 岁时回落到较慢水平。而男孩的发育加速期滞后 2～3 年，到 14 岁时发育速度达到高峰，到 16 岁时回落到较缓慢的水平。

对于女孩来说，进入发育加速期后，乳房开始发育，性器官开始成熟。在西方国家，女孩一般在 12.5 岁时出现初潮，之后，随着乳房发育的完成和腋毛的出现，女孩的性发育告一段落。男孩在 11～12 岁时开始性发育，这时睾丸增大，阴毛出现，到 14.5～15 岁时阴茎已充分发育，大多数男孩达到性成熟。

另外，有研究显示，青少年过早地进入青春期会导致身材矮小，可能的原因就是这些发育过早的青少年的骨骼早早地就趋于或已经成熟。

（2）文化对青春期发育的影响。

尽管青春期发育是生理现象，但也受到社会和文化的巨大影响。Eveleth 对世界范围内的人类发育进行了广泛的调查，发现不同时代、不同文化中青少年的生理发育具有很大的差异（Eveleth, 2017）。一方面，在过去的 140 年里，女孩初潮开始的年龄逐渐前移。至少从 20 世纪 20 年代开始，美国女孩的初潮年龄明显提前。同样，在日本现代化进程中，女孩初潮的年龄也大大提前。数据表明，在 1950—1975 年之间，日本女孩初潮年龄每 10 年就提前一岁。另一方面，初潮开始的年龄存在着很大的文化差异。在一项对 150 多个地区青少年的调查研究中，初潮开始的平均年龄差异明显，从委内瑞拉的 12 岁到新几内亚丘陵地区的 18 岁不等。

是什么导致了初潮开始年龄的跨文化差异和历史变化？Eveleth 认为，影响女孩初潮开始年龄的主要因素是营养。营养摄入上的文化差异和历史变化导致了初潮开始年龄的重大变化，因此发达国家少女的初潮来得较早，发展中国家少女的初潮来得稍迟，家庭经济条件好的女孩初潮来得早些，家庭经济条件差的女孩初潮来得较晚。例如，对尼日利亚少女的调查结果显示，家境较好的少女与家境贫困的少女相比出现初潮大约要早 5 年。同样，由于城市居民的饮食状况普遍比农村居民的好，所以城市女孩出现初潮的年龄比农村女孩的小。埃及开罗市少女出现初潮的平均年龄在 12～13 岁，而埃及农村女孩出现初潮的年龄平均接近 14 岁。长期的营养不良往往会导致初潮的推迟。例如，在美国东部阿巴拉契亚山脉地区，由于人们长期缺乏营养，当地少女出现初潮的平均年龄是 14.4 岁，比同一区域营养状况良好的少女出现初潮的平均年龄 12.4 岁晚了 2 年。除了营养因素外，体能消耗因素（从事强体能消耗运动易导致初潮的推迟）、生态因素如海拔（高海拔地区的女孩初潮往往推迟）也会影响初潮出现的时间。

文化因素对青少年的生理发展的影响还表现在身高方面。1990 年有研究者对世界不同文化的青少年晚期和成年早期的身高、体重进行了比较，结果发现，在全世界 20 岁的成年人中，荷兰人身高最高，男性平均身高为 182 厘米，女性平均身高为 168.3 厘米。此外，19 岁到 29 岁的非洲俾格米人身高水平为世界最低，男性平均身高为 144.9 厘米，女性平均身高为 136.1 厘米。玻利维亚艾玛拉的印第安人和危地马拉玛雅的印第安人的身高也相对较低。这两个地区都比较贫困，人们长期遭受营养不良及传染病。这些因素阻碍了身高的增长。

近年来，相关研究证实了以上的结果。在过去的 150 年内，发达国家女孩的初潮每 10 年就会提前 1～2 个月，且这种趋势在发展中国家也逐渐显现出来。另外在北美和西欧国家，成年人的身高每 10 年增加约 0.6 厘米。

（3）青春期是文化"创造"出来的？

青春期是由生物学还是由社会所决定的人生阶段？至少在 20 世纪以前，人们还没有把青春期作为一个特定阶段来看待。大约到了 20 世纪初，随着社会的发展，儿童和青少年开始接受义务教育。青少年突然摆脱了成人，有了大量时间跟自己的同伴在一起，发展出本年龄阶段所特有的文化。这时，人们才开始把青少年作为一个独特的群体。青少年显然与儿童不同，但还没有像成人一样可以承担社会责任。

① "青春期风暴"。

1916年，著名的发展心理学家Hall发表了《青春期》一书。心理学家从此开始了对青春期的系统研究。当时人们认为，青春期是一个独特的人生阶段。从此之后，青春期作为一个独立的阶段在心理学界、社会学界、人类学界和医学界受到关注。

根据西方主流学术界的研究，青春期是一个充满"风暴和压力"的时期。在青春期，至少在青春期的开始阶段，身体会发生巨大的变化：身体发育进入加速期，激素水平发生变化导致性成熟，大脑也发生相应的变化。到青春期中期，身体发育成熟，青少年可以从事一些成人的工作，并具备了生育能力。但是，对于青少年来说，他们的心理发育还不成熟，社会地位、经济收入等还不足以让他们承担成人的责任。特别是在要接受更长时间的学校教育的工业和后工业社会中，情况更是如此。这种生理成熟和社会功能成熟的分离，必然导致一个困难的青春期，因此青少年在青春期容易出现种种问题行为如犯罪、抑郁等。

② "青春期风暴"与文化。

Schlegel等人（1993）研究了170多个前工业社会的人种志数据以后提出，大部分社会中都有青春期的概念。在很多社会中，到了青春期的某个时间人们都要为青少年举行一个公开的正式仪式，也就是成人仪式。这标志着青少年成长为成年人，同时也具备了成年人的责任。来自全世界的人类学证据清楚地表明，青春期不管在哪里都是一个伴随着心理紧张的学习新的社会角色的时期。但是，是不是就像整个20世纪的西方发展心理学家和临床心理学家所宣称的，青春期是一个充满风暴和重压的时期呢？

首次对"青春期风暴"这一概念提出疑问的是人类学家Margaret Mead。Mead最早描述了萨摩亚群岛青少年无忧无虑的青春期：萨摩亚的青少年不会经历强烈的情感撞击；处在青春期的姑娘不会受到任何过于强烈的心理折磨，在宗教信仰、道德标准、群体归属、婚姻对象以及职业选择等方面，只有一种选择，但有一定程度的社会压力；萨摩亚不存在"青春期风暴"。尽管学术界对这一研究是否真实还存在争论，但它激发了人们对青春期与文化关系的研究。从那时起，有关青春期的跨文化研究越来越多。

Schlegel（2009）的研究也发现，某些文化中并没有青春期这个特殊阶段的概念。例如，因纽特人仅仅把男孩从男人中区分出来，或把女孩从女人中区分出来。在很多无文字记录社会的传统中，青春期仅仅是通向成年的"路"。然而，也有些社会对人生阶段的描述比西方社会的描述要复杂得多。例如，东非的阿拉萨人把男性至少分为六种不同意义的年龄层：男孩、初级武士、高级武士、年轻长辈、资深长辈和退役长辈。从全世界范围来看，大多数文化中的青春期通常比较短。在某些情况下，例如在印度农村，儿童从很小的年龄开始就要从事成人的工作。他们青春期的时间都比西方国家以及富裕的印度城市儿童的要少得多。在传统的中国社会中，男性很早就从事生产劳动，不到 20 岁就会结婚生子，其生活跟成人没有什么不同，因而也不会经历青春期的过度紧张。例如，对中国云南西双版纳傣族自治州的克木人和基诺人中的青少年的研究表明，这两个社会群体对青少年采取尊重、信任的态度，认可他们的成人感和独立感。青少年在婚前有交往自由和性自由，因而在青春期也不存在危机。

青春期是一个生理变化剧烈的时期，也是快要步入成年的标志，必然带来心理的紧张和新的责任，从而对青少年形成冲击。但总的来说，青春期的时间并不算太长。青少年在这一阶段所受到的压力在一定程度上是文化塑造的结果。如果文化要求青少年接受更多教育、更晚结婚和担任成人的角色，那么他们将感受到更多压力。如果青少年能够较早接受训练并担当成人的工作角色和婚姻中的角色，青春期也可以不是风暴和有压力的特殊时期。

思考题

1. 文化会影响婴儿的依恋类型吗？
2. 一种文化中的婴儿有一定的气质类型吗？
3. 文化如何影响人类道德观念的发展？
4. "青春期风暴"是跨文化的普遍现象吗？

参考文献

1. ［美］威廉·A.哈维兰.文化人类学［M］.10 版.瞿铁鹏,张钰,译.上海:上海社会科学院出版社,2006.

2. [美]SHAFFER D R. 发展心理学——儿童与青少年[M]. 6 版. 邹泓,等,译. 北京:中国轻工业出版社,2005.

3. AGISHTEIN P, BRUMBAUGH C. Cultural variation in adult attachment: the impact of ethnicity, collectivism, and country of origin[J]. Journal of Social Psychology,2013,7(4):384.

4. AINSWORTH M D, BELL S M. Attachment, exploration, and separation: illustrated by the behavior of one-year-olds in a strange situation. Child Development,1970,41(1):49-67.

5. ANDERSON C A, SAKAMOTO A, GENTILE D A, et al. Longitudinal effects of violent video games on aggression in Japan and the United States[J]. Pediatrics,2008,122(5):1067-1072.

6. BARRY Ⅲ H, BACON M K, CHILD I L. Cross-cultural survey of some sex differences in socialization[J]. Journal of Abnormal Psychology,1957,55(3):327-332.

7. BARRY Ⅲ H, CHILDI L, BACON M K. Relation of child training to subsistence economy[J]. American Anthropologist,1959,61(1),53-63.

8. BOND M H. Culture and aggression: from context to coercion[J]. Personality and Social Psychology Review,2004,8(1):62-78.

9. CHEAH C S, LI J, ZHOU N, et al. Understanding Chinese immigrant and European American mothers's expressions of warmth[J]. Developmental Psychology,2015, 51(12): 1802-1811.

10. COZZI P, PUTNAMS P, MENESINI E, et al. Studying cross-cultural differences in temperament in toddlerhood: United states of America (US) and Italy[J]. Infant Behavior and Development,2013,36(3): 480-483.

11. DE MUNCK V C, KOROTAYEVA V. Wife-husband intimacy and female status in cross-cultural perspective[J]. Cross-Cultural Research,2007, 41(4):307-335.

12. EDWARDS C P. Cross-cultural research on Kohlberg's stages: the basis for consensus[M]//MODGIL S, MODGIL C. Lawrence Kohlberg: Consensus and controversy. Brighton, England: Falmer Press,1986.

13. EVELETH P B. Timing of menarche: secular trend and population

differences. [M]//School-age Pregnancy and Parenthood. New York: Routledge, 2017.

14. FARKAS C, VALLOTTON C. Differences in infant temperament between Chile and the US[J]. Infant Behavior and Development, 2016, 44: 208 – 218.

15. HARLOW H F. The development of learning in the rhesus monkey [J]. American Scientist, 1959, 47(4): 354 – 479.

16. HOLLOS M. Adolescence: an anthropological inquiry. Alice Schlegel and Herbert Barry Ⅲ[J]. American Ethnologist, 1994, 21(4): 948 – 949.

17. KORNADT H J, TACHIBANA Y. Early child-rearing and social motives after nine years: a cross-cultural longitudinal study[M]//LONER W J, DINNEL D L, FORGAYS D K, et al. Merging past, present, and future in cross-cultural psychology: selected papers from the Fourteenth International Congress of the International Association for Cross-Cultural Psychology. Lisse, the Netherlands: Swets & Zeitlinger, 1999.

18. LEE K, CAMERON C A, XU F, et al. Chinese and Canadian children's evaluations of lying and truth telling: similarities and differences in the context of pro-and[J]. Child Development, 1997, 68(5): 924 – 934.

19. MA H K. The Chinese perspectives on moral judgment development [J]. International Journal of Psychology, 1988, 23(1 – 6): 201 – 227.

20. MA H K., Cheung C K. A cross-cultural study of moral stage structure in Hong Kong Chinese, English, and Americans. Journal of Cross-Cultural Psychology, 1996, 27(6): 700 – 713.

21. MILLER J G, BERSOFF D M, HARWOOD R L. Perceptions of social responsibilities in India and in the United States: moral imperatives or personal decisions? [J]. Journal of Personality and Social Psychology, 1990, 58(1): 33 – 47.

22. MUNROE R H, MUNROE R L, WESTLING E, et al. Infant experience and late-childhood dispositions: an eleven-year follow-up among the Logoli of Kenya[J]. Ethos, 1997, 25(3): 359 – 372.

23. SCHLEGEL A. Cross-cultural issues in the study of adolescent development[M]//LERNER R M, STEINBERG L. Handbook of Adolescent Psychol-

ogy. Hoboken, New Jersey: John Wiley & Sons, 2009.

24. SHWEDER R A, MAHAPATRA M, MILLER J G. Culture and moral development[M]//KAGAN J, LAMB S. Cultural psychology: essays on comparative human development. Cambridge: Cambridge University Press, 1990.

25. SNAREY J. Cross-cultural universality of social-moral development: a critical review of Kohlbergian research [J]. Psychological Bulletin, 1985, 97(2): 202-232.

26. SUPER C M, HARKNESS S, VAN TIJEN N, et al. The three R's of Dutch childrearing and the socialization of infant arousal[M]//HARKNESS S, SUPER C M. Parent's cultural belief systems : their origins, expressions, and consequences. New York : Guilford Press, 1996.

27. WHITING J W, CHILD I L. Child training and personality[M]. New Haven, CT: Yale University Press, 1953.

28. WILLEMSEN M E, VAN DE VIJVER F J. Developmental expectations of Dutch, Turkish-Dutch, and Zambian mothers: towards an explanation of cross-cultural differences[J]. International Journal of Behavioral Development, 1997, 21(4): 837-854.

文化与认知

正如原子和分子作为物质的基石一样，一些心理过程也是构成其他心理结构的基础。在本章，我们通过考察认知心理结构来探索跨文化背景中的心理活动的异同。心理学家使用认知这一专业术语来表示我们将感官输入转化为知识的这一心理过程。初级认知过程主要包括注意、感觉与知觉。其中注意是指我们将有限的意识资源聚焦到特定的刺激上，对之进行比非焦点刺激加工更深入的加工的心理特征。感觉反映感觉受体受到外界刺激时产生的心理感受（包括触觉、味觉、嗅觉、视觉与听觉）。知觉是指我们对感觉系统初步加工后对刺激的初步解释。除此之外，个体还具有更高级的认知过程（包括思考与推理、语言、记忆、问题解决、决策等）。

关于认知的跨文化研究着重于不同文化背景中的相似性与差异性对人们思维方式的影响。其中存在许多认知过程的普遍性，例如事后偏见及对能作为而不作为的悔恨；同时也存在着许多认知过程的差异性，主要集中在感知觉、注意、分类、记忆任务、数学能力、解决问题能力、创造力及辩证思维等方面。认知的普遍性在各种文化背景中都十分相似，然而认知的差异性往往千差万别。

在本章中，我们将回顾跨文化研究中的认知过程，从初级的感知觉与注意，转向更高级的认知过程，例如思维、认知风格、意识、智力等。

第一节 文化与感知觉

在研究文化与认知之间的关系时，许多心理学家认为文化本质上就是认知。在心理学中，文化通常被视为一种关于世界的心理表征。例如，

Hofstede（1980）将文化称为"心理编程"。他将文化比作计算机软件：正如不同的软件可以在相同配置的计算机设备中完成不同的任务一样，不同的"文化程序"也使得个体在相同的环境中表现出不同的行为特征。这种将文化当作认知的观点在心理学中有着长久的历史。例如，有的研究者将文化定义为规范与观念，即在代际传递中由一群人共享并传播的信念、价值观和世界观。规范、观点、信仰、价值观和世界观都属于认知的范畴。在本书中，我们将文化定义为具有独特意义的信息系统。它被一个群体共享并代代传递，使群体能够满足生存的基本需求，不断追求快乐与幸福感，并从生活中寻找意义。这种文化的定义在本质上也是将文化视为一种知识体系——其中的个体既创造亦获取关于如何生活的知识。这些知识表现在具体的对象、行为及文化等物理元素中。

许多心理学家认为，文化代表着人类的思想，人类的文化心理模式会影响其思维方式、感知觉和行为，并且这些心理模式是可以用科学方法加以探索研究的。研究者可以使用心理学上的启动研究方法来确定一种刺激（文化）是否影响另一种刺激（心理或行为）。例如，许多研究对比个体主义或集体主义被试，发现不同的心理模式会导致不同的行为方式。这些类型的研究通常被当作文化影响心理过程的证据。虽然文化认知的观点在心理学中普遍存在且影响巨大，但人们必须考虑这种观点中有多少真正的心理学的依据。社会学和人类学等其他学科的学者往往并不同意文化是认知的观点。每个人都身处某种文化之中，这无疑容易给心理学家们带来"文化过滤"的偏见，因此，检验自己在理解文化和理解认知方面的偏见，对于正确探索文化与认知的关系非常重要。

即使抛开"文化过滤"影响，我们对于世界的感知也并不与真实的物理世界完全相同，更不用说我们对世界的感知觉了。例如，人类的每只眼球的视网膜上都会存在一个盲点，这个区域没有视感觉受体。但是，你在观察世界的时候并不能感觉到该盲点的存在。在眼球的微型运动的作用下，我们的大脑会以为我们看到了一切。又如，你面前有三个分别装着热水、冷水和温水的容器，如果你把手放在热水中几秒钟，然后再放到温水中，你会感觉温水很凉。几分钟之后，你把手放入冷水中，然后再放入温水中，你会感觉温水十分温暖。在这个过程中水温并没有太大变化，但是我们对水的感知发生了变化。一旦我们开始质疑自己的感觉器官，便会想去探索它的局限性：我们对世界的经验和信念会影响我们的感受吗？其他人对事情的理解会和我们一样吗？如果其他人与我们看待事物的观点不同，那么他们的哪些经历和背景因素可以解释这些差异呢？文化是如何影响这一过程的呢？

一、文化影响视觉感知

1. 视错觉

视觉感知的跨文化研究表明，文化对感知觉有着巨大的影响，其中重要的研究成果来自 Segall，Campbell 和 Hersokovits 对视错觉的研究（1963，1966）。

视错觉是一种对物体外观的视觉感知和实际物体之间存在明显差异的现象。最著名的视错觉之一是 Mueller-lyer 错觉（见图 5-1），即使在确知两条线段实际长度一样时，人们仍然会看到两个箭头向内的线段比两个箭头向外的线段更长。另一个众所周知的错觉是水平-垂直错觉（见图 5-1）。当被试被要求判断哪条线更长时，他们通常会认为垂直线更长，其实两条线的长度是相同的。第三个例子是 Ponzo 错觉（见图 5-1）。当被试观看此图像时，他们通常会报告靠近对角线原点的水平线比远离对角线的水平线长，虽然它们的长度是相同的。

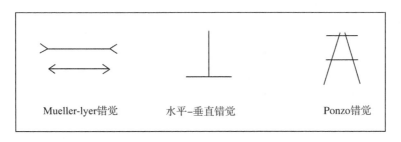

图 5-1　常见视错觉

目前有几个重要的理论可解释为什么视错觉会产生。其中之一就是木匠化世界理论。该理论认为人们（特别是美国人）更习惯于看到形状为矩形的东西，并且会无意识地期待物体有着方形的角落。如果我们看到一所房子，即使它由于光线折射的原因无法在眼睛上形成直角，但是我们仍将它看成是一个有方角的房子。在 Mueller-lyer 错觉中，我们倾向于将这些线段看作具有方角的物体。我们知道看起来大小相同但距离不同的东西实际上是不同的，因而自动地在知觉过程中认为两个箭头向外的线段更小，相应地就缩短了线段距离。另一个理论是前平预缩理论能解释水平-垂直错觉的产生。我们之所以觉得垂直线较长，是因为经验告诉我们，垂直线一般离自己较远，而离我们越远的固定长度线必然更长。

这两种理论有一些共同点。第一，二者都假设经验影响知觉。我们感知到的事物其实是物体将光线反射到我们眼睛的方式和我们如何看事物的学习经验相互结合的产物。尽管学习可以让我们在多数时候正确地识别事物，但它也是导致我们出现视错觉的原因。第二，它们共有的理念是我们生活在一个三维世界中。这个世界以二维方式投射到我们的眼睛中，因此我们需要根据距离和深度两个线索来解释视觉。

许多跨文化研究挑战了我们关于视错觉的传统观念。

1905 年，Rivers 在英格兰、印度农村和新几内亚比较了群体的 Mueller-lyer 和水平-垂直错觉状况。他发现英国人比印度人和新几内亚人更多受 Mueller-lyer 错觉影响，而印度人和新几内亚人比英国人更多受水平-垂直错觉的影响。这些结果让 Rivers 感到十分震惊，因为欧洲人和美国人相信印度人和新几内亚人更原始，比受到更多教育的英国人更容易被视错觉愚弄，但其实际研究结果表明错觉的影响因文化而异，而不是因受教育水平而异。

木匠化世界理论和前平预缩理论都可以用来解释 Rivers 的研究结果。英国人更习惯于规则的形状，而印度人和新几内亚人更习惯于圆形和不规则的物体。因此，在 Mueller-lyer 错觉中，英国人倾向于将物体看作朝向或者远离他们的有方角的物体，印度人和新几内亚人也会产生相同的感知错误，但倾向程度较小。此外，印度和新几内亚的建筑更少，不容易阻挡远距离景观，印度人和新几内亚人比英国人在视觉距离判断中更多依赖深度线索，因此他们更有可能将水平-垂直的图形看成三维的，因而误判了线段长度。

Rivers 的研究结果也可以用第三种理论来解释，即三维表征经验理论。受过现代教育的西方被试有大量的观看图片的视觉经验，因此有许多三维表征的经验。没有受过现代教育的新几内亚人和印度人只有现实生活的视觉经验。新几内亚人和印度人不太可能被 Mueller-lyer 错觉愚弄，因为它对他们来说更陌生，但他们更容易被水平-垂直错觉欺骗，因为它更能代表他们的生活方式。为了验证这个理论，Segall 及其同事（1963，1966）比较了 3 个来自工业化国家的群体与 14 个来自非工业化国家的群体在 Mueller-lyer 和水平-垂直错觉上的表现，结果发现 Mueller-lyer 错觉效应对工业化群体更强，而水平-垂直错觉效应对非工业化群体更强。该研究的结果基本支持了 Rivers 的研究结果，但是也包括无法用前面三种理论来解释的一些结果，例如，老年被试几乎不发生视错觉效应。这个结果出现的原因可能是老年人比年轻人有更多的时间来了解环境，因此他们的错觉效应随年龄的增长而减弱。Wagner（1977）考察了两个不同版本的 Ponzo 错觉效应在一群来自城市或农村且接受过或未接受过教育的被试之间的差异。一个版本的 Ponzo 错觉图为简单图形，与图 5-1 中的例子一样；另一个版本的图形是复杂图形，即 Ponzo 错觉图被镶嵌在一个完整的图形中。Wagner 发现，在简单 Ponzo 错觉图上，错觉效应随年龄的增长而减弱；在复杂 Ponzo 错觉图上，错觉效应对于城市人和接受过教育的人而言随年龄的增长而增强。这项研究为研究城市环境和学校教育对 Ponzo 错觉的影响提供了直接的证据。

　　有些研究者试图使用生理原因来解释视错觉的发生。例如，Pollack 和 Silvar（1967）的研究表明，Mueller-Lyer 错觉效应与视觉上检测轮廓的能力有关，这种能力随着年龄的增长而减弱。他们还指出，随着人们年龄的增长，暴露在阳光下的时间越长，眼睛的透光性越差，这可能会影响人们感知错觉中的线条的能力。此外，他们还发现不同种族的视网膜色素沉着程度与轮廓检测能力有关。非欧洲人有更多的视网膜色素沉着，所以更不善于检测轮廓。但是，Pollack 和 Silvar 界定种族的概念和方法模糊不清，影响了他们的结论的可靠性。

　　Stewart（1973）指出，为了检验种族理论和环境学习理论哪个更合理，需要直接对比种族和环境的影响，不能在研究中将二者混为一谈。Stewart 首先测试了生活在同一个美国城镇（伊利诺伊州的埃文斯顿）的黑人和白人儿童的 Mueller-lyer 错觉效应，发现两个种族群体之间没有差异。然后，Stewart 对生活在赞比亚城市（"木匠化"环境）和农村（非"木匠化"环境）的小学儿童群体进行了比较，发现，错觉效应取决于孩子们的生活环境的"木匠化"程度。Stewart 还发现，错觉效应随年龄增长而减弱，表明学习经验和生理因素也对之起作用。

　　Hudson（1960）进行了一项有趣的研究，表明文化差异对感知的影响。他让班图部落成员观看一些与他们日常生活内容相关的图片，发现班图人观察图片的方式与美国人不同，尤其表现在他们很少使用相对大小作为深度线索。例如，在图 5-2 中，大多数美国人会看到一个猎人以前方的羚羊为长矛投掷目标,而大象站在背景小山上。然而,许多班图人认为图片中的猎人正准备刺杀小象。Hudson认为上述班图人与美国人的深度感知差异与教育和接触欧美文化程度有关。在欧洲

图 5-2 Hudson（1960）的深度感知图片

学校接受教育或对欧美文化有接触经验的班图人观看图片的方式与美国人一样,反之则不同。McGurk 和 Jahoda（1975）的研究也得出近似结果,他们发现不同文化背景的孩子（4~14 岁）看事物的方式不同。例如,苏格兰儿童在描述一张一个妇女和一个儿童站在不同相对位置的图片中的空间关系时比加纳儿童更准确。

前面介绍的研究总体上支持文化影响感知的观点。然而,一项较近的研究结果（Biederman, Yue, Davidoff, 2009）并不支持这个观点。该研究比较了辛巴人（生活在纳米比亚西北部偏远地区的半游牧民族）与美国人对发达社会日常生活中普遍使用的工业制成品的反应。研究者设计了一个样例匹配任务。在该任务中被试需要从两个图形选项中选出一个与目标图形一致的答案。该研究所使用的图形包括城市环境和自然环境中常见的图形。研究结果表明,辛巴人和美国人在样例匹配任务的操作成绩上并没有差异。研究者据此认为,人类可能拥有不受文化调节的感知不规则人为图形的基因倾向。

此外,有研究者质疑文化影响感知相关研究的可推广性。例如,大多数视觉感知和光学错觉的研究一般都用二维方式来呈现刺激：或者画在纸上,或者投射在屏幕上。使用这些类型的刺激可能确实会发现深度感知中的文化差异,但这些效应未必对真实的三维世界同样有效。

还有研究者认为动机差异可以解释文化影响感知的相关研究结果,也就是说,不同文化的人可能有不同的动机去感知某些类型的物体,或者以某种方式去感知它们。有一项研究证明了这一效应（Broota, Ganuli, 1975）。在该研究的预先训练阶段里,生活在印度的印度教儿童、穆斯林儿童和美国儿童观察了一些人脸照片。每张照片随机给被试带来奖励或惩罚。然后在测试阶段里,研究者要求这些儿童再次观察人脸照片,判断照片中的人的性格。研究结果表明,印度教儿童和穆斯林儿童更善于感知与

惩罚条件相关的面孔，而美国儿童更善于感知与奖励条件相关的面孔。这说明，文化影响了人们的动机（对奖励或惩罚的敏感性），进而影响了他们的感知。

2. 注意

已有研究表明，文化影响人们最初的注意点。Masuda 及其同事在这个领域做了大量研究。例如，Masuda 和 Nisbett（2001）要求美国和日本的大学生观看图 5-3A 中的动画场景。每个场景播放两次，持续时间为 20 秒。紧接着研究者要求被试尽可能多地回忆场景中的物体。研究者将被试的回忆内容划分为场景中的主要物体和背景物体，然后发现，日本被试和美国被试对主要物体的回忆无显著差异，但是日本被试比美国被试更善于回忆背景物体。在该研究的第二个任务中，研究者让被试看一些场景，并询问他们是否在第一个任务中见过该场景。被试观看的场景的主要物体或者是旧的，或者是新的，同时，这些场景或者是旧背景，或者是新背景，或者无背景。研究者发现，背景变化不影响美国被试的判断，但显著影响日本被试的判断。当日本被试看到新背景或无背景的场景时，他们的识别率明显比在旧背景条件下的差。

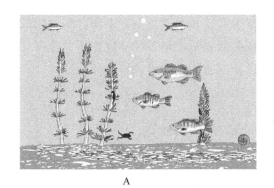

图 5-3　Masuda 和 Nisbett（2001）的研究材料样例（A）和
　　　　Masuda 等人（2008）的研究材料样例（B）

在另一项研究中，Masuda 和同事（Masuda, Ellsworth, Mesquita, et al., 2008）向美国和日本被试展示了一群人的图片，其中的焦点个体与背景人群的面部情绪表达或者一致或者不一致（图5-3B）。研究者要求被试判断图片中焦点个体的情绪。美国被试多汇报焦点个体的情绪，而日本被试多汇报背景人群的情绪，即使它与焦点个体的情绪表达不一致。研究者认为，日本人关注群体情绪，所以他们的判断会受到背景影响；美国人对群体关注较少，所以能将注意力集中在焦点个体的情绪上。

Nisbett和他的同事认为上述注意的差异可能是由生活环境的不同造成的，日本的生活环境可能比美国的生活环境包含更多的元素。为了检验这些环境特点是否影响知觉，Miyamoto，Nisbett和Masuda（2006）向美国和日本被试展示日本环境图片或美国环境图片（作为启动条件），之后再向被试呈现两张文化中立的场景，要求被试注意它们之间的差异。研究结果表明，美国被试和日本被试在观察过日本环境图片后，在之后的场景观察任务中都发现了更多的背景差异。这说明感知和注意的文化之间的差异在一定程度上是由生活环境差异导致的。

这类研究进一步引发了人们对不同文化背景的人在整体性和分析性知觉上是否存在差异的思考和探索。Nisbett认为：西方文化中的人们倾向于将注意的对象与背景分离，进行背景独立的分析性的知觉加工；而东亚文化中的人们往往关注对象与背景的关系，进行背景依存的整体性的知觉加工。目前的相关研究探讨的是这个理论的适用范围。例如，Hsiao和Cottrell（2009）对比了新手与专家在加工汉字时的知觉差异，发现非中文读者（新手）比中国读者（专家）对汉字的加工更具整体性。中国读者可以很好地辨认汉字的组成部分，而非中文读者无法在知觉上将汉字的组成部分从整体中分离出来。这样的研究结果表明，整体性知觉加工并非文化特异经验，而是取决于刺激特征和任务性质的一种知觉模式。

第二节 文化与思维

在心理学领域里曾经有研究者提出语言或文化决定思维的观点。这种"强"版本观往往得不到充分的证据支持，但是相应的"弱"版本观能得以流行。从"弱"版本的语言/文化与思维的关系出发，我们可以认为人类的思维过程和思维产品确实在一定程度上受到文化或语言的影响，从而出现不同文化/语言群体之间的各种偏差和趋势。

一、归类

人类的一个基本心理过程是归类，即按相似性将对象归为一类并加上标签（命名）的过程。分类是人类普遍的心理过程，有利于我们梳理各种日常复杂刺激，能为我们的行为和决策提供规则和指引。人类语言的基础正是分类和概念形成，词汇则是我们对物理世界里的物体的表征。

有些类别似乎是跨文化普遍存在的。例如，对表达基本情绪的面部表情（幸福、悲伤、愤怒、恐惧、惊喜和厌恶）、颜色和形状的归类方式都存在跨文化的一致性。归类过程中也存在文化差异性。例如，尽管所有文化里可能都有家具这个类别，但代表椅子的原型在不同文化中有所不同。

心理学上研究归类文化差异的一种常用方法是分类任务。以往研究发现，当呈现的图片可以按功能、形状或颜色进行分类时，西方文化中的幼儿一开始倾向于按颜色分类，随着年龄增长，他们会按形状分类，最后发展到按功能分类。因此，西方世界中的成年人倾向于按照功能来归类，而不是按颜色或形状归类。人们曾认为，这种归类标准的变化过程是人类大脑生理成熟的产品。但是有研究者发现，在类似的分类任务中，成年非洲被试习惯按照颜色而不是功能来进行分类。这表明归类标准的变化并非由简单的脑生理成熟决定。东亚人的归类标准亦有自己的特点。在Chiu（1972）的早期研究中，研究者要求中国和美国儿童从三个物品中选出两个来归为一类，并说明归类理由，结果发现美国儿童倾向于根据形状来归类，而中国儿童倾向于根据背景关系或功能关系来归类。例如，当看到一个男人、一个女人和一个孩子的图片时，美国儿童倾向于把男人和女人归为一类，理由是他们都是成年人；中国儿童则倾向于把女人和孩子归为一类，理由是他们是母子关系。Ji、Zhang和Nisbett（2004）对美国单语被试和来自中国大陆或台湾的双语被试进行了类似的测试，让他们从三个英语或汉语单词中选出两个归为一类，所得的结果与之前的相同。这表明分类风格的文化差异不受语言影响。

二、记忆

人们有一种传统看法，认为来自无文字社会的个体的记忆能力更强，因为他们不能用笔记录事情，只能用头脑来记忆。Ross和Millson为了检测上述看法的真伪，比较了美国和加纳的大学生记忆有声读物内容的差异，发现在总体上加纳大学生对故事内容的记忆效果确实比美国大学生的好。但Cole等人（1974）的研究发现，在记忆词条时，来自无文字社会的非洲被试并不比来自有文字社会的被试表现得更好。这说明记忆能力在有文字文化和无文字文化之间的差异可能仅限于有意义的语言材料。

在记忆研究领域里最著名的一个现象就是序列位置效应：在一组记忆对象中我们记得最清楚的往往是第一个对象（首因效应）或最后一个对象（近因效应）。早期的跨文化比较挑战了这种效应的普遍性。例如，Cole 和 Scribner（1974）发现利比里亚的格贝列（Kpelle）部落居民的记忆没有出现序列位置效应。Wagner（1981）认为序列位置效应产生的原因在于默声重复行为这种记忆策略，而这一记忆策略与学校教育有关。为了验证这一假设，他比较了摩洛哥受过和未受过学校教育的儿童的记忆情况，发现受过学校教育的儿童确实表现出更大的首因效应。Scribner（1974）考察了受过教育和未受过教育的非洲人记忆单词表的情况，也发现同样的结果。但是，受过教育的非洲人记住的单词数量几乎与美国被试的一样，没有受过教育的非洲人能记住的单词很少，所以 Scribner 研究结果的影响因素到底是文化差异还是单纯的教育差异，或者二者兼有，不得而知。

跨文化研究也发现了一些稳定的记忆现象。例如，随着人们年龄的增长，记忆水平往往会下降。这种记忆水平随着年龄增长而下降的趋势在不同文化中是一致的。另一个稳定的记忆现象是后视偏差。它是指个体在发现真实结果后调整相应记忆的过程。例如，当要求人们猜测罐子中的珠子的数量时，他们可能会说 350 颗。当他们后来发现实际数量是 687 颗时，他们可能回忆说自己原来估计的是 450 颗。尽管 Choi 和 Nisbett（2000）曾汇报韩国人表现出比美国人更多的后视偏见，但 Heine 和 Lehman 的研究（1996）未发现日本人和加拿大人之间有后视偏见程度差异。一项研究对比了来自亚洲、澳大利亚、欧洲和北美的被试，也没有发现后视偏见上的文化差异（Pohl, Bender, Lachmann, 2002）。这表明后视偏见可能是跨文化稳定的一个回忆现象。

上述研究涉及与自我无关的记忆材料。那么与人们的自我有关的内容，如时代重要事件，是否存在跨文化差异呢？在两项研究中，Liu 和他的同事（2005, 2009）询问了 24 种文化背景的被试对"世界历史上最重要的事件"和"在过去的 1 000 年里世界历史上最有影响力的人"的答案，发现人们对这两个问题有很大的跨文化共识。被试汇报的事件集中在最近的过去，围绕政治和世界战争。被试汇报最有影响力的人是希特勒。近因效应非常普遍，72% 的被试汇报的事件和 78% 的被试汇报的人物都发生和出现在过去 100 年以内。

　　Wang 及其同事对自我相关的情景记忆进行研究，发现了有趣的文化差异。情景记忆是对过去某个特定时间和地点发生的特定事件的回忆。这些研究者发现，在进行自传式记忆（即对自己经历的生活历史的记忆）时，欧美的成人与儿童往往比亚洲和亚裔美国人有更多的情景记忆（Wang，2001，2004；Wang，Ross，2005）。在一个研究中，研究者要求加拿大和中国的 8 岁、11 岁和 14 岁的儿童回忆他们上学前发生的早期童年事件。在所有年龄组中，加拿大儿童产生的情景记忆比中国儿童的多，文化差异随年龄增长而增加。而且，上述差异与儿童的认知或记忆能力、语言能力和描述风格、表达方式、生活经验及测试方式等因素无关，而与自我建构、情绪认知和人际认知的文化差异有关。例如，集体主义的被试的自传式记忆中有更多关于参加社会活动、与人互动的情景记忆，而个人主义的被试的自传式记忆中则有更多将自己与他人区别开来的情景记忆。其他研究发现，中国被试受到个人主义观念启动的影响时，在与"母亲"概念有关的记忆再认任务中的表现更差（Sui，Zhu，Chiu，2007）。这表明个人主义观念的启动妨碍了他们与重要社会关系人有关的认知活动。

　　三、数学能力

　　数学与其他符号语言一样，是人类文化所独有的。数学运算能力在整体数学能力和成就方面存在国家差异。例如，国际教育成就评估协会在 2007 年对世界 66 个国家和地区的四年级和八年级学生进行数学和科学测试后发现：① 亚洲国家学生达到国际高级水准的比例最高。② 在数学方面，新加坡和中国香港的四年级学生分别有 41% 和 40% 达到或高于国际高级水准。中国台北、韩国和新加坡八年级学生中有 40% 到 45% 达到或高于国际高级水准。国际范围内四年级和八年级学生达到国际高级水准的比例中位数分别是 5% 和 2%。③ 在科学方面，新加坡和中国台北学生达到或高于国际高级水准的比例分别是 36% 和 19%（四年级）以及 32% 和 25%（八年级）。国际范围内四年级和八年级学生达到国际高级水准的比例中位数分别是 7% 和 3%。④ 在四年级学生的数学和科学测试成绩上，多数国家的数据逐年呈上升趋势。⑤ 对于四年级学生群体，约一半的国家在数学和科学成绩方面不存在性别差异。在其他国家中，一半情况为女孩的成绩优于男孩的成绩，另一半情况则为男孩的成绩优于女孩的成绩。

所以，各国在数学和科学能力方面明显存在差异。但是，导致这些差异的具体原因还不甚清楚。

数字概念是文化创造物。数学能力可能与日常生活中的文化实践、教育系统、家庭期望有关，甚至与数字系统有关。例如，在许多语言中，数字系统是基本的以十为单位的系统，1 到 10 都有相应的单独词汇，11 则直接表达为 10 + 1，12 则直接表达为 10 + 2，以此类推。英语的数字系统更复杂一些，数字 1 到 19 都有单独词汇，与其他语言类似的累加系统是从 20 开始的。古西方数学系统受罗马数字影响，现代数学系统则受阿拉伯数字影响。类似这样的数字系统差异可能会导致不同语言群体的数学能力的差异。

数学成就上往往有性别差异。这个差异的程度在不同文化背景下不同。Else-Quest、Hyde 和 Linn（2010）曾对代表 69 个国家的 493 495 名学生的两个数据集进行了元分析，发现入学性别平等程度、科研工作者中的女性比例和议会成员中的女性比例是对不同国家数学成就性别差异最有力的几个预测因素。该结果支持了性别分层假设，即数学成就性别差异与不同文化中为女孩和妇女提供的发展机会的差异有关。

对日常认知的研究表明，即使没有受过正式教育，所有文化背景下的人们都能掌握一定的数学技能。例如：格贝列（Kpelle）地区种水稻的农民需要估计大米的数量，他们的数量估计能力比美国人的强；巴西一些地区的农民能使用一种非标准的方法和公式来计算土地面积；印度的文盲可以利用太阳、月亮和星星的运动来准确地判断时间。这样的例子遍布世界各地。古代秘鲁印克（Inke）帝国的官员使用一种打结的绳子作为计数工具，记录人口普查和部落数据。亚马逊土著群体能使用几何概念来搜索看不见的东西。现代数学教育中涉及的几何知识可能是全人类共有的一种直觉知识。换言之，数学能力是人类普遍的一种能力。

四、解决问题

解决问题是指我们探索实现不易实现的目标的途径的过程。为了探索解决问题的心理过程，心理学家们曾要求来自不同文化的人在人工环境里去解决不熟悉的问题。例如，Cole 等人向美国和利比里亚被试展示一个有许多按钮、面板和插槽的设备，要求被试找到打开设备的方法，从而获得一份奖励。在这个研究里，10 岁以下的美国被试一般无法完成任务，10 岁以上的美国被试往往可以轻松地通过两个步骤来完成该任务。但是，无论年龄大小，这个任务对利比里亚被试的难度都很大。即使是利比里亚成年人，也只有不到三分之一的人可以成功地完成该任务。从表面上看，这个结果可能表明美国人解决问题的能力比利比里亚人的强，但是实际上，这个研究使用的材料可能是有利于美国被试的。Cole 等人进一步使用利比里亚人熟悉的材料（使用上锁的盒子和钥匙，而不是机械设备）来重复该实验，结果发现大多数利比里亚被试都能很容易解决这个问题。为了了解该实验到底是测试了被试的逻辑思维能力，还是测试了他们以前的知识和经验，Cole 等人设计了第三个实验，将第一个和第二个测试的元素结合起来。在这个实验中，被试需要打开一个上锁的盒子，而打开盒子的钥匙必须从第一个实验使用的仪器中获得。结果发现，美国被试能够轻松解决这个问题，而大多数利比里亚被试无法取出打开盒子的钥匙。Cole 等人认为利比里亚人解决问题的能力取决于问题背景因素。当遇到熟悉的材料和概念时，利比里亚人可以进行合乎逻辑的思考。然而，当测试材料超出他们的日常经验时，他们很难知道该如何下手。而且，这个研究还涉及其他心理因素。未受教育的利比里亚人明显害怕奇怪的设备，不愿意碰它。

另一类型的跨文化研究考察了人们类推的能力。例如经典的三段论推理问题：所有的孩子都喜欢吃糖。玛丽是一个孩子。玛丽喜欢吃糖吗？这个方面的研究发现，不同文化下人们进行类推的能力与是否受过教育密切相关。来自传统社会的文盲一般无法回答这样的含有不熟悉信息的三段论问题，而接受过仅仅一年教育的同一文化背景甚至同一村庄的被试可以做出正确的回答。对于这个现象，有人认为文盲可能采用与受过教育的人不同的思维方式，因为逻辑推理本质上是人工产物，是需要通过学校教育掌握的技能。这个解释获得了一些研究结果的支持。Tulviste（1978）要求爱沙尼亚 8 至 15 岁的学童口头回答问题并解释他们的答案。虽然这些孩子能够正确地解决大部分问题，但是他们通常运用常识或个人观察来解释其答案。只有在他们没有经验的领域里，他们才会运用逻辑前提来解释其答案。Scribner（1974）更深入地分析了未受过教育的人未能对言语问题做出正确反应的原因。当没有受过教育的农民被要求解释三段论问题的不合逻辑的答案时，他们总是忽略逻辑前提，运用他们的个人经验解释，或者声称他们对问题中的人不了解。例如，在被要求回答"所有的孩子都喜欢吃糖。玛丽是一个孩子。玛丽喜欢吃糖吗"这个问题时，被试可能耸肩和评论说:"我怎么知道玛丽是否喜欢吃糖。我甚至不认识这个孩子!"所以,这些被试似乎不理解测试中言语问题的假设性质,并非真正缺乏逻辑思维能力。

五、创造力

认知研究中另一个被广为人关注的领域是创造力。创造力是人类普遍具有的独特能力。美国学者对创造力的研究表明,创造力更依赖发散思维,而不是智力测量中常常评估的聚合思维。高创造力者能努力工作,愿意承担风险,并对模糊性和无序状态有高度的容忍。在其他文化中的高创造力个体似乎也具有上面这些特点。例如,苏丹(属于从众文化)的高创造力个体具有上述特点,对日本文化中的高创造力个体的研究也得出相似结论。

然而,不同文化培养创造力的具体方式存在一些重要的差异。例如Shane、Venkataraman 和 MacMillan(1995)研究 30 个国家的 1 228 个被试(他们是四个不同工作组织的雇员)的创造策略。这些研究者使用 Hofstede 的个人主义、权力距离和不确定性回避维度来划分这 30 个国家。结果发现,高不确定性回避国家的人们期望有创造性的个人通过组织规范、规则和程序工作。高权力距离国家的人们希望有创造性的个人在行动之前获得权威人士的支持或在成员之间建立广泛的支持其创造性思想的基础。集体主义国家的人们期望有创造性的个人寻求跨功能的支持。因此,尽管有创造性的个体可能在不同文化中共享一些共同的核心特征,但他们需要适应各种特定的文化环境。据此也可以推断,不同文化在培养创造力的程度上存在差异。例如,个人主义文化被证明比集体主义文化更有利于创造性培养。

此外,人们一般认为,文化交流经验能促进创造力。这个观点为一些研究结果所支持。例如,Maddux 和 Galinsky(2009)通过一系列的研究证明在国外生活的时间(不是在国外旅行的时间)与创造力水平呈正相关,而且,启动经历过海外生活的被试的国外生活经验能暂时强化其创造倾向。此外,被试对多文化环境的适应程度对国外生活经验与创造力之间的关系起到调节作用(Maddux,Adam,Galinsky,2010)。

六、辩证思维

辩证思维可以被广泛地定义为接受表面上相互矛盾的思想或观念的倾向。这种思维方式与欧美人富有代表性的积极逻辑决定论思维方式形成鲜明对比。辩证思维能容忍矛盾和对立，并试图寻找表面对立的矛盾双方都正确的方式，即彼此的中间地带。而逻辑决定论思维往往把矛盾双方看成相互排斥的类别，例如是或否、对或错这样非此即彼的对立类别。

研究表明，东亚人倾向于辩证思维，而美国人倾向于逻辑决定论思维。例如，Peng 和 Nisbett（1999）要求密歇根大学的美国和中国的研究生阅读下面两个情节。① 母女冲突情节：玛丽、菲比和朱莉都有女儿。每个母亲都有自己的一套抚育孩子的价值观。现在女儿已经长大了，她们都拒绝自己母亲的价值观。这是如何发生的？她们应该怎么做？② 学校乐趣冲突情节：肯特、詹姆斯和马特是大学三年级学生。他们对自己三年来的常规考试、论文作业和成绩感到非常沮丧。他们抱怨完成这个过程代价很大，破坏了学习的乐趣。这是如何发生的？他们应该怎么做？研究者要求被试写下他们对这两种冲突的相应回答，然后对他们的回答按照是否符合辩证思维进行分类。研究结果表明：中国被试的回答多符合辩证思维，即认为冲突情节里双方都对冲突负有责任；美国被试的回答则多不符合辩证思维，即认为冲突情节里某一方应该负全部责任。

许多对于辩证思维的研究都比较东亚人和美国人。这些研究表明，辩证思维者在解释或预测事件时表现出更大的变化期望和对矛盾更大的忍耐度。这种效应见于自我、情绪体验、心理幸福感、态度和评价、社会分类和感知、判断和决策等各个研究领域。例如，在西方文化中积极和消极的感情往往负相关，而东方文化中二者或者不相关或者呈正相关。有些研究者认为，辩证思维并非仅仅是一种思维风格，而是一种可以被称为原始辩证主义的世界观。原始辩证主义是关于世界本质的直觉信仰的组合体。它以中庸教条为标志，相信真理总是在居中的某个地方。相反地，西方的直觉世界观认为一个事物不能同时既为真又为假，所有主张只能是真的或假的（Peng & Nisbett，1999）。

值得注意的是，辩证思维并非东亚人独有的概念。它是德国哲学家黑格尔理论的核心部分，也是一些对现代心理学影响深远的研究者的著作重点。

七、文化、遗憾和反事实思维

反事实思维可以定义为对过去发生的事情进行有利于避免或改变消极

结果的假设性思维。例如,你的考试成绩不理想,你对此的反事实思维是"如果我考前努力学习就好了"。反事实思维往往与后悔感有关。

反事实思维大致可分为两种类型:行动式和不行动式。前者是指希望自己曾采取某种行为(例如"如果我之前好好学习"),后者指希望自己曾经未采取某种行为(例如"如果我之前没有说过那句话")。

对美国人的研究表明,与不行动式反事实思维相关的后悔程度高于与行动式反事实思维相关的后悔程度。其他文化中也有同样的趋势。在一项包括了美国、中国、日本和俄罗斯被试的研究中,所有被试与不行动式反事实思维相关的后悔程度都高于与行动式反事实思维相关的后悔程度(Gilovich,Wang,Regan,Nishina,2003)。此外,这些被试与不行动式反事实思维相关的后悔程度在不同文化组之间是相同的,与美国被试相关研究结果里的后悔程度也相同。别的研究也证明了反事实思维的跨文化相似性,虽然其在特定领域(功课,家庭)中可能会出现一些文化差异(Chen,Chiu,Roese,et al,2006)。

第三节 文化与意识

一、文化与梦

梦的显性内容有很大的文化差异。例如,一项1998年的研究考察了文化、暴力和个人因素如何影响生活在暴力地区(加沙)的巴勒斯坦儿童、生活在和平地区的巴勒斯坦儿童和生活在和平地区的芬兰儿童的梦的内容。被试连续七天记录他们每天早上能回忆起来的梦。研究者对被试的梦的显性内容进行了编码。研究结果表明,来自加沙的巴勒斯坦儿童的梦里有更多的导致焦虑的外在场景,而芬兰儿童的梦里则有更多导致焦虑的内在场景。梦的显性内容的文化差异也见于 Levine(1991)对爱尔兰、以色列和贝都因儿童的研究和 Kane(1994)对欧裔、墨西哥裔和非裔美国人的研究。

在不同文化中,梦的作用也有所不同。Tedlock(1992)报告说,生活在中美洲的玛雅印第安人习惯于分享和解释彼此的梦。这个过程对于教育和传递民间智慧具有重要意义。同样地,Desjarlais(1991)了解了尼泊尔 Yolmo 地区的夏尔巴人对梦的做法。当地人将梦看成评估个人和社会困境及冲突的知识体系。梦成为他们进行社会理解的重要工具。

梦的内容、与梦相关的情感和梦的作用在不同文化间有许多差异。美国文化并不重视梦对个人和社会的重要性，因此美国心理学家很少把梦作为一种理解文化的方式来进行研究。未来加强对这个领域的研究将有利于我们补充知识，并有助于我们深化对人类意识的理解。

二、文化与时间

即使时间是客观的，不同文化的人对时间的体验也不同。时间取向和时间观的文化差异往往给国外游客带来困惑和烦恼。例如，遇到拖延的公交系统，习惯了守时和准时的游客会深感受挫，而时间观念散漫的游客则无所谓。

Hall（1973）是第一个提出时间观念和取向存在文化差异的研究者。他分析了不同文化的人在使用时间上的差异，以及这些差异如何表现在实际的行为实践如商业中。Hofstede 提出长期/短期取向是一个文化维度。长期取向文化中的人们会延迟对伴侣、社会和情感需求的满足，更多地思考未来。短期取向文化中的人们则更强调当下即刻的思考和行动。表5-1 呈现了 Hofstede 对多个国家和地区在时间取向上的差异的对比结果。

时间取向的文化差异可能与我们的一些实际行为有关。例如，Levine 等人对此进行过一系列研究。在其中一个研究中（Levine，Norenzayan，1999），研究者测量了在 31 个国家的主要城市市中心人们步行 60 英尺的速度、邮局交通速度和时钟准确性，发现：瑞士、爱尔兰、德国、日本和意大利的生活节奏最快，而生活节奏最慢的国家是墨西哥、印度尼西亚、巴西、萨尔瓦多和叙利亚。生活节奏与一些生态变量和文化变量相关。例如，气温低的城市比气温高的城市生活节奏更快，经济活跃地区生活节奏较快，个人主义文化的生活节奏较快。此外，在生活节奏较快的地方，人们的健康状况更差，但是幸福感更强。

近年来一些研究考察了使用和理解时间上的文化差异（Boroditsky，Gaby，2010）。例如，不同文化对时间的空间表征方式有所不同，它们常常采用相对于身体从左到右、从右到左或从后到前的方式在空间上表征时间。Boroditsky 和 Gaby（2010）的研究还表明，澳大利亚偏远土著社区波姆普罗（Pormpuraaw）的人们采用与身体位置无关的从东到西的方式来表征时间。

表 5-1　Hofstede（2001）时间取向研究结果

短期取向	中间取向	长期取向
加纳	葡萄牙	挪威
尼日利亚	澳大利亚	丹麦
塞拉利昂	奥地利	匈牙利
菲律宾	德国	泰国
西班牙	波兰	捷克
加拿大	瑞典	印度
博茨瓦纳	意大利	巴西
马拉维	比利时	韩国
赞比亚	法国	日本
津巴布韦	瑞士	中国台湾
美国	芬兰	中国香港
新西兰	荷兰	中国大陆

三、文化与疼痛感知

长期以来，跨文化心理学家和人类学家都对文化和疼痛之间的关系感兴趣，因为从新闻轶事报道和一些观察中都可以发现不同文化在疼痛管理和疼痛容忍度上存在差异。几十年前，学术界开始正式认识到文化和态度因素对疼痛反应的影响。如今，我们知道文化在多方面影响痛苦的感知和体验：① 痛感的文化建构；② 疼痛表达的符号学；③ 疼痛原因和治疗的结构。

虽然大多数关于疼痛的跨文化研究都涉及年长的儿童和成人，但研究者现在认识到，疼痛经验的文化差异，如疼痛反应，在生活中可能发生得相当早。例如，如果根据面部表情和哭声来评判，那么两个月大的中国婴儿比加拿大婴儿表现出更强烈的疼痛反应。

关于痛苦体验的文化差异的一个理论假设与 Sapir-Whorf 假设有关。Whorf 认为高度依赖文化的语言结构影响我们的感知和认识。据此，因为语言的结构、内容在不同文化环境下不同，所以人们的疼痛经验也会不同。

另一个相关研究主题是疼痛的文化展示规则。正如不同文化对于情感的适当表达可能有不同的规则一样，不同文化可能有类似的规则来控制疼痛的表达、感知和感觉。正如情感表达的强度与情感体验的强度相关，控制疼痛表达的规则亦影响疼痛的主观体验强度。例如，对印度和美国大学生的一项研究表明，与美国人相比，印度人对明显的疼痛表达接受程度更低，对疼痛的耐受水平更高；而且这两个因素呈负相关，对明显的疼痛表达接受程度越高，对疼痛的耐受水平就越低。

对疼痛的容忍程度也可能植根于文化价值观。Sargent（1984）采访了西非贝宁贝瑞巴（Beriba）文化中的一些育龄女性和 18 名土著助产士。这种文化推崇淡定坚韧地面对疼痛。对疼痛进行"恰当"的反应被认为是贝瑞巴人身份的构成成分。忍受包皮环切或阴蒂切除手术的疼痛标志着勇气和荣誉，被认为是该文化中的关键价值。同样，在一项考察芬兰妇女的分娩经历的定性研究中，被试将分娩疼痛描述为她们应该接受的自然现象。这类文化观念可能会提高人们对疼痛的容忍程度。

第四节　文化与智力

一、智力的传统定义及其测量

英语中智力（Intelligence）这个单词源于罗马演说家西塞罗创造的拉丁语单词 Intelligentia。在现代心理学界中，智力通常被认为是与口语和分析任务相关的众多能力的集合。Piaget 认为智力是认知从低级向高级发展，最终抵达抽象思维阶段的过程的反映。Spearman 和 Thurstone 提出智力的因素理论，认为智力是一个由许多子成分或因素组成的一般概念，包括语言或空间理解、词流畅、感知速度等。Guilford 提出一个因素理论，用操作、内容和产品三个维度来描述智力，并认为智力实际上是由超过 150 个独立的因素组成的。Spearman 也提出，在智力多因素之上有一个"一般"智力因素，代表整体智力状况。这个因素被称为 G 因素，通常通过组合（累加）或综合（平均）多因素智力测试的分测试部分的得分来衡量。G 因素通常包括纯粹的知识以及对假设和抽象的问题进行逻辑演绎和推理的能力。智力的这种定义决定了它的测量方式和相应的研究。

现代智力测试最初是在 20 世纪早期开发的，用于识别认知有困难的儿童。之后，智力测试在公立学校和其他政府项目中得到广泛应用。智力测试并不是对每个人都合适，在一定程度上依赖于人们的语言能力和文化知识，因此英语能力不强、文化背景不同的移民往往在智力测试中处于劣势。例如，1913年当人们对美国上纽约湾的埃利斯岛（Ellis Island）的移民进行智力测试时，超过三分之一的意大利、匈牙利移民和犹太移民被判断为智力有缺陷。这个情况引发了争论。有人认为智力测试不会有错误，所以如此低智力的移民不适合进入美国。有人则认为智力测试有缺陷，无法准确测试来自不同文化背景的人的心理能力。

如今，很多研究报告了不同文化群体之间，包括美国移民群体之间在智力分数上的差异。例如，美国少数群体的智力平均分比欧裔美国人的平均分低12%至15%。这个情况引发了争论和思考：是什么导致了这些差异？是生物因素还是文化因素？

二、智力是先天决定的吗

有些人认为，不同社会和民族的智力得分差异主要是遗传或先天因素导致的。Arthur Jensen是这个观点主要的支持者之一。他做过许多研究来对比非裔和欧裔美国人之间的智力差异，发现非裔美国人在智商测试中的得分通常低于欧裔美国人。Jensen认为欧裔美国人和少数民族美国人之间的智力差距主要是生物学因素导致的。这种观点对社会政策有重要影响。Jensen曾提出，对贫困阶层提供社会教育计划是浪费金钱、时间和努力的行为。为了支持这一说法，他调查了许多教育救援方案的有效性，并总结认为，这些方案对于提高少数民族群体的智力几乎没有任何作用。

双胞胎研究为智力先天论提供了一些证据。这种研究比较在不同家庭中长大的同卵双胞胎与在同一家庭中长大的异卵双胞胎的智力。如果遗传决定智力，那么同卵双胞胎的智力分数应该非常相近；如果环境决定智力，那么被共同抚养的异卵双胞胎的智力分数应该非常相近。这类双胞胎研究结果表明，在不同家庭中长大的同卵双胞胎的智力分数比在同一家庭中长大的异卵双胞胎的智力分数更相近。Jensen（1971）总结认为双胞胎的智力相关系数高达0.824。他认为，环境因素通常呈正态分布，智力得分与环境因素无显著相关，因此，环境因素不可能对双胞胎的智力水平有系统的影响。Jensen长达20多年的研究都在试图揭示智力的遗传基础，如考察不同种族在各种认知任务上的反应时时长、观察时长及认知任务反应时时长与智力得分的关系，以及考察脑容量、认知任务反应时时长和智力得分的关系。但是Jensen的研究也许夸大了遗传的作用。今天，人们普遍认为，至少40%的智力可以归因于遗传。

三、智力是文化决定的吗

一些学者认为,美国的某些种族的智力平均分较低,是因为大多数美国的亚文化群体在经济上处于被剥夺的地位。这些学者的研究表明,智力分数与社会阶层密切相关。例如,贫困白人的平均智力得分比中产阶级低10%至20%。美国南部各州的贫困白人的智力得分甚至低于生活在较富裕的北部各州的黑人群体的智力得分。此外,不同文化群体之间的智力分数差异也有可能是智力观念的文化差异和智力测试的文化偏差性导致的。不少研究支持这类观点。Cloude Steele 曾提出一个刻板印象威胁理论来解释非裔美国人和欧裔美国人之间的智力得分差异。他认为社会对一个群体的消极的刻板观念实际上可以妨碍该群体的个人表现。Steele 和 Aronson(1995)对斯坦福大学的黑人和白人学生进行过一个实验,发现当黑人学生在接受一个标准化测试之前被要求在背景问卷上填写自己的种族时,他们的测试成绩表现比未被要求填写种族的黑人学生的测试成绩表现要糟糕得多。此外,他们还发现如果对被试声称该测试的目的是用于衡量智力时,黑人学生的成绩比白人学生的差;而不做这样的声明时,黑人学生的成绩与白人学生的成绩无差异。Scarr 和 Weinberg(1976)发现白人家庭收养的黑人和混种儿童的平均智力和学业成绩比白人孩子的高。Greenfield(1997)则认为,智力测试可以被理解为文化象征,因此几乎不可能被有效地翻译(即无信度或效度),用于测试不同文化背景的被试。这种观点影响了智力测试的发展,导致后来学者试图编制"文化自由"或"文化公平"的智力测试,如卡特尔文化公平智力测试。

四、综合智力的遗传和环境观

智力对于许多人来说是敏感的话题,它会触及许多刻板观念。辩论智力的起源对我们的社会生活有重大影响。它可能会左右我们的社会政策、教育方案、就业标准等。

总的来看,大量文献表明,遗传和环境(文化)对智力具有同样重要的影响。无论是持智力的遗传观的学者还是持智力的环境观的学者,因为他们的研究往往只探讨遗传或环境某一个方面的影响,在对数据的解释过程中往往忽略另一个方面的潜在影响,所以他们都容易做出夸大的结论。

此外,智力测试的文化局限性也是未来需要研究者进一步考察的问题。如果一个在某个文化背景下发展出来的智力测试无法被另一个文化背景的人们充分理解,那么这种对智力的跨文化比较将失去意义。即使是当前学术界发展出来的所谓的文化公平的智力测试也未必能真正做到文化公平。例如，Nenty 曾考察卡特尔文化公平智力测试的跨文化效度，对美国人、印第安人和尼日利亚人施测，结果发现该测试的 46 个题目中有 27 个存在文化偏差性，从而导致不同文化的被试得分无法相互比较。智力测试往往依赖于特定文化背景知识。研究者可能无法意识到一个智力测试题目在另一个文化中到底在测试什么。例如，一个美国智力测试题目问："小提琴与钢琴有什么相似之处？"显然，这个问题的前提是被试拥有关于小提琴和钢琴的先验知识。这个问题适用于中产阶级美国人，却不适用于使用不同乐器的被试。

五、其他文化中的智力概念

对文化和智力之间关系的大量研究有利于我们了解不同文化中的人们对于智力概念的理解。这一领域的研究者发现，许多语言中没有与 intelligence 相对应的单词。例如：东非的巴干达（Baganda）人用 Obugezi 这个词代表使人稳定、谨慎、友好的心理和社会技能的结合；西非的哲尔马-桑海（Djerma-Sonhai）人用 Akkal 这个词代表智力、诀窍和社交技能的广泛结合；西非的巴乌莱（Baoule）人用 n'glouele 这个词代表孩子不仅心理敏捷，而且愿意自愿提供服务的特征。

由于智力定义上的文化差异，研究者在不同文化之间很难进行有效的智力比较。不同文化重视不同的心理特征，并对什么心理特征有利于个体未来的成功有不同的看法。

不同文化在如何展示智力或能力上也有不同的规范。例如，在欧美主流社会中展示自己的知识和技能是被社会赞赏的，同样的行为在某些强调人际关系、合作和谦虚的社会中却被认为是不当、粗鲁或傲慢的表现。

六、当代心理学智力理论的新进展

跨文化心理学最重要的贡献之一就是在美国主流心理学中拓展了对智力的理论理解。例如，在传统上人们并不把创造力看成智力的组成部分。现在越来越多的心理学家将这种重要的人类能力视为一种智力。Gardner 的多元智力理论认为人类有七个不同类型的智力成分：逻辑数学智力、语言智力、音乐智力、空间智力、身体运动智力、人际智力和内省智力。Sternberg 提出了一个基于三个独立的"子理论"——情景智力、经验智力和成分智力的智力理论。情景智力指个人适应环境、解决特定情况下的问题的能力。经验智力指联系事物、形成新思想的能力。成分智力指抽象思考、信息加工和行为决策的能力。

虽然大多数智力理论的焦点在于个体，但最近的研究开始考察集体智力。集体智力与一个群体成员的平均智力或最大智力关系不大，但与群体成员的平均社会敏感性、轮流会话的平等分配和群体中女性的比例呈强相关（Woolley，Chabris，Pentland，et al.，2010）。

从最广义来看，恰当的智力概念可能被定义为"有效实现文化目标所需的技能和能力"。如果你的文化规定的目标是成功地获得一个可以支持自己和家庭的高薪职业，那么这种文化将会发展一种强调与这种职业有关的认知和情感技能的智力观。这些技能和能力可能包括现代社会教育系统里可以培养的演绎、推理、语言和数学能力。如果你的文化规定的目标是发展和维护成功的人际关系、与自然合作、狩猎或采集，那么这种文化中的智力观将强调与这些活动相关的能力。所以，从宏观层面上来看，所有文化中的人都有着相似的智力观，即将智力视为在一个文化环境中成功生活所必需的技能和能力的总和。从微观层面上来看，不同文化的智力观千差万别，因为文化在定义生活目标以及实现这些目标所需的技能和能力方面必然会出现差异。未来研究需要深入探索这种双重的现象，寻找文化之间的共性和特性，并探索什么背景变量会影响智力及其影响智力的原因。

思考题

1. 文化如何影响人们的感知觉？
2. 文化对人类的思维的影响主要有哪些方面？
3. 人类的意识中存在文化特定内容吗？
4. 智力水平会因文化不同而不同吗？

参考文献

1. BIEDERMAN I，YUE X，DAVIDOFF J. Representation of shape in individuals from a culture with minimal exposure to regular, simple artifacts: sensitivity to non-accidental versus metric properties［J］. Psychological Science，2009，20(12)：1437-1442.

2. BORODITSKY L，GABY A. Remembrances of times East: absolute spa-

tial representations of time in an Australian aboriginal community. Psychological Science, 2010,21(11): 1635 – 1639.

3. BROOTA K D, GANGULI H C. Cultural differences in perceptual selectivity[J]. The Journal of Social Psychology, 1975,95(2): 157 – 163.

4. CHIU L H. A cross-cultural comparison of cognitive styles in Chinese and American children[J]. International Journal of Psychology, 1972,7(4): 235 – 242.

5. CHOI I, NISBETT R. E. Cultural psychology of surprise: holistic theories and recognition of contradiction[J]. Journal of Personality and Social Psychology, 2000,79(6): 890 – 905.

6. COLE M, SCRIBNER S. Culture & thought: a psychological introduction[M]. Hoboken, New Jersey: John Wiley & Sons,1974.

7. DESJARLAIS R. Dreams, divination, and Yolmo ways of knowing[J]. Dreaming, 1991,1(3): 211 – 224.

8. ELSE-QUEST N M, HYDE J S, LINN M C. Cross-national patterns of gender differences in mathematics: a meta-analysis[J]. Psychological Bulletin, 2010,136(1): 103 – 127.

9. GILOVICH T, WANG R F, REGAN D, et al. Regrets of action and inaction across cultures[J]. Journal of Cross-Cultural Psychology, 2003,34(1): 61 – 71.

10. GREENFIELD P M. You can't take it with you why ability assessments don't cross cultures[J]. American Psychologist, 1997,52(10):1115 – 1124.

11. HALL E T. The Silent Language [M]. New York: Anchor book, 1973.

12. HEINE S J, LEHMAN D R. Hindsight bias: a cross-cultural analysis [J]. The Japanese Journal of Experimental Social Psychology, 1996,35(3): 317 – 323.

13. HOFSTEDE G. Culture's consequences: comparing values, behaviors, institutions and organizations across nations[M]. Beverly Hills: Sage Publications,2001.

14. HOFSTEDE G. Culture's consequences: international differences in work-related values: Vol.6[M]. Beverly Hills: Sage Publications,1980.

15. HSIAO J H, COTTRELL G W. Not all visual expertise is holistic, but it may be leftist: the case of Chinese character recognition[J]. Psychological Science, 2009,20(4): 455-463.

16. HUDSON W. Pictorial depth perception in sub-cultural groups in Africa[J]. The Journal of Social Psychology, 1960,52(2): 183-208.

17. JENSEN A R. Twin differences and race differences in IQ: a reply to Burgess and Jahoda[J]. Bulletin of the British Psychological Society, 1971,24(84):195-198.

18. JI L, ZHANG Z, NISBETT R E. Is it culture or is it language?: examination of language effects in cross-cultural research on categorization[J]. Journal of Personality and Social Psychology,2004, 87(1): 57-65.

19. KANE C M. Differences in the manifest dream content of Anglo-American, Mexican-American, and African-American college women[J]. Journal of Multicultural Counseling and Development, 1994,22(4): 203-209.

20. LEVINE J B. The role of culture in the representation of conflict in dreams: a comparison of Bedouin, Irish, and Israeli children[J]. Journal of Cross-Cultural Psychology, 1991,22(4): 472-490.

21. LEVINE R V,NORENZAYAN A. The pace of life in 31 countries[J]. Journal of Cross-Cultural Psychology, 1999,30(2): 178-205.

22. LIU J H, GOLDSTEIN HAWESR, HILTON D, et al (2005). Social representations of events and people in world history across 12 cultures[J]. Journal of Cross-Cultural Psychology,2005, 36(2): 171-191.

23. LIU J H, PAEZ D, SLAWUTA P, et al. Representing world history in the 21st century: the impact of 9/11, the Iraq war, and the nation-state on dynamics of collective remembering[J]. Journal of Cross-Cultural Psychology, 2009, 40(4):667-692.

24. MADDUX W W, GALINSKY A D. Cultural borders and mental barriers: the relationship between living abroad and creativity[J]. Journal of Personality and Social Psychology, 2009,96(5):1047-1061.

25. MADDUX W W, ADAMH, GALINSKY A D. When in Rome... learn why the Romans do what they do: how multicultural learning experiences facilitate creativity[J]. Personality and Social Psychology Bulletin, 2010,36(6):

731-741.

26. MASUDA T, NISBETT R E. Attending holistically versus analytically: comparing the context sensitivity of Japanese and Americans[J]. Journal of Personality and Social Psychology, 2001, 81(5): 922-934.

27. MASUDA T, ELLSWORTH P C, MESQUITA B, et al. Placing the face in context: cultural differences in the perception of facial emotion[J]. Journal of Personality and Social Psychology, 2008, 94(3): 365-381.

28. MCGURK H, JAHODA G. Pictorial depth perception by children in Scotland and Ghana[J]. Journal of Cross-Cultural Psychology, 1975, 6(3): 279-296.

29. MIYAMOTO Y, NISBETT R E, MASUDA T. Culture and the physical environment: holistic versus analytic perceptual affordances[J]. Psychological Science, 2006, 17(2): 113-119.

30. PENG K, NISBETT R E. Culture, dialectics, and reasoning about contradiction[J]. American Psychologist, 1999, 54(9): 741-754.

31. PENG K, SPENCER-RODGERS J, NIAN Z. Naive dialecticism and the Tao of Chinese thought[M]//Indigenous and cultural psychology. Boston, MA: Springer, 2006.

32. POHL R F, BENDER M, LACHMANN G. Hindsight bias around the world[J]. Experimental Psychology, 2002, 49(4): 270-282.

33. POLLACK R H, SILVAR S D. Magnitude of the Mueller-Lyer illusion in children as a function of pigmentation of the fundus oculi[J]. Psychonomic Science, 1967, 8(2): 83-84.

34. SARGENT C. Between death and shame: dimensions of pain in Baribaculture[J]. Social science & medicine, 1984, 19(12): 1299-1304.

35. SCARR S, WEINBERG R A. IQ test performance of Black children adopted by White families[J]. American Psychologist, 1976, 31(10): 726-739.

36. SCRIBNER S. Developmental aspects of categorized recall in a West African society[J]. Cognitive Psychology, 1974, 6(4): 475-494.

37. SEGALL M H, CAMPBELL D T, HERSKOVITS M J. Cultural differences in the perception of geometric illusions[J]. Science, 1963, 139(3556):

769-771.

38. SEGALL M H, CAMPBELL D T, HERSKOVITS M J. The influence of culture on visual perception[M]. Indianapolis: Bobbs Merrill, 1966.

39. SHANE S, VENKATARAMAN S, MACMILLAN I. Cultural differences in innovation championing strategies[J]. Journal of Management, 1995, 21(5): 931-952.

40. STEELE C M, ARONSON J H. Stereotype threat and the intellectual test performance of African Americans[J]. Journal of Personality and Social Psychology, 1995, 69(5): 797-811.

41. STEWART V M. Tests of the "carpentered world" hypothesis by race and environnement in America and Zambia[J]. International Journal of Psychology, 1973, 8(2): 83-94.

42. SUI J, ZHU Y, CHIU C. Bicultural mind, self-construal, and self- and mother-reference effects: consequences of cultural priming on recognition memory[J]. Journal of Experimental Social Psychology, 2007, 43(5): 818-824.

43. TEDLOCK B. The role of dreams and visionary narratives in Mayan cultural survival[J]. Ethos, 1992, 20(4): 453-476.

44. TULVISTE P. On the origins of theoretical syllogistic reasoning in culture and in the child[J]. Tartu Riikliku Ülikooli Toimetised: Trudy po Psikhologii, 1978, 474: 3-22.

45. WAGNER D A. Ontogeny of the Ponzo illusion: effects of age, schooling, and environment[J]. International Journal of Psychology, 1977, 12(3): 161-176.

46. WAGNER D A. Culture and memory development. Handbook of Cross-Cultural Psychology, 1981, 4: 187-232.

47. WANG Q. Culture effects on adults' earliest childhood recollection and self-description: implications for the relation between memory and the self[J]. Journal of Personality and Social Psychology, 2001, 81(2): 220-233.

48. WANG Q. The emergence of cultural self-constructs: autobiographical memory and self-description in European American and Chinese children[J]. Developmental Psychology, 2004, 40(1): 3-15.

49. WANG Q, ROSS M. What we remember and what we tell: the effects of culture and self-priming on memory representations and narratives[J]. Memory,2005, 13(6): 594 – 606.

50. WOOLLEY A W, CHABRIS C F, PENTLAND A, et al. Evidence for a collective intelligence factor in the performance of human groups[J]. Science, 2010,330(6004): 686 – 688.

文化与语言

　　研究者常常使用语言和言语这两个词汇。语言是一种社会现象，它是人类通过高度结构化的声音组合，或通过书写符号、手势等建构的一种符号系统。言语则是使用这种符号系统交流思想的行为。研究语言的心理学分支叫作心理语言学，其主要目的在于研究个体如何获得、理解和生成语言（朱滢，2000）。

　　人类文明的演化与人类的语言能力密切相关。人类文化的建构基于对共同意图的理解，而语言则有助于这种人类共同意图的建立。人类是有目的的行为者，并且有能力推断他人的意图。语言能促进我们沟通交流各自的意图的能力，使我们能迅速而准确地对他人意图和信念进行推测和判断。这些能力合起来使人类形成自己的文化。

　　人类的文化是具有独特意义并且是可以代代相传的信息系统。这一定义清楚地告诉我们：在理解人类文化之前首先要承认语言对人类文化的贡献。简单来说，人类的文化之所以能够存在并传承下去，恰恰是因为人类在演化的过程中具有使用语言的能力。语言帮助人类更加快速和有效地解决复杂的社会协调问题。随着人类语言的出现，我们能够不断地用特定的符号去为我们周围的世界赋予意义。例如，国旗、《圣经》等都是一个个有深远意义的符号。这些文化意义是由语言促成的。

　　每个人都有发展语言的能力，除了极少数个体因自童年时期开始在缺少人类照料和教育条件下成长而缺乏该能力外，世界上绝大多数人都能发展出自己的语言能力。所有人都有获得语言的天生能力，尽管还没有很好地了解确切的内在机制，但语言习得确实发生在所有的个体中。因此，所有人类社会都有语言，而语言是创造和维护人类文化的基础。在语言的类型和使用上不同文化有很大的差异。例如，有些文化只有口语文化，没有文字;其他地方如美洲地区的文化,多依靠书面语言。总的来说,语言是一种普遍现象,但每一种文化都创造了自己独特的语言,因此语言既有普遍性又有特殊性。全世界目前有 5 000 多种语言。这些语言的音、形、义系统具有巨大的差别。不同文化中的人们在语言获得、语言理解和语言生成的过程中有哪些共同的或不同的规律?语言与文化有何关系?这些是本章将回答的问题。

第一节 文化与言语交流

一、语言的结构

为了考察文化与语言的关系,我们首先要明确语言的基本结构和特征。所有语言都有五个关键特点:

(1) 词汇,即语言中包含的单词。

(2) 语法和句法。语法和句法是一系列规则系统,规定了语言中的词汇如何组合在一起形成有意义的言语发声。例如,英语表达复数的语法规则是在单词末尾加上 s(如 cat 变成 cats)。汉语表达复数则是通过在名词前面添加表示"多个"或"许多"的量词来实现。在英语中组合形容词和名词时的句法规则是将形容词放在名词之前,而不是后面(如 small dog 而非 dog small)。汉语表达也遵循同样的句法规则(如小狗而非狗小)。

(3) 音韵。指特定的语言中规定词汇如何发音的系统。例如,在英语中,单词 new 与 sew 的发音不同。

(4) 语义,即单词的含义。例如,桌子是指具有四条腿和一个水平表面的物体。

(5) 语用。指在特定社会语境下,规定语言如何使用和如何理解的规则系统。例如,"天气冷"可以解释为关窗的请求或关于温度的事实陈述。如何理解一句话取决于社会和环境背景。

此外,还有两个对理解语言结构有用的概念,即音素和语素。音素是能够区别意义的最小语音单位。每种文化都创造了音素来对单词进行发音。音素构成了基本的语言层次:音素组合形成词,而词的组合形成短语,最后形成句子。例如,英语母语者能够在发音和听力上区分 l 和 r,但在日语中这两个音没有区别,因此,这些发音给日语母语者学习英语带来很大的困难。音素区分困难往往是民族/文化差异幽默的来源，例如中国的北方人可能会因为南方人使用普通话时发音的差异而觉得幽默。音素区分也常被人们用于判断个体的民族/文化身份（例如依据发音差异判断一个人是美国人还是英国人）或者内外群体身份（例如是本国人还是外国人）。语素是语言中最小的音义结合单位，是词的组成要素。语素的种类较多，可以独立成词，也可以和别的词组合成词。例如，在英语中前缀"un"是具有特定意义的黏着语素，只有和其他语素组合在一起才能形成词语。又如汉语中的"人"，既可以独立使用，也可以与其他语素组成"人民""人格"等词语，因此它是自由语素。

二、文化与语言习得

所有人类都有获得语言的普遍能力。虽然语言习得的确切机制尚不清楚，但所有婴儿都能够发出相似的声音。因此我们可以说，所有婴儿在跨文化背景下都能产生相似的音素。通过与他人的互动，婴儿产生的声音被不断地塑造和加强，其中某些声音被强化，而某些声音被渐渐丢弃。这些基本的声音与语素联系在一起，逐渐合并成词汇和句子。实际上，在有限的音素和声音的基础上创造出无限意义的表达正是人类与非人类的不同点之一。

文化在人类很早的发展阶段就影响语言的习得，影响音素和语素的形成，并且影响词汇的创造。文化规定了单词的发音规则，并将它们组合在一起形成符合语法和句法的表达。文化还影响了从词语和陈述中派生的意义规则，及其在不同的社会语境中的使用规则。可见，文化对语言的影响十分深远。

人在使用一种语言的同时，也被深深地打上了文化烙印。语言的情感、联想、内涵和细微差别既影响着文化，也受到文化的影响。随着时间的推移，个体通过语言接触到了文化的精髓，在使用语言时，又强化了该语言的文化概念。因此，可以推论，学生在进行第二语言学习时，如果能了解该语言背后的文化知识，那么这个学习过程与仅仅进行语言学习相比可以达到更好的效果。事实上，这确实是在第二语言教育中逐渐普及的一种观点。

语言获得是人类个体学习和掌握特定的语言符号系统的过程。在这一过程中，儿童的语言能力随着年龄的增长而发展：刚出生的婴儿不会说话，随着成长他们首先习得母语的发音，然后说词，最后才说句子。不同语言和文化中的儿童是否遵循同样的语言获得规律？

1. 语言习得的普遍规律

人类是否先天具有获得语言的能力？这是关于语言获得的一个根本问题。著名语言学家 Chomsky 提出，人类各种语言中存在一种共同的普遍语法，而人在出生时就已经具有了普遍语法的心理表征。人类先天具有"语言获得装置"，使人能按照普遍的程序获得语言。Chomsky 的"语言获得装置"理论尚未得到科学研究的证实，但他所提出的人类语言具有共同的语法以及人类可以按照相同程序获得语言的观点得到了跨文化研究的支持。

已有研究发现，不同语言确实存在一些普遍语法特征。例如，任何语言中都没有宾语—主语—动词这样的词序，这是对词序的约束。同样，所有的语言中都有名词和动词。还有标记负性情感意义词现象。词具有一定的情感意义。具有积极情感意义的词运用得更频繁、更广泛，因此这些词经常不被标记；具有负性情感意义的词运用得较少，因此这些词需要被标记。例如，英语中一个明显的例子是音素前缀"un"（如 unhappy 或 unfair）。研究者在几十种语言中都发现了标记负性情感意义词这一共同特征。

更多的研究发现，人类获得语言的过程也具有普遍性。一般来说，人类语言的早期发展分为前言语阶段、单词句阶段和多词句阶段。前言语阶段包括咕咕发音、咿呀学语和模仿语言阶段。每种语言获得的具体过程中由于其独特的语言复杂性都会表现出复杂的、独特的发展模式，但上述阶段发展顺序普遍存在于不同母语学习过程中。

2. 音素获得与文化

音素是言语可识别的最小单位，如单词 sad 和 bad 通过第一个音素进行区分。某种特定母语者通常可以毫无困难地正确区分母语中的音素。有趣的是，人们可以准确区分属于不同音素范畴的两个声音，却难于区分在声学上具有同样的区别但属于同一音素范畴的两个声音。

不同的语言中所使用的音素集合并不完全相同。例如，英语中有两个辅音"l"和"r"，但这两个声音在日语中没有区别。阿拉伯语中有一个送气音"b"，但英语中没有这个音。当向被试呈现人造音时，被试会根据他们母语的语音范畴对这些声音进行归类。例如，英语被试可以区分"d"和"t"，而泰国被试能够区分"d""t"和送气音"t"；美国被试能够很好地区分"la"和"ra",而日本人却很难进行区分。

有研究表明,婴儿在发出连续言语之前已经能够区分音素范畴。他们甚至能够区分周围环境中成人语言中所没有的音素范畴。在发展的过程中,区分超出母语范畴的音素的能力由于再也用不到,就逐渐消失了。如果他们日后需要学习第二语言,区分母语之外的音素范畴就变得相当困难了。

3. 词汇获得与文化

从大约 6 个月开始,婴儿开始发出像言语一样的声音,即咿呀语。这些声音已经与语音差别不大。大约 1 岁左右,婴儿开始使用词(例如总是指着某物体或做某动作时发出同样的音),而且已经受到母语语音范畴的限制。之后,语言的发展有一个巨大的加速期,婴儿每天掌握的新词汇最多能达到 10 个。

词汇习得方面具有较大的跨文化差异。Gentner(1982)考察了英语、汉语、德语、日语、土耳其语、卡鲁利调六种语言的儿童的早期词汇,发现在所有语言中,名词的比例都是最高的。后来这种现象被称为"名词优势偏差"。Gentner 提出一种自然分割假设来解释这种现象,认为动词和名词获得比例之所以有差异是因为具体概念(如人物、客体)与谓语概念(如行为、状态改变或行为关系)在知觉和概念上有差别。名词获得之所以早于动词获得,是因为名词对应的参照物或概念范畴要比动词简单。

如果名词优势效应的原因如 Gentner 所解释的,那么这种基于概念和知觉的现象应该存在于所有的语言中。然而有一些研究发现,并非所有的语言中都存在名词优势偏差,不同语言之间有一定的差异。Choi 和 Gopnik(1995)发现,韩语儿童说出动词的时间相当早,有的儿童说出动词的时间甚至早于名词。而且韩语儿童早期词汇中的动词比例比英语儿童的高。Kim 等(2000)也发现,英语儿童与韩语儿童的早期词汇中名词比例都高于动词,但是韩语儿童的动词比例与名词比例更接近,且显著高于英语儿童的动词比例。Tardif 等研究者(1996,1999)发现,汉语儿童说出的动词比例显著高于名词比例。名词优势偏差在不同语言中不一致的原因可能是在不同语言文化背景下父母与婴儿进行言语交流时对名词和动词的强调有所不同。

掌握词汇后的下一跃进是根据语法和句法规则把词组合成句子。刚开始婴儿只能说双词句,然后话语的平均长度逐渐增加。研究表明,语法复杂性的跨语言差异在一定程度上影响不同语言获得的年龄。例如，阿拉伯语的复数标志比英语的更复杂，阿拉伯儿童获得复数表达能力的时间也晚于英语儿童。

在西方文化中，人们把跟婴儿互动的时间看成教婴儿认识物体的机会。成人不断与婴儿互动有助于婴儿更早习得更多的物品词汇。在东方文化中如在中国和日本，家长很强调社交礼仪的养成，如见到长辈时会教婴儿跟叔叔阿姨说"再见"之类的话。Shaffer（2005）提出，日本、中国以及韩国更重视社会和谐，因此儿童对动词和与人际关系/社会交往有关的单词的习得比美国儿童要早。

4. 其他语言技能的获得与文化

儿童要顺利地交流，需要全面掌握语言的各个方面，包括韵律（如言语的音调模式）、语用（如转换话题、问候）、肢体语言模式等。在现代社会中，还需要学习阅读和书写。在字母语言中，词的书写往往与发音（音素）相对应，而儿童往往会意识到这一点，这叫作语音意识。然而传统汉字的书写与象形结构对应。Holm 和 Dodd（1996）研究了以英语为第二语言的澳大利亚留学生英语学习的情况，结果发现，来自中国香港的留学生对声音和字母之间对应的意识明显弱于来自中国内地和越南的留学生。这是因为来自中国香港的留学生在其本土学习的是传统汉字，而来自中国内地和越南的留学生都熟悉书写拼音（用罗马字母来表示发音的一套系统），这有助于中国内地和越南留学生运用语音意识。与之相似，Huang 和 Hanley（1995）的研究发现，中国香港、中国台湾和英国的 8 岁儿童语音意识任务成绩更多地与学习和阅读英语经验相关，而不是与学习和阅读汉语经验相关。学习和阅读汉语经验更多与视觉技能相关。

三、语言在不同文化间的差异

在不同的文化中语言有很大的差异。在这里我们集中讨论两个方面：词汇和语用间的文化差异。

1. 文化与词汇

文化对词汇的影响首先体现在自我-他人指示体系（Self-other Referents）上，即我们如何称呼自己和他人。例如，在英语中，与人交谈时我们通常用 I 和它的派生词（如 we）来作为第一人称。无论我们是在和谁（如父母、朋友、家人、邻居、熟人、老板或下属）说话，也无论我们在谈论什么话题，我们都自称 I。同样，我们通常用 you 来指另一个人或一群人。在与任何人的谈话中，我们使用 you 或它的衍生词来指另一个人或人群。然而，世界上许多语言中的指示体系比英语更为复杂。这些体系取决于人际关系的性质。例如，日语中也有相当于英语中的 I 和 you 的词，但这些词在日语中的使用频率要比 I 和 you 在英语中的使用频率低得多。在日本，如何称呼自己和其他人完全取决于彼此之间的社会关系或社会地位差异。如果一个人的地位比其他人高，他会用职位或角色而不是用相当于英语中的 I 来自称：教师和学生交谈时用"老师"这个词来自称；医生和患者交谈时用"医生"来自称；父母和孩子说话时使用"母亲"或"父亲"来自称。如果一个人的地位低于与他交谈的人，就会使用相当于英语中 I 的几个代词等指代他自己。这些不同的自称词的使用情况取决于性别、礼貌程度和对他人的熟悉程度：与地位较高的人交谈时，日本人通常会用 watashi 来自称；与朋友或同事交谈时，日本男性通常自称为 boku 或 ore。同样地，如果日本人与一个地位较高的人交谈，通常就会用角色或头衔来称呼对方：和老师说话时，称对方为"某某老师"；打电话给老板时，以职位称呼对方（如"某某科长"或"某总"）；与地位相当或者地位较低的人交谈时，通常以对方的姓名来称呼对方。总之，相较于英语而言，日语中的自我-他人指示词十分复杂，其中包含了许多社会文化背景，每个词的使用情况取决于社会地位和社会关系的亲疏远近。这种复杂的自我-他人指示词体系也存在于其他语言中（如韩语和西班牙语），并且反映出显著的文化差异。在这些文化中，语言、习惯和行为必须根据所处的人际关系和背景加以修改。区分行为和语言的最重要的维度通常是社会地位和内外群体取向：一个人在谈话中的地位是高还是低，以及谈话对象是内群体还是外群体都影响行为方式。选择正确的自我-他人指示词体系在这些文化中显得特别重要，所以，我们通过观察人们如何使用自我-他人指示词，通常很容易识别出个体之间的关系。

　　量词的运用也可以看出文化对语言结构的影响。例如，在日语中，与数量词相关的圆形、圆柱形的物体会使用后缀 bon，扁平的物体会使用后缀 mai。英语中提及所有的物体时只使用数字，物体词汇无须添加前缀或后缀。基于某些尚未清楚的原因，一些文化用不同的方式来描述人们所处的现实世界似乎特别重要。

　　在考虑词汇中的文化差异时，值得注意的是，不同的文化对英语中不存在的事物有不同的词汇，反之亦然。如果一个词存在于一种语言中，在其他语言中则不存在，就表明在这种语言/文化中这个词所指代的概念十分特殊和有意义。一个常见的例子就是德语词 schadenfreude，可以大致译为幸灾乐祸，但英语中没有直接的词可以描述这一现象，因此，在德语中 schadenfreude 这个概念十分重要，以至于人们需要使用一个固定的词指代这种现象并且在日常交流中使用这个词。有些人认为，一个词在一种文化中出现但在其他文化中不存在，是因为在其他文化中没有这种现象。但是这种解释并不能让人信服。因为英语母语者也会有以别人的痛苦为乐的情感，但英语未发展出一个词来指代这个现象。

2. 文化与语用

文化不仅影响语言词汇，而且影响语言的实际应用。例如，许多语言通常会从句子中删除第一人称代词和第二人称代词（如汉语中的"我/我们"和"你/你们"）。这种现象经常在集体主义文化中出现。相较于个人主义文化需要更加直接的表述而言，即使集体主义文化没有第一、第二人称代词，人们也会更加容易推断出语意。

文化差异体现语用的多个方面，如人们与不同关系的人的交谈方式、道歉方式、个人介绍、自我披露、恭维以及批评在不同文化背景下有显著差异。语用学上的许多文化差异可以用交流方式来概括。有些语言表达非常直接，有些语言表达非常含蓄，有些语言表达非常简洁和精确，有些语言表达则非常详细和广泛。在有些文化里语境十分重要，即相较于表达的内容而言，语意的理解要依靠语境和传达的方式。因此，我们可以将某些文化定义为高语境文化（High-context Cultures），将另外一些文化定义为低语境文化（Low-context Cultures）。有些语言还有特定的敬语形式（如汉语中的"您"）。这是一种体现不同交流者之间地位差异的特定语言形式，可以赋予他人更高的地位，同时在适当的时候承认说话者自己的地位较低。

第二节 文化与非言语交流

人际交流并不只依靠语言和言语，也涉及非言语行为。非言语行为是在交流过程中发生的语言成分之外的行为，包括面部表情、声音（声调、音调、语调、停顿、沉默）、手势、姿势、人际距离、触摸行为、凝视和视觉注意等。非言语行为也是重要的沟通方式。

人际交流方面有一个有趣的矛盾。研究表明，人际交流中大量信息是以非语言/言语方式传递的，因此，非语言渠道实际上对理解意义，特别是说话人的情感状态更为重要。然而，研究也表明，大多数人在与他人互动和对他人进行判断时，都有意识地注意言语行为，而不是非言语行为。在本节内容里，我们将讨论文化如何影响非言语行为。

一、文化与手势

手势是用来表达语意的手部动作。说明性手势是与言语直接相关的动作，用来说明或突出所讲的内容。人们使用手势的频率、动作、时间在不同文化之间有明显差异。一项实验研究考察了手势的使用如何随着文化、年龄和口语能力的变化而变化（Huttunen, Pine, Thurnham, et al, 2013）。研究者要求80名英国儿童和41名芬兰儿童完成一个图片命名任务，结果发现英国儿童比芬兰儿童更多使用手势；在两种文化中手势的使用都随着年龄增加而逐渐减少；与年龄较大的孩子相比，2岁的孩子使用的指示性手势比标志性手势更多，他们在言语开始之前做出更多的手势。不同的文化言语阐明手势在数量和类型上有很大不同。一些文化，如拉丁美洲和中东文化，强烈鼓励人们在说话时使用大幅度的说明性手势。他们的手势有很强的表现力。其他的文化，如东亚文化，则不鼓励人们使用大幅度的说明性手势，尤其是在公共场合，因而这些文化中的手势表达也相对较少。文化差异不仅存在于手势的使用频率、幅度和持续时间上，而且存在于手势的形式上。例如，当计算数字时，德国人用拇指表示1，而加拿大人和美国人则用食指表示1。

手势的另一个目的是表达语意。这些手势被称为象征性手势。每一种文化都发展出自己的象征性手势符号。这些手势与单词或短语联系在一起，因此，象征性手势是文化（包括民族文化和组织文化）内特有的现象（在不同的文化中，也有一些象征性手势是性别特有的现象）。不同于说明性手势，象征性手势无需言语就可以传达意义，比如美国的A-OK符号（和平的标志：两根手指向上，手掌朝外）。象征性手势是任何一种文化语言的重要组成部分，因为它使人们在不发出声音的情况下跨越距离进行交流。

对文化和手势的研究起源于David Efron对纽约市的来自西西里岛和立陶宛的犹太移民的手势的研究。Efron发现，传统的犹太人和意大利人有不同的手势，但随着移民移居并融入美国文化，这些独特的手势就渐渐消失了。世界各地随处可见各种不同的象征性手势。有些象征性手势在不同文化中的含义往往不同，甚至在另外一些文化中具有冒犯性。例如，在欧洲的许多文化中，美国的 A-OK 符号是一种冒犯的手势，具有性暗示的含义。把双手放在头的一侧，用食指向上指，在某些文化中（如日本）表示生气，然而在其他文化中表示魔鬼，或者表示性挑逗。倒置的和平信号在英国和澳大利亚表示对他人的侮辱。

二、文化与注视

注视是一种强有力的非言语行为，其功能很可能源于动物的进化。注视与人类和动物的支配地位、力量或攻击性相联系，亦与亲子关系和教养相关。注视的力量在注视游戏里可得以体现。在这个游戏中，两个人互相注视，谁首先转移目光或发笑就会输掉游戏。

文化规定了有关注视和视觉注意力的规则，因为攻击性和从属关系都是维持群体稳定性的重要行为倾向。在不同文化之间这些规则是不同的，如阿拉伯人直接注视对方的时间要长于美国人直接注视对方的时间。有研究者将 30 种样本文化分为接触性文化（在交流中通过肢体接触增进感情）和非接触性文化加以研究，然后发现：与他人交流时，和非接触性文化的被试相比，接触性文化的被试注视对方的时间更长、人际距离更短、肢体接触更多。即使人们在思考时，他们的视线也遵循文化规则。一项对美国被试的研究表明，不同种族的美国人在凝视和视觉行为上存在显著差异。

注视通常是一种表示尊重的非言语象征。但是，由于不同的文化对注视的规定不同，因此注视他人代表的尊重的含义是不同的。在美国，与对方交谈时直视对方是一种尊重人的表现，所以人们提倡"看着别人的眼睛"，或者"说话的时候看着别人的眼睛"。然而，在有些文化中，将目光移开甚至向下看才表示尊重，直视反而表示不尊重。因此，从这一方面考虑，我们就可以理解美国人容易认为部分文化背景的人不尊重人或不真诚，而部分文化背景的人则可能认为美国人咄咄逼人或傲慢的原因。

关于注视的刻板理解也会影响人们对欺骗和可信度的判断。在美国，人们普遍认为，当有人不直视对方的眼睛时，这个人很可能是在撒谎。其实在大部分情况下，这不仅是不正确的，而且还容易与文化差异混淆，因为当美国人相信外国人在撒谎时，实际上他人可能只是在表示礼貌。

三、文化与语音

语音是非言语行为的另一个重要渠道，能传递许多不同的信息。虽然语言是通过词语和语音来传达的，但是在信息传达时声音的意义远远超出了语词。语音、语调、音调、语速、语言中的沉默现象和音量等这些特征被称为副语言线索。一些特定的情感是通过声音来传达的。例如，在愤怒的情绪下人们会发出刺耳的声音，声音会变得越来越大，语速也会增快。在表达厌恶时人们会产生恶心嫌弃的声音。在悲伤情绪下声音会变得柔和，语速也会变慢。

不同的文化在语音和语言风格上存在较大的差异。在有表现力的文化中说话声音更大、语速更快，而在表现力较弱的文化中声音更低沉，语速更慢。此外，某些语言要求发音与节奏随着所要表达情感的不同而不同。在这些声音线索的文化中，这些节奏和发音听起来很正常（如讲普通话的人的发音是高低起伏的），但在其他文化中，类似的节奏和发音很容易引起负面反应，因为它们听起来很"怪"，容易激发厌恶情绪。

在一项跨文化研究中，研究者考察了被试对声音传达的基本情绪如愤怒、轻蔑、厌恶、恐惧、快乐、悲伤和惊讶的跨文化识别，发现被试除了能识别不同文化背景下的快乐情绪之外，还能识别其他积极情绪如兴趣、欲望、解脱和平静。然而，并不是所有的情绪都能在不同的文化中得到同样程度的识别，喜爱、内疚、骄傲和羞耻的识别度就不高。该研究结果表明，非言语的声音可以向不同文化的听众传递详细的情感信息，而不仅仅局限于通常的基本情感。

四、文化、人际距离、触摸

在人际交流的过程中，空间也是一个重要的非言语行为，被称为空间关系学。根据社会关系的类型，人际空间的使用有四个不同的层次，从近到远分别为：亲密距离、个人距离、社会距离和公众距离。感官接触会影响亲密感，因为人际距离越近，感觉刺激越强，感受性也越强。因此，文化在很大程度上规定着人际空间是很有道理的，因为这种规定是社会协调必不可少的条件。个人空间被侵犯会引起人们厌恶的反应。

在所有文化中，人们大致根据上述四个层次来利用自己的空间，但他们对这几个层次所赋予的意义是不同的。例如，阿拉伯男性与美国男性相比就座时彼此的距离更近。而且，与欧美人相比，阿拉伯人的眼神交流更频繁，说话声音更响亮，与他人互动交流时距离更近，近到足以感受到对方的呼吸。与欧洲的学生相比，拉丁美洲人的交往空间距离更近。印尼人比澳大利亚人坐得更近。相较于美国人和德国人，意大利人交流时距离更近。哥斯达黎加人比哥伦比亚人的人际距离更近。与来自同一文化的人交流时，日本人之间相隔很远，委内瑞拉人之间的距离则很近。有研究还发现，来自同一国家的人在美国使用英语交流时，他们采用的是美国人对话时的习惯距离，而不是本文化的习惯距离。

人际空间的延伸依靠触觉，因为触觉需要密切的身体接触。触摸是另一种强有力的非言语行为。正如文化规范着空间一样，文化也规范着触觉。与违反文化对空间的规范一样，违反文化对触摸的规范也会引起人们的负性情绪。

第三节　文化间与文化内交流

交流是一个复杂的过程，涉及语言和非语言之间的信息交换。为了理解沟通过程的复杂性，我们需要了解交流过程中涉及的基本概念：

- 信息（Message）。指两个或两个以上的人交流时所交换的信息和表达的内容。信息包括知识、想法、概念、思想或情感。
- 编码（Encoding）。指人们有意识或无意识地选择信息的过程。在这个过程中人们将信息嵌入信号中，并将这些承载信息的信号发送给其他人。
- 信号（Signal）。指交流过程中可观察的行为。信号不一定具有固有的意义，但携带交流过程中已编码的信息。
- 通道（Channel）。指信号发送和提取的特殊的感觉通道，如视觉和听觉。最广泛使用的交流通道是通过视觉系统实现的面部表情、身体姿势、手势，以及通过听觉传播的言语、音调。通道也可以是其他感觉系统如触觉、嗅觉等。
- 解码（Decoding）。指一个人从感受器接收信号并将这些信号转换成有意义的信息的过程。交流过程可以描述为发送方将消息编码为一组信号，再由接收方将信号解码为信息的过程。这些信号通过多种渠道传送。一旦信息解读完，解码者又变成了编码者，通过相同的方法将信息传达出去。这个复杂的交换过程包括交换角色、信息的编码和解码。这个过程类似于抓捕游戏，并且进行得非常快。

一、文化对编码和解码的影响

文化影响着我们的语言和我们说话时产生的非语言行为。同时，不同文化背景的人从小就学习规则。这些规则有助于破译言语和非言语行为中固有的文化密码。这些解码规则与传达信息和编码规则一起发展，是交流技能发展的一个部分。

文化解码规则包括种族中心主义、文化过滤器、情感、价值判断、刻板观念、期望以及社会认知。随着我们的成长，我们学会了如何感知信号和解释信息。也就是说，我们学会了适当解码的文化规则。因为我们和同一文化中的其他人有一套共同的编码和解码规则，所以我们对交流产生了期望。这些期望通常基于内隐刻板观念。这些规则和期望构成了默契的基础。情绪反应与这些期望有关，包括从符合期望时的接纳和满足感到期望被违反时的愤怒和沮丧感。我们的情绪又与价值判断和归因密切相关。我们常常不加考虑就快速做出判断和归因。这些判断似乎很自然，因为它们植根于我们受到的潜移默化的教育中。情感和价值观是帮助我们形成对他人和自己的看法的指南。因此，解码规则及其相关的情感和价值判断构成了我们在观察世界中使用的"过滤器"的基础。随着社会化进程的加快，我们增加了更多的过滤层。这些过滤层就像镜片，可以让我们以某种方式感知世界。同一文化群体成员分享同样的"过滤器"。这个"过滤器"是自我心理建构中不可分割和无形的一部分。

二、文化间与文化内交流的过程

文化内交流是指具有相同文化背景的人之间的交流。人们之所以可以进行文化内交流是因为他们共享一套相同的内隐编码和解码规则。当人们在公认的基本规则范围内进行交流时，可以专注地运用相同的文化符号编码与解码正在交换的信息的内容。而且，当人们在共同的文化范围内进行交流时，会做出一个内隐的价值判断：对方是我们文化中的一员，并且很好地融入了我们所在的文化圈。

文化间交流是指具有不同文化背景的人之间的交流。当我们研究文化间交流的微观细节时，会发现它与文化内交流的过程大致相同。但是，在文化间交流中交流者并不一定有相同的基本规则。由于人们可能使用不同的文化代码对信息进行编码和解码，因此更加难以关注正在交换的信息的内容。当这种情况发生时，沟通往往不能顺利进行，导致误解——我们可能会认为对方的言行是不恰当或粗鲁无礼的。

非言语行为中的文化差异使得文化间交流比文化内交流更加困难。跨文化交际存在许多潜在的障碍：

（1）虚假一致性（Assumptions of Similarities）。人们常常高估或夸大自己的信念、判断及行为的普遍性，认为别人与自己一样。

（2）语言差异（Language Differences）。当人们试图用一种他们说得并不完全流利的语言进行交流时，常常认为一个词、短语或句子就能表达他们想表达的意思。做出这个假设的同时人们忽略了我们前面讨论的其他可能的信号和信息来源，包括非语言表达、语调、身体定向和许多其他行为。

（3）非言语错误解释（Nonverbal Misinterpretations）。不同文化有不同的非言语信号。对非言语行为的误解很容易导致人际冲突或对抗，从而破坏交际过程。

（4）先入为主的观念和刻板印象（Preconceptions and Stereotypes）。过分依赖刻板印象会使我们无法客观地看待他人以及解释他人的行为。

（5）评价倾向（Tendency to Evaluate）。不同的文化价值观可能导致对他人的负面评价。

（6）高焦虑与紧张（High Anxiety and Tension）。过多的焦虑和压力会导致失调的思维过程和行为压力，使得人们更有可能固执己见以及僵硬地解释他人的行为，还有可能不顾客观证据而墨守成规，并对他人做出负面评价。

（7）不确定性和模糊性（Uncertainty and Ambiguity）。跨文化交际容易受到不确定性和模糊性的影响。这不仅与言语信息的文化差异有关，也与非言语行为的文化差异有关。不确定性和模糊性可能会导致负性反应，增加误解和对意图或性格的错误判断的可能性。具有有表现力的文化背景的人容易将具有保守文化背景的人判断为不可信任的、神秘莫测的、狡猾的；具有保守文化背景的人则容易将具有有表现力的文化背景的人判断为傲慢的、大声的、不成熟或粗俗的。这些厌恶性反应中有许多是无意识和自动发生的，因为它们植根于文化"过滤器"中。因此，在跨文化交流中，尤其是在初次接触中，人们通常采用策略来减少不确定性。Gudykunst 和 Nishida（1984）对100名美国人和100名日本人进行测试，将他们分为文化相似（文化内交流）和态度相似、文化不同（文化间交流）和态度相似、文化相似和态度不同、文化不同和态度不同的四个组。文化相似或不同的实验条件是通过让参与者与具有他们自己的文化或其他文化的陌生人进行互动来操纵的。态度类型通过介绍陌生人时描述相似或不同的态度来操纵。研究人员评估了每一位参与者在交流过程中的自我暴露程度、询问的意图、非言语行为、归因和人际吸引力。结果表明，在文化不同的条件下被试的上述几项指标均高于在文化相似条件下的指标。这说明在文化背景不同的情况下，人们确实会使用一些方法或策略来有效地减少误解和增进交流。

（8）冲突（Conflict）。跨文化交际的另一个特点是冲突的可能性更大。当与他人交流时，他人的行为可能不符合我们的预期，而我们倾向于把这些行为理解为违背我们的价值体系和道德的违规行为，因此，这些行为会威胁我们的自我概念，引发我们的负面情绪。

由于交流者习惯于在文化内交流，当进行跨文化间交流时有可能无法明确地发送或接收信号，在这种情况下，跨文化交流的过程可能非常困难。人们很容易会因为这种互动所需要的额外努力而变得心烦意乱或心灰意冷。信息解码可能不符合发送者的原意，从而导致沟通失误和其他问题。不确定性则助长了这些冲突。人们可能会对歧义感到不耐烦，从而产生愤怒、沮丧或怨恨。然而，即使不确定性减少了，不同文化之间言语和非言语行为的含义不同以及文化系统固有的相关情感和价值观的差异也仍可能造成冲突。

在一项研究中（Pekerti，Thomas，2003），在新西兰留学的东亚和欧美学生与另一名东亚或欧美的学生一起参加一项对犯罪的严重程度进行评估的任务。被试在完成任务的 15 分钟中的交流行为由研究助理进行编码，并按个人主义或集体主义风格分类。结果表明，在跨文化交际环境中，欧美被试的交际方式要比在文化内环境中的交际方式更加倾向于个人主义，而东亚被试的交际方式则比在文化内环境中的交际方式更加倾向于集体主义。这个研究结果表明，与文化内情况相比，在跨文化环境中文化交流方面的差异实际上更加明显。

三、改善跨文化交际

1. 提高跨文化交际意识和减少不确定性

有效的沟通需要了解和尊重观念和行为上的文化差异，以及培养对高语境/低语境交流模式之间差异和时间知觉差异的敏感性。增强跨文化交际意识在处理跨文化交际冲突的过程中十分重要,有利于让人们意识到自己的习惯、心理脚本和文化期望,使人们能够对新的信息持开放、接纳的态度。

跨文化交际意识的三个组成部分(动机、知识和技能)影响跨文化交际的有效性(Gudykunst,1993)。动机因素包括行为者的需要、吸引力、社会联系、自我概念和对新信息的开放程度。知识因素包括期望、共享网络和知识广度。技能因素包括移情、歧义的容忍度、适应能力、创新、适应和收集适当信息的能力。这三个因素影响着情景中的不确定性程度、焦虑和交流时实际感受到的压力。它们影响交流者对事件的注意程度,也就是说,他们会采取有意识和深思熟虑的方式对自己和他人的行为进行思考,并在交流开展时以适当的方式解释交流过程。积极的心态可以减少不确定性和焦虑,从而促成有效的沟通。

因此,减少不确定性是跨文化交际中的主要目标之一。如果不减少不确定性,交流者就不可能正确地处理信号的内容并正确地对消息进行解释。如果减少了不确定性,交流者就可以将注意力集中在正在交换的信号和信息的内容上。跨文化交际就像破译语言编码:第一步是破译代码(减少不确定性),第二步是解释和回应相应内容。

2. 关注面子

在集体主义文化中,处理冲突时人们会考虑到保持面子的重要性。虽然面子一词似乎是亚洲人所独有的,但在所有文化中人们都有同样概念,因为面子指的是人们对自己在公共场合的表现的关注,以及对该表现受到威胁时可能带来的尴尬或耻辱的关注。在任何文化中,人们都应该注意面子。具有个人主义文化的人与具有集体主义文化的人交流,在处理冲突局势时应该采取积极主动的态度,不咄咄逼人,敏感地认识到安静、仔细观察的重要性,培养用心倾听的技能——尤其是共情的技能。相反,具有集体主义文化的人在个人主义文化背景下处理冲突时,应该留意到个人主义式的问题解决方式,专注于当下并积极主动地表达自己的观点和体验。

3. 增强情绪调节能力

研究表明,情绪调节在跨文化交流的心理过程中起着关键作用。冲突和误解是不可避免的。我们的种族中心和刻板印象的思维方式常常导致我们对这些冲突和误解做出消极的价值判断。其中,负面情绪往往与这些消极判断有关。这些消极的反应使我们很难参与到更具建设性的互动中。它们使我们无法理解差异，也无法与不同的人融合。由于冲突在跨文化交际中是不可避免的，因此控制我们的消极情绪反应变得极为重要。那些能够控制自己情绪的人将能够参与一个更具建设性的跨文化交流过程，为更成功的跨文化交际打开大门。因此，情感是获得成功的跨文化交流体验的关键。

四、语言关联性的跨文化研究

在语言与行为研究中最重要、最经久不衰的争论就是语言与思维过程的关系。这二者的关系对于语言的跨文化研究尤为重要，因为每一种文化都与作为载体的某一特定语言相关联。文化如何影响语言？语言如何影响文化？这些问题一直是争论的焦点。

Edward Sapir 和 Benjamin Whorf 在 20 世纪 50 年代首次提出 Sapir-Whorf 假设。该假设也称语言相对论假设（Linguistic Relativity Hypothesis）。该假设的核心论点是不同语言的使用者有不同的思维和行为方式，语言决定思维。由于不同的文化都有其载体——语言，这个假设对于理解语言对思想和行为的影响尤为重要。如果该假设成立，就说明语言的性质、结构和功能的差异造成了不同文化背景的人的思维方式差异（如思维过程、联想、解释世界的方式和对事物的感知等）。这一假设还可进一步推论，多语者在使用不同的语言时，实际上可能采取不同的思维模式。

Sapir-Whorf 假设被提出之后，许多研究开始重视语言与认知的关系，但是，已有研究结果相互矛盾，有些支持或局部支持该假设，有些则不支持该假设。

1. 形状编码与分类

Carroll 和 Casagrande（1958）比较了纳瓦霍语（美国最大的印第安部落的语言）和英语对物品分类的影响。纳瓦霍语中存在一种特殊的动词语法，即根据动作对象（物品）的形状特征来决定动词的语法形式，而且，这种与物品形状匹配的特殊动词语法形式多达 11 种。Carroll 和 Casagrande 认为这种重视物品形状的语言特征可能影响认知过程。在他们的实验中，他们比较了纳瓦霍语和英语儿童依据形状、类型或材料性质对物体进行分类的频率，发现纳瓦霍语儿童比英语儿童更倾向于按形状对物体进行分类。同时，在该研究中，他们还发现低收入家庭的非裔美国儿童的分类表现与欧裔美国儿童的分类表现相似。这一发现很重要，因为非裔美国儿童与欧洲裔美国儿童不同,他们并不习惯积木和板状玩具,但仍然表现出相似的分类操作。这为研究者将纳瓦霍语儿童和英语儿童的分类操作差异解释为母语语法影响的结果提供了一个有力的支持。Carroll 和 Casagrande 的这项研究为语言影响思维的假设提供了早期的支持,该假设亦为后来的一些研究结果所支持。

2. 颜色编码与分类

Berlin 和 Kay(1969)认为:自然界中存在的颜色是连续渐进的,并且这些颜色是用一系列离散的范畴词汇来表示的。无论在光谱中,还是在人类感知中,都没有任何内在的东西会使颜色分裂离散开来。用词汇将连续的事物分类表达是英语结构的一部分。为了检验这个说法,Berlin 和 Kay 研究了 20 种语言中的颜色词。他们要求在美国的在读留学生用他们各自的母语列出基本的颜色词,然后要求这些学生从一系列玻璃色片中识别出代表基本颜色词的最典型或最好辨认的颜色。Berlin 和 Kay 发现,所有语言中的基本颜色词的数量都是有限的,而且,被选为这些基本颜色词的最佳例子的色片构成了颜色的"聚焦点"。例如,在描述蓝色概念的语言中,被试所选择的最好的颜色例子大同小异,都集中在蓝色连续体上的某处,出现了"聚焦"现象。这个研究结果表明,在不同的文化中,尽管人们的语言有很大的差异,但人们对颜色的感知方式是相同的。

之后,Rosch 进行了一系列研究(Rosch,1973),证实了 Berlin 和 Kay 的发现。Rosch 的研究考察了英语和达尼语(生活在巴布亚新几内亚伊里安贾亚高地的石器时代部落所使用的语言)中的颜色词汇的差异对颜色记忆的影响。这两种语言在基本颜色词的数量上有明显的不同:英语有多个颜色词汇,而在达尼语中只有两个颜色术语:mili,指所有"暗"和"冷色调"意义的颜色(如黑、绿、蓝);mola,指所有"明亮"和"暖色调"意义的颜色(如白、红、黄)。Rosch 认为,如果 Whorf 的理论是正确的,那么达尼语贫乏的颜色词汇会限制达尼人辨别颜色和记忆颜色的能力。但是,其研究结果表明,达尼人对颜色的辨别和回忆与英语者相比并未出现明显差异,表明母语颜色词汇的差异不影响颜色知觉和记忆。

Berlin 和 Kay(1969)曾研究 78 种语言的颜色词,发现 11 个普遍存在的基本颜色词。有些语言如英语和德语使用 11 个基本颜色词,有些语言如达尼语只使用两个颜色词。此外,他们还发现了这些颜色词在不同语言中出现的规律:① 所有语言都有关于白色和黑色的词。② 如果一种语言有 3 个颜色词,那么其中一个词是红色。③ 如果一种语言有 4 个颜色词,那么其中就会包含绿色或黄色(但不是两者兼有)。④ 如果一种语言有 5 个颜色词,那么其中就会同时包含绿色和黄色。⑤ 如果一种语言有 6 个颜色词,那么其中就会包含蓝色。⑥ 如果一种语言有 7 个颜色词,那么其中就会包含棕色。⑦ 如果一种语言有 8 个或更多的颜色词,那么其中就会包括紫色、粉色、橙色、灰色或由这些颜色组合的词。

3. 空间定向

人类主要通过视觉、听觉和前庭系统确定物体方位。当我们用眼睛环视周围时,环境中不同位置的物体在我们的视网膜上的不同位置会形成投影,从而提供了空间方位的信号。另外,由于我们的双耳之间大约有 27.5 厘米的距离,因此从不同方向传到两耳的声音有一个时间差和强度差,从而也能给我们提供空间方位信号。

问题是,共同的生理基础是否使所有文化中的人们有同样的空间方位观念呢?实际上,由于生活习惯的影响,不同文化中人们习惯采用的空间定向指标可能不同。例如,中国的南方人习惯用自己的身体定向,喜欢说左边、右边等;而北方人则喜欢用独立于观察者的以地球为中心的空间坐标为参照,喜欢说东边、西边等。

Levinson(1998)发现,不同文化中的人在进行空间定向时所采用的参照物并不相同,其中印欧语系的人们确定方向是以自我为参照物的。Levinson 设计了很多任务来确定被试记忆所面对的空间陈设时会采用相对参照系统还是绝对参照系统。其中一项任务是使用两张同样的卡片,且每张卡片上都有一个红色方块和蓝色方块。把两张卡片放在桌子上,使蓝色方块在一张卡片上的左侧,在另一张卡片上的右侧。研究者要求被试记住一张卡片,例如蓝色在右侧/南侧的卡片。然后让被试进入另一个房间,在桌子上呈现跟刚才看到的卡片相似的一对卡片,但方向转移 180 度,要求被试指出先前选择的卡片。研究结果表明,印欧语被试倾向于选择从自身观察的角度来说是同一位置的方块(例如蓝色在右侧),而偏好绝对参照系统的被试主要选择放在同一地球参照方向的卡片(例如蓝色在南侧)。该结果说明在不同语言系统中编码方位的不同影响了人们具体定向时所采用的参照系统。研究者还发现,澳大利亚土著的一个群体虽然习惯使用绝对参照系统,其母语中也存在某些自我参照定向词汇,例如"这儿""那儿""来""走"这样的词,但是其母语中缺乏英语中常用的自我参照的区分左和右的词汇。

巴厘语中的定向与西方的自我参照定向差别很大。这种语言中存在区分左和右的词汇，但仅用于指与身体接触的物体。在多数时候，巴厘人的参照系统是以地球为中心的上/下轴定位，也就是绝对参照系统。另外一个轴与上/下轴垂直，对应于太阳的升起/降落。但当人围着岛转时，这种坐标系统就会发生变化。巴厘人生活的很多方面都是根据这种定向系统组织的，如村庄和寺庙坐落的方式、建筑群的结构形式、睡觉的传统方向等。在巴厘人的日常语言中谈起空间方向时，主要的参照系统是绝对参照系统，自我参照的描述如左、右、前、后非常少。

与前面介绍的研究不同，一些研究发现，人们所采用的空间定位参照系统取决于任务，与语言无关。例如，有研究发现，对于容易用语言编码的任务，年幼儿童（4～9岁）主要使用绝对参照系统来描述方位，这与80%的年长儿童（7～15岁）和成人的情况是一致的；对于不容易使用语言编码的视觉性的任务，无论儿童还是成人，都会随着任务的要求，或者使用绝对编码，或者使用相对编码。有人在印度和尼泊尔以受过和未受学校教育的545名儿童为被试进行了类似的研究。研究中的儿童有的来自恒河平原的一个村庄，有的来自尼泊尔的山区，还有的来自城市。研究者发现，来自不同生态环境的儿童所采用的空间定向模式有显著的差别，而且他们所采用的空间定向系统显著受任务性质调节。总的来说，这些结果并不支持Sapir-Whorf假设。

4. 运动事件的表述

对于不同的运动事件，语言的表述方式有着很大的区别。这些区别是否影响人类的认知活动，是心理学家关注的一个重要问题。

Talmy（1985）最早提出，运动事件包括运动本身、实体、场所、路径和方式等五个成分，其中，路径是运动事件的核心图式。Talmy（1991）提出，英语、德语、俄语、瑞典语、汉语主要以动词编码运动的方式，且以小品词这种动词的附属成分编码路径。这类语言叫作附加语架构语言（Satellite-framed Language）。例如：The girl ran out of the house. 在这个句子中，ran作为主要动词，编码了运动方式，而out作为一个小品词，编码了运动的路径。西班牙语、现代希腊语、日语、土耳其语、北印度语、希伯来语以动词编码运动的路径，而以动名词编码运动的方式。这类语言叫作动词架构语言（Verb-framed Language）。斯洛宾等提出，语言还存在第三种类型，即等义架构语言（Equipollently-framed Language）。该类型语言使用多个动词分别编码方式和路径。

在上述语言现象中一个与语言关联性有关的问题是：不同语言的学习和使用者是否对方式和路径的细节给予不同的注意呢？一项研究考察了英语和希腊语表述路径和方式的选择是否影响说话者对运动事件的记忆和分类。在实验中，研究者要求以希腊语和英语为母语的儿童和成人记忆图片；并把这些图片与改变了运动路径或运动方式的图片混在一起，要求被试判断图片的异同。结果发现，两组儿童对运动路径和运动方式的记忆成绩没有差别。这表明在运动路径和方式方面的跨语言差异不能改变人的记忆活动，从而否定了语言关联性的假设。在另一个研究中，研究者采用类似的任务，要求被试选择跟样本图片一样的图片，并用语言描述所有场景。结果再次表明，尽管英语被试更倾向于使用方式动词描述，希腊语被试更倾向于使用路径动词描述，但这种语言差异没有产生记忆成绩的差别。

Gennari 等（2002）的一项研究考察了英语和西班牙语编码运动事件的不同方式是否影响非语言认知任务。首先，他们要求被试用各自的母语描述运动事件，然后考察他们再认记忆和相似性判断的成绩。结果并未发现语言特征对再认记忆和相似性判断成绩的影响。

总的来说，完全支持 Sapir-Whorf 假设（强假设）的已有研究很少。语言对思维或认知的影响程度或许并未达到该假设认定的程度。相比之下，支持 Sapir-Whorf 假设（弱假设），即表明语言对思维或认知存在一定的影响的研究数量较多。

Pinker 在一篇综述中驳斥了 Sapir-Whorf 强假设，指出支持该假设的早期研究存在许多致命的缺陷，并进一步指出人们可以不用语言进行思考，所以思维不受语言控制。例如，缺乏语言能力的失聪儿童能进行思考，并且很快能自己发明交流方式。一些自闭症患者童年时没有语言能力，但仍能进行抽象思维。还有证据表明没有语言能力的婴儿仍能做非常简单的算术思考。这些证据都表明思维不仅是由文字和语言组成的，也可以通过视觉加工和非语言的方式来进行。

对 Sapir-Whorf 假设的验证存在多种层次。Fishman（1960）曾提出验证该假设从简单到复杂有 4 种层次，其中最简单的是考察不同语言的词汇或语义差异对言语行为的影响，其次是考察不同语言词汇或语义差异对非言语认知行为的影响，再次是考察不同语言的语法差异对语言行为的影响，最复杂的是考察不同语言的语法差异对非言语认知行为产生的影响。目前对于第一层次的研究数量较多，而对于最复杂的第四层次的研究数量很少。对于证实Sapir-Whorf假设而言，第四层次的研究也许能提供最有力的证据。

第四节 文化与双语经验

世界上有许多种语言。很多民族都创造了独特的语言。但是，无论什么样的语言，其都是作为交际和思维的工具。很多人一生只掌握一种语言，但也有相当多的人掌握了两种或多种语言。当不同文化或说不同语言的人进行交流时，理解或学会使用对方的语言是不可避免的。由于不同民族和种族不断接触和交往，很多人在掌握母语之外还要掌握其他民族的语言，成为双语或多语者。在跨文化心理学领域，有人关注双语的掌握过程，有人对双语的社会环境、学习双语的动机和态度感兴趣，有人对学习双语的结果，特别是对双语对认知活动和其他日常活动所产生的影响感兴趣，还有人对双语教学感兴趣。

掌握两种语言的人称为双语者。使用两种语言的现象叫作双语现象。个体在一生中最初习得的语言称为母语。母语的习得发生于儿童开始学说话的时候。这是一个自然的过程，儿童无须经过很大的努力就可以轻松习得母语。儿童的母语通常是父母双方或一方，或者其他抚养者所使用的语言。它与儿童的民族、国籍并没有必然的联系。儿童习得母语以后在某种条件下仍有可能掌握一种或几种其他语言，这就是双语或多语现象。

一、习得双语的途径

儿童习得双语的途径有很多。第一种途径是儿童在最初学习语言时同时接触两种语言，并同时掌握两种语言。很多研究表明，如果婴儿在学习语言的时候同时接触双语，就可以毫不费力地精通双语。双语婴儿有时会混淆语言，把一种语言的语法和词汇应用到他们习得的第二种语言中，但到了3岁左右，他们就会清楚地意识到两种语言是互相独立的系统，且每种语言的使用都与特定的背景相联系。到4岁时，儿童在本土语言上会达到正常的熟练程度，在第二种语言上也表现出很好的语言技能。他们不但能熟练掌握两种语言，利用两种语言进行思维活动，而且能根据交际情景从一种语言迅速转换到第二种语言。这种双语能力一般是在双语家庭中获得的，但语言环境混乱或操作不当也可能导致儿童两种语言能力都比较差。

第二种习得双语的途径是，儿童在所成长的单语家庭中习得了母语，后来由于移民等原因，在新的环境中遇到另一种使用频繁的语言，从而习得第二种语言。在这种情况下儿童的母语常常不是主流语言。尽管这样习得的双语也会有相当扎实的基础，但是由于主流环境要求使用第二语言，而家庭环境要求使用母语，因此两种语言在功能和使用范围上差别较大。

第三种习得双语的途径是，儿童在童年期之后长期与使用另一种语言的社会接触，从而自然而然地掌握第二语言。比较典型的情况是成年后移民到语言不同的国家。成年人在这样的环境中所掌握的第二语言的熟练程度十分有限，但一般可以满足日常交流。

第四种习得双语的途径是，儿童在学校通过课堂教学掌握第二语言。由于儿童在生活中没有交流的语言环境，因而难以感受到这种语言所代表的文化。这样掌握的第二语言的熟练程度非常有限，而且听、说、读、写各种技能发展不平衡。

二、双语的类型

在习得双语的上述四种途径中，前面两种途径比较容易使人熟练掌握语言，但使人达到在任何情况下都能同样有效地使用任何一种语言的熟练程度也相当困难。事实上，两种语言在个体身上达到完美的平衡相当困难。一般来说，个体对两种语言的熟练程度总有不同。心理语言学家按熟练程度将双语者区分为并列双语者（Compound Bilingual）和搭配双语者（Coordinate Bilingual）。前者是那些在相同的环境中同时学会两种语言的人，对他们来说，两种语言的符号表示同一个意义，有着严格的语义等价。后者是在不同的环境中学会两种语言的人。他们拥有两套语言符号系统，认为两种语言的符号没有严格的语义等价。对于后者来说，其中一种语言通常是第一语言，会成为优势语言，且后者会出现使用第一语言思考第二语言内容的情况。他们的两种语言的语调和发音特征差别很大，且他们在使用不同语言时会感到有不同的人格特征。尽管如此，但在实际研究中，研究者很难严格区分这两类双语者。

现在有一些研究者认为，单语者和双语者之间也难以完全区分。Garland认为，可以把双语现象看成相对的单语学习者和两种语言都高度熟练的双语者之间的"双语连续体"。

熟练双语者拥有两套不同的语言符号系统，并且能够根据情景选择使用任何一种语言。这说明双语个体的两套系统是独立的。然而，两种语言系统总是不可避免地产生相互影响。例如，万明钢（1996）观察到中国的东乡族儿童在使用双语的语境中常常大量使用倒装句，或者使用谓语、宾语颠倒的句子，也就是说，他们的汉语表达受到母语的影响。把一种语言的某些成分移用到另一种语言上的现象被称为干扰。这种现象出现得越频繁，就说明个体的双语水平越低。从另一方面说，两种语言之间也会出现积极的影响。例如，个体关于第一语言的规则、句法等语言知识也常常有利于第二语言的学习。在双语教学研究中研究者也发现，母语的掌握程度与第二语言的学习成绩呈明显的正相关。

三、双语的优势

大概在20世纪60年代之前，人们曾经认为，学习两种语言不但会影响儿童的语言熟练程度，而且会损害儿童的认知能力。这是因为人们认为，学习两种语言是独立进行的，并且人们的语言学习能力是有限的，对一种语言的学习量越多，对另一种语言的学习量就会相应减少。当时的一些研究也发现，双语儿童在语言知识测验和一般智力测验上的得分显著低于单语儿童的得分。这些研究结果曾被教育者和立法者援用，据以禁止儿童在10岁之前学习外语。当时，父母也强迫儿童只学一种语言，而不是开发学习两种语言的能力。然而，上述研究中的双语儿童大多来自社会经济背景较差的第一或者第二代移民，不精通英语，因而在英语版本的智力测验上得分较低。这并不能说明学习双语对智力有害。实际上，后来的一些重复研究在控制了社会阶层和教育机会这些因素以后发现，双语儿童在以言语和非言语方式测量的智力测试中都有优势。当前，很多研究者认为，双语儿童在多方面具有优势。

如果一个儿童的双语说得都很流利，那么他对于同一个物体或概念就有多于一个的对应的词。这使他的认知活动具有更大的灵活性。同一个词在两种语言中具有不同的含义，使得儿童在年龄较小的时候就对外部世界产生了更复杂的理解。Hakuta和Bialystok（1994）提出，两种语言的知识大于其部分之和。也就是说，成为双语者的好处远远大于仅仅"懂"两种语言的好处。由于两种语言的结构和观念差别很大，与只懂得一种语言的儿童相比，双语儿童会被迫以更复杂的方式思考问题。研究者发现，双语者在多个认知领域里具有优势。例如，一项综述（Segalowitz，1980）提到，有研究者匹配来自新加坡、瑞典、瑞士、南非、以色列的双语儿童和非双语儿童的 IQ 水平后对比他们的认知功能，发现双语儿童在认知灵活性、发散思维、创造性等方面都有显著优势。Shaffer（2005）也提到，对双语和单语被试的社会经济地位等变量进行匹配之后，双语被试在 IQ 测验、皮亚杰守恒问题以及一般语言熟练度方面的得分都等于或高于单语者。另外一些研究发现，双语儿童还有其他一些认知优势，例如双语儿童能更好地抑制和控制无关信息。对于双语儿童来说，任何一个物体都有两个对应的词。他们每次都需要挑选出一个适应于情景的词，同时抑制和排除另一个词的干扰。这种能力使他们在很多领域的学习中有优势。例如在解决数学问题的过程中，他们能够意识到哪些信息是已知信息，哪些信息是未知信息。

双语儿童具有更好的元语言学意识。元语言学意识指的是对语言、语言的规则以及适当运用语言及其规则的敏感性。由于双语儿童需要输入更多语言学信息，因此他们对语言有更多的分析，从而可获得更好的语言学意识。一些研究发现，与单语儿童相比，双语儿童能熟练地探测句子中的歧义，对语调更敏感，更擅长从非词中探测音素单位。这些较好的元语言学意识使他们能更好地继续学习其他语言。有研究还发现，了解一种语言及其书写系统对学习另一种语言有帮助。研究者比较了一组单语者和三组双语者。三组双语者都有一种语言是英语，而其第二种语言分别是西班牙语、希伯来语和汉语，其中西班牙语和英语最相似。研究结果表明，西班牙语-英语和希伯来语-英语的双语者的读写能力最好，这是因为双语者对于阅读规则有一个总体的了解，能在不同语言之间迁移阅读规则。

四、语言功能的心理差异

虽然英语是世界上使用得最广泛的语言之一，但大多数讲英语的人至少能流利地使用另一种语言。事实上，在以英语为母语的世界里，单一的英语使用者是很少的。世界上有许多的双语者和多语者。这一现象使人们对这些人的语言和文化之间的关系产生了浓厚的研究兴趣。正如我们在本章中所讨论的，如果语言是一种文化的符号系统，就意味着双语者有两种文化的心理表征，即有两种不同的意义系统在他们的脑海中进行编码。因此，当使用一种语言时，双语者就处于一种文化意义系统中。

多年来，人们一直在研究这个问题。例如，Ervin（1964）将英语-法语双语者的回答与主题统觉测验（Thematic Apperception Test）中的图片进行了比较。被试根据图片一次分别用英语和法语讲述故事。Ervin 发现：被试在使用法语时比使用英语时表现出更多的攻击性、自主性和退缩性；在使用英语时女性表现出更多的成就需要。Ervin 将这些差异归因于法语更加严谨以及性别角色差异大。移民使用不同语言而产生的人格差异可能与其双语能力有关。研究者曾使用加利福尼亚心理问卷（California Psychological Inventory，CPI，一种被广泛使用的人格测验）对汉语-英语和韩语-英语双语移民进行施测。移民分别用母语和英语完成该测验。该研究的核心问题是，被试是否会出现双重自我或双重人格，表现为语言之间 CPI 得分的差异？研究结果肯定了该假设，上述双语者在使用母语和英语时表现出不同的个性。研究还表明，移民使用不同语言而产生的人格差异不仅表现在书面式的人格问卷中，还表现在自我报告和行为观察的人格测试中。此外，双语者对面部表情的判断也因他们在观察面部表情时所使用的语言不同而不同。

Benet-Martinez 和她的同事们进行了一系列有趣的研究，认为双语者具有理解两种文化的能力，必须根据所处的环境中所提供的语境线索指导其多重文化身份。双语者需要进行代码框架的切换，在使用一种语言时，从一种文化意义系统切换到另一种文化意义系统。在一项研究中（Hong, Morris, Chiu, et al, 2000）研究者向汉语-英语双语移民被试呈现具有美国特色的图片（如超人和美国国旗等）或具有中国特色的图片（如长城和龙等）来启动被试的文化意义系统，然后要求被试对中性图片中的事件因果关系做出归因。例如，向被试呈现一张水中有许多鱼的图片，让被试对反映鱼的内部或外部动机的陈述进行评分。如果被试认为一条鱼在领导另一群鱼，那么这种看法反映了内部动机取向。如果被试认为一条鱼被一群鱼驱赶，那么这种看法更多地反映了外在动机取向。研究结果表明，当被试的文化意义系统被美国形象图片启动时，他们更倾向于对中性图片情景做内部归因。这是典型的美国人的归因风格。然而，当被试的文化意义系统被中国形象图片启动时，他们更倾向于对中性图片情景做外部归因。这是一种典型的东亚人的归因风格。

五、双语认知

本章所描述的研究表明了语言和文化紧密交织，展示了语言在日常生活中的重要性，并消除了一种传统误解：把一个人具有两种人格特征视为精神障碍。显然，这种情况在双语/双文化经验中是正常现象。然而，其他对双语的误解依然存在。例如，消极印象和刻板印象，特别是关于智力的消极印象，可能会在使用第二语言与人交流时产生，因为不熟练的双语者在使用第二语言时可能比母语者需要更长时间来做出反应，而且在加工语言信息时似乎有困难。这些困难被称为外语加工困难。其产生的原因可能是对外语不熟练以及在外语中收到的语言信息的意图不明确或含糊不清。这些困难是学习外语时出现的正常现象，不应该成为对双语者的智力或其他性格特征做出消极推断的依据。

双语者在非语言的思维任务中也可能产生外语效应。外语效应指使用外语时，人的思维水平暂时下降，因为他们的外语水平不如他们的母语。Takano 和 Noda（1993）在两项涉及日语-英语双语者的研究中证明了这一效应的存在。在第一项研究中，他们要求日语-英语双语者用第一语言或第二语言分别完成数学计算任务，并完成问答任务。相较于在母语条件下，当任务以外语进行时，两组参与者的表现都较差。在第二项研究中，使用类似的方法检测双语被试思维任务（非语言空间推理）和语言任务的完成成绩时，研究者也发现了相同的结果。Takano 和 Noda（1995）还发现，母语和外语之间的差异越大，外语效应就越明显；母语和外语之间的差异越小，外语效应就越弱。综上所述，这些研究表明，第二语言对语言任务（外语处理困难）和非语言任务（外语效应）的干扰是双语者出现的一种正常和普遍的现象。这些困难是正常的认知干扰，不应被当作形成对双语者的负面印象或刻板印象的凭据。我们的观念和思想容易被种族中心主义驱使。在某些情况下，我们会无意识地希望事实与我们的刻板观念相符。然而，Takano 和 Noda 的研究清楚地表明，这种看法实际上没有什么根据。

思考题

1. 文化主要在哪些方面影响人们的言语交流？
2. 文化主要在哪些方面影响人们的非言语交流？
3. 语言是否决定思维？
4. 双语经验是否意味着两种不同的人格模式和思维模式？

参考文献

1. 万明钢. 文化视野中的人类行为:跨文化心理学导论[M]. 兰州:甘肃文化出版社,1996年.

2. [美]SHAFFER D R. 发展心理学:儿童与青少年[M]. 6版. 邹泓,等,译. 北京:中国轻工业出版社,2005.

3. BERLIN B, KAY P. Basic color terms: their universality and evolution[M]. Berkeley: University of California Press,1969.

4. CARROLL J B, CASAGRANDE J B. The function of language classifications in behavior[M]//MACCOBY E E, NEWCOMB T M, HARTLEY E L. Readings in social psychology. New York: Holt,1958.

5. CHOI S, GOPNIK A. Early acquisition of verbs in Korean: a cross-linguistic study[J]. Journal of Child Language,1995, 22(3): 497-529.

6. ERVIN S M. Language and TAT content in bilinguals[J]. Journal of Abnormal and Social Psychology, 1964,68:500-507.

7. FISHMAN J A. A systematization of the Whorfian hypothesis[J]. Behavioral Science,1960, 5: 323-339.

8. GENNARI S, SLOMAN S A, MALT B C, et al. Motion events in language and cognition[J]. Cognition, 2002,83(1): 49-79.

9. GENTNER D. Why nouns are learned before verbs: linguistic relativity versus natural partitioning[M]//KUCZAJ S A. Language development: language, thought and culture. Hillsdale, NJ: Lea,1982.

10. GUDYKUNST W B. Toward a theory of effective interpersonal and intergroup communication: an anxiety/uncertainty management (AUM) perspective[M]//WISEMAN R L, KOESTER J. Intercultural communication competence. Newbury Park, CA: Sage,1993.

11. GUDYKUNST W B, NISHIDA T. Individual and cultural influences on uncertainty reduction[J]. Communication Monographs, 1984,51: 23-36.

12. HAKUTA K, BIALYSTOK E. In other words: the science and psychology of second-language acquisition[M]. New York: Basic Books,1994.

13. HUTTUNEN K H, PINE K J, THURNHAM A J, et al. The changing

role of gesture in linguistic development: a developmental trajectory and a cross-cultural comparison between British and Finnish children[J]. Journal of Psycholinguistic Research, 2013,42(1):81-101.

14. HOLM A, DODD B. The effect of first written language on the acquisition of English literacy[J]. Cognition, 1996,59(2): 119-147.

15. HONG Y Y, MORRIS M, CHIU C Y, et al. Multicultural minds: a dynamic constructivist approach to culture and cognition[J]. American Psychologist,2000,55:709-720.

16. HUANG H S, HANLEY J R. Phonological awareness and visual skills in learning to read Chinese and English[J]. Cognition, 1995,54(1): 73-98.

17. KIM M, MCGREGOR K K, THOMPSON C K. Early lexical development in English and Korean speaking children: language-general and language-specificpatterns[J]. Journal of Child Language, 2000,27(2): 225-254.

18. LEVINSON S C. Studying spatial conceptualization across cultures: anthropology and cognitive science[J]. Ethos, 1998,26(1): 7-24.

19. PEKERTI A A, THOMAS D C. Communication in intercultural interaction: an empirical investigation of idiocentric and sociocentric communication styles[J]. Journal of Cross-Cultural Psychology,2003,34(2):139-154.

20. ROSCH E. On the internal structure of perceptual categories[M]// MOORE T E. Cognitive development and the acquisition of language. San Diego: Academic Press,1973.

21. SEGALOWITZ N S. Issues in the cross-cultural study of bilingual development[M]//TRIANDIS H C, BERRY J W. Handbook of cross-cultural psychology. Boston, MA: Allyn and Bacon,1981.

22. TALMY L. Lexicalization patterns: semantic structure in lexical forms [J]. Language Typology and Syntactic Description, 1985,3(99):36-149.

23. TALMY L. Path to realization: a typology of event conflation[J]. Proceedings of the Seventeenth Annual Meeting of the Berkeley Linguistics Society, 1991,17(1): 480-519.

24. TARDIF T. Nouns are not always learned before verbs: evidence from Mandarin speakers early vocabularies[J]. Developmental Psychology, 1996, 32(3):492-504.

25. TARDIF T, GELMAN S A, XU F. Putting the "noun bias" in context: a comparison of English and Mandarin[J]. Child Development, 1999, 70(3): 620-635.

26. GARLAND A F, LAU A S, YEH M, et al. Racial and ethnic differences in utilization of mental health services among high-risk youths[J]. The American Journal of Psychiatry, 2005, 162(7): 1336-1343.

27. PINKER S. The language instinct: how the mind creates language[M]. New York: Harper Collins, 1995.

28. TAKANO Y, NODA A. A temporary decline of thinking ability during foreign language processing[J]. Journal of Cross-Cultural Psychology, 1993, 24(4): 445-462.

29. TAKANO Y, NODA A. Interlanguage dissimilarity enhances the decline of thinking ability during foreign language processing[M]. Language Learning, 1995, 45(40): 657-681.

第六章　文化与情绪

人类的情绪是一系列主观认知经验的通称，是多种感觉、思想和行为综合产生的心理和生理状态。

情绪可以分为与生俱来的基本情绪和后天学习到的复杂情绪。基本情绪和人类生存息息相关，而复杂情绪必须经过人与人之间的交流才能学习到，因此每个人所拥有的复杂情绪数量和对情绪的定义都不一样。

情绪既是主观感受，又是客观生理反应，具有目的性，也是一种社会表达。情绪发生的时候，个体的身心变化涉及以下环节：认知评估、身体反应、主观感受、情绪表达和行动倾向。

第一节　基本情绪的跨文化普遍性

我国古代名著《礼记》中提到"七情"，即喜、怒、哀、惧、爱、恶和欲。我国心理学家林传鼎从《说文》中找出了 9 395 个正篆字，发现其中有 354 个字是描述人的情绪的，并按它们的意思分为了 18 类。有些情绪是人类与动物共享的基本情绪。跨文化心理学的研究发现基本情绪存在文化普遍性。

一、基本情绪的普遍性研究

人类能够辨别他人的情绪，甚至当不懂对方的语言时，一般也可以领会到这个人是高兴还是悲伤。如果通过判断对方的情绪表达来理解对方的情绪感受，对方也可以同样正确判断你的情绪，这就意味着人类情绪具有跨文化的普遍性。

我们对基本情绪的理解正是源于对情绪表达的普遍性研究。几个世纪以来，哲学家们一直在讨论面部表情是不是人类普遍现象。当代对面部表情的跨文化研究源于达尔文的著作。很多人都熟悉他的著作《物种起源》中所描述的进化论。达尔文认为，人类是从其他更原始的动物（如猿和黑猩猩）进化而来的；我们今天的行为之所以存在，是在进化适应过程中被选择出来的。达尔文认为面部表情与其他行为一样，具有生物学的先天性和进化适应性；在世界各地，无论种族或文化如何，人类都会以完全相同的方式表达情绪。他收集了来自全世界的采访结果，并得出结论：人类基本的情绪表达是相似的，因为它们要为适应性目的服务；动物和人都可以通过面部表情来帮助自己进行战斗或逃跑的准备以及向外界传达意愿信号。达尔文认为，面部表情具有交际价值和适应价值。

从20世纪初期到中期，人们进行了一些研究来检验达尔文的基本情绪理论，但是这些研究多存在方法论上的缺陷，导致它们无法得出科学的结论。与此同时，Margaret Mead 和 Ray Birdwhistell 等著名人类学家认为面部表情不可能是普遍的，相反地，面部表情是需要学习的，就像语言一样。直到20世纪60年代，心理学家 Paul Ekman 和 Wallace Friesen 以及 Carroll Izard 进行了合理的方法论研究，这场辩论才得以平息。在 Sylvan Tomkins 研究工作的推动下，这些研究人员进行了一系列研究。这些研究被称为普遍性研究。普遍性研究包括几种不同类型的研究。

在第一类研究中，研究者向来自不同国家的被试呈现了被认为是可以普遍识别的面部表情照片。这些被试必须为每种表情命名。如果这些表情是普遍的，那么所有文化背景的被试的情绪判断应该达成一致；如果这些表情是文化特定的，那么来自不同文化的判断应该不会相同。结果表明，来自五种不同文化背景的被试对六种表情（愤怒、厌恶、恐惧、快乐、悲伤和惊讶）的解释都高度一致。第一类研究存在的一个共同的缺陷即研究中的被试的文化背景都是文明的、工业化和相对现代化的背景，因此，这些文化中的被试可能已经学会了如何解释照片中的面部表情。这些文化共有的大众媒体——电视、电影、杂志等强化了这种可能性。

第二类研究需要考察非现代文明社会的情绪识别。这方面的代表研究是考察新几内亚无文字部落的两个研究（Ekman, Sorenson, Friesen, 1969）。在第一个研究中研究者要求被试选择最能描述面部表情的故事（而不是直接对情绪命名）。其研究结果与来自文明的工业化社会的研究结果非常相似。在第二个研究中，研究者要求不同的部落成员做出表达各种基本情绪的表情。这些表情照片被带回美国并呈现给从未见过新几内亚的部落成员的美国被试。当研究者要求美国被试识别和命名这些部落成员的面部表情时，结果与先前研究中的数据相似。所以，这两个研究的结果从两个不同的方面为情绪普遍性提供了证据。

第三类研究考察人们在体验情感时自然流露的表情。在一个较有代表性的研究中，美国被试和日本被试观看高度紧张的电影。他们无意识的面部反应被记录下来。研究者对视频记录进行分析后发现，美国人和日本人在观看电影的同一时间点上确实表现出完全相同的面部表情。

二、普遍性研究后的面部表情研究

自上述的普遍性研究出现以来，已有大量研究记录了面部表情的感知或产生的跨文化普遍性。这些研究证明了 Darwin 和后来 Tomkins 提出的面部表情是在情绪被唤醒时产生的，并且不会因为社会环境而改变的观点。这些研究涉及的文化范围非常广。例如，Matsumoto 和 Willingham（2006）的研究被试包括了来自 35 个国家的 84 名奥运会运动员。总的来说，这些研究表明，不同文化背景的人被唤起情感时，确实会出现相同的面部表情。

普遍性的其他证据还来自对婴儿的研究。成年人存在的面部肌肉组织同样也存在于新生儿面部，并且在出生时就具有完备的功能，因此，婴儿具有丰富多样的面部表情，包括那些不仅能表示情绪状态，还能表示兴趣和注意力的表情。人们普遍认为，婴儿期的厌恶对应成年期的恶心；婴儿期的哭泣对应成年期的悲伤或痛苦。除此之外，婴儿在 1 岁时表现出的相对未分化的消极表情，最终会转化为分化程度更高的各种独立表情。愤怒和悲伤相分离的表情出现在两岁早期。孩子到了学龄前阶段，也会表现出其他情绪的独立表情。

对先天失明个体的多项研究表明，面部表情源于基因编码而非社会习得。有一个研究比较了 2004 年参加雅典奥运会和残奥会的视力正常的和失明的运动员自发产生的面部表情（Matsumoto，Willingham，2009），结果表明视力正常和失明的运动员产生的面部行为几乎完全一致。由于许多盲人运动员是先天性失明，不可能通过观察其他人来学习表情，所以这个研究结果表明人类生来就有能力做出这些表情。

关于面部表情的普遍性和基因编码的最后一类证据来自对灵长类动物的研究。多年来，动物学家已经注意到，在相似的情景下，人类情绪表达与灵长类动物的情绪表达在形态上非常相似。例如,微笑和大笑的表情可见于猴子、猿、黑猩猩和人类。在灵长类动物中,做鬼脸的面部表情类似人类的恐惧和惊讶表情,而闭紧嘴巴的表情类似人类的愤怒表情,这两者结合构成威胁表情。灵长类动物也表现出类似人类快乐的玩耍表情,以及类似人类悲伤的噘嘴表情。幼年恒河猴和幼年黑猩猩对甜味和苦味表现出不同的面部表情。黑猩猩的面部表情与人类面部表情的相似度高于与猕猴面部表情的相似度。倭黑猩猩的某些情绪状态与人类高度相似。即使是一些较小的猿类,例如因其有限的面部表情而著称的合趾猿,也会因性行为、好斗行为、梳理毛发和玩耍行为而产生不同的面部表情。

三、基本情绪的普遍性及可能的生物学基础的其他证据来源

1. 情绪识别的普遍性

按照基本情绪理论,情绪不仅在表达上具有普遍性,在识别上也具有普遍性。最初的情绪普遍性研究中有些使用了情绪判断任务,即要求不同文化的被试观察面部表情图片并判断其所表达的情绪。Ekman 和 Izard 20 世纪 70 年代的早期研究表明,有文字和无文字的文化中存在六种普遍的表情——愤怒、厌恶、恐惧、快乐、悲伤和惊讶。有研究比较了匈牙利、日本、波兰、苏门答腊岛、美国和越南的个体对面部表情的判定,结果发现这些多样性人群之间出现了很高的一致性。除此以外,过去几十年的研究也证明了第七种基本情绪——蔑视普遍存在。图 6-1 呈现了 7 种基本情绪的例子。

图 6-1 具有普遍性的七种表情

在 Ekman 和 Izard 的开创性研究之后，面部基本情绪识别普遍性的结果在众多后续相关研究中得以重复。此外，一个对 168 个检验面部情绪和其他非言语刺激的判断的数据集进行的元分析表明，情绪识别的普遍性水平远高于随机水平（Elfenbein，Ambady，2002）。甚至在不同文化中判断复杂的混合表情比如羞耻和挫败时，各种文化中的被试也能轻松识别。人们对眉毛的空间位置和微笑的解释也表现出高度普遍性，例如，微笑被普遍理解为快乐的标志，皱眉被理解为生气或支配的标志。

2. 情绪生理反应的普遍性

情绪反应系统的另一部分是生理反应。多年来，人们一直在争论不同的情绪是否与不同的、特定的和独特的生理反应特征有关。该领域的早期研究尚无定论。这方面的第一个明确证据来自一项检查基本面部表情信号相应的生理反应的研究。在这项研究中，Ekman，Levenson 和 Friesen 证明，当表情发出信号时，每种基本情绪在自主神经系统中都具有独特的生理特征。这类研究结果表明，情绪有助于个体对情绪刺激做出反应，使身体做好参与活动的准备：恐惧使人们准备逃跑，而愤怒使人们准备战斗。随后的研究也得出了相同的结论，并表明了每种基本情绪具有中枢神经系统活动（大脑）的特定模式。这些研究结果也被跨文化样本复制，包括华人和欧裔美国人，以及印度尼西亚西苏门答腊的米南卡保（Minangkabau）人。对于大多数人而言，愉悦的情绪与左额叶皮层的激活有关，而不愉悦的情绪大多与右额叶皮层的激活有关。

3. 主观情绪体验的普遍性

情绪反应系统的另一个组成部分是主观体验。跨文化主观体验的最著名的研究是 Scherer 等人的研究（Scherer，Wallbott，1994）。他们要求被试在感受到愤怒、厌恶、恐惧、快乐、悲伤、羞耻和内疚情绪时评估自己的主观感受、生理感受、运动行为和表情。在所有的反应项上，七种情绪之间存在显著而强烈的差异。地理和社会文化因素的影响效应要比情感差异因素的影响效应小得多。因此，研究者得出结论，七种情绪的反应模式之间存在强烈而一致的差异，并且这些差异与文化背景无关。这为主观反应中普遍存在的心理生物情绪模式提供了证据。

4. 情绪反应系统一致性的普遍性

有证据表明，情绪的各种反应——诱因、评价、表达行为、主观经验和生理感觉不仅具有普遍性，而且它们之间也存在一致性。情绪反应系一致性是指各种情绪反应成分——面孔、声音、生理等以一种有意义的方式相互关联。

有许多单一文化研究证明了情绪反应系统之间的一致性，而相应的跨文化研究数量较少。Matsumoto等（2005）重新分析了上述Scherer和Wallbott的研究数据，并检验了自我报告的表达行为、情感体验和生理感觉之间的关系。在所分析的27个国家中，受访者的这三种反应体系之间存在中度相关性，言语和非言语表达之间以及情绪强度和生理感觉之间也存在一致的相关性。这些都表明情绪潜在的神经生理有跨文化的一致性。

5. 情绪诱因的普遍性

情绪的一个核心方面是触发它的事件或情景，即诱因。例如，失去亲人可能是悲伤的诱因；在努力学习的课程考试中得到高分是快乐的诱因。一般来说，如果一个事件能够满足人的需求，就能引发积极的情绪，如愉快、满足等；如果一个事件不能满足人的需求，就会引发消极的情绪，如恐惧、愤怒、悲伤等。

很多研究支持了情绪诱因的普遍性。Scherer和他的同事们在20世纪90年代进行了一系列研究，使用调查问卷的方法来评估不同文化中情绪体验的质量和性质。他们规模最大的研究涉及五大洲37个国家的约3 000名被试。在该研究中他们询问被试上一次感到愤怒、厌恶、恐惧、快乐、悲伤、羞耻和内疚是什么时候，并要求被试写出导致这些情绪的各种情况。然后，经过训练的编码者系统地将被试描述的情况（如好消息和坏消息、临时性分离和永久性分离以及成功和失败）进行分类。研究结果表明，数据编码不受文化背景影响，各种情绪的诱因事件发生在所有文化中。除此之外，Scherer和他的同事还发现，在不同文化中引发特定情绪的诱因模式有很多相似之处。例如，在不同文化中，最常引发幸福感的因素是"与朋友的关系""与朋友的临时会面""成就情景"。最常引发愤怒的因素是"人际关系"和"不公正"。最常引发悲伤的因素是"人际关系"和"死亡"。这些发现支持了情绪诱因在不同文化中普遍存在的观点。

6. 情绪评价过程的普遍性

在情绪中与诱因同样重要的是情绪评价。情绪评价过程可以被宽泛地定义为人们对导致他们产生情绪的事件、情景进行评价的过程。研究者已经比较确定的评价维度主要包括对变化或新奇事物的注意、愉快/不愉快、确信/不确信、控制感、主体感等。基本情绪的评价过程可能具有很高的跨文化相似性。

情绪评价过程的跨文化研究中规模最大的是 Scherer 对欧洲、美国和日本被试的情绪诱因所做的研究（Scherer，1997a，1997b）。在该研究中，他用一个开放式问卷询问被试在生活中与喜悦、悲伤、愤怒、恐惧四种情绪相联系的事件，还询问被试如何评价这些事件。例如，要求被试评价这些诱因事件是否有助于或妨碍他们实现目标、是否引发期望和是否公平。研究结果表明，情绪评价过程存在非常高程度的跨文化相似性。这种评价过程的跨文化一致性也被其他研究证明。

第二节 文化对基本情绪的调节

虽然人类可能普遍基于生物学基础拥有很多基本情绪，但文化仍然会影响并调节情绪，以保障社会协调。文化对情绪的影响方式主要有两个方面：一方面是对导致情绪的诱因进行前端校准，另一方面是通过文化表达规则对情绪反应进行后端校准。首先，虽然产生基本情绪的核心情感系统是以生物学因素为基础的，但它是一个非常灵活的系统，能适应许多不同的背景和事件，允许人类产生影响生活的情绪反应，并将之作为行为的激励基础。在自身发展过程中，我们学会了对生活中的事件（例如电脑死机、交通堵塞和航班延误）产生情绪。其次，一旦情绪系统被激活，个体需要根据习得的文化规则和规范来调节自己的情绪反应，包括行为反应、表情强度等。

一、基本情绪系统的前端校正：情绪诱因和评价中的文化差异

情绪系统前端校准的一个证据来自对情绪诱因的文化差异的研究。如前所述，相同类型的诱因通常会在不同文化中产生相同的情感。但是，文化差异存在于导致情绪产生的各种诱因的出现频率中。

例如，研究者将欧美人与日本人对比时发现：新家庭成员的出生、以身体为中心的"基本快乐"和与成就相关的情景对欧美人来说是更重要的快乐诱因；家人或亲密朋友的死亡、与亲人的物理分离以及消极的世界新闻更能引发欧美人的悲伤；陌生人情景和与成就相关的情景更容易引起美国人的恐惧；人际关系问题更容易给日本人带来悲伤；陌生人情景、陌生

环境、交通状况和人际关系更容易引发日本人的愤怒。（Scherer，1997b）在近几年的一项研究中，研究者要求来自柬埔寨、日本、英国和美国的被试描述经历十种情绪时的情况或事件，结果发现美国被试的恐惧情绪与其他国家被试的恐惧情绪差异很大，美国被试所经历的恐惧情绪中还包含了快乐和不满情绪。研究者认为这可能与美国人喜欢观看恐怖电影之类惊心动魄的经历有关（Kikutani，Ikemoto，Russell，et al，2016）。巴西-美国的比较研究结果表明，不寻常的性和食物习惯的故事很可能引起巴西人以及教育程度较低的被试的厌恶反应。情绪诱因的文化差异性体现在很多方面。例如：大多数欧洲以及美洲人认为数字13不吉利，一些人甚至害怕住在门牌号为13的公寓中或者13楼，相反地，其他很多民族的人对这一数字并不介意；俄罗斯人不敢在花瓶里放偶数数目的花朵，因为偶数数目的花朵一般出现在葬礼上；与德国学生相比，数学考试成绩能诱发中国学生更高水平的焦虑情绪或更高水平的享受、自豪和羞耻情绪。

情绪评价过程也存在文化差异。例如，情绪对美国人的自尊和自信的影响比对日本人的影响更为积极。美国人将喜悦、恐惧、羞耻和悲伤的原因归咎于他人；日本人将悲伤的原因归咎于自己，把快乐、恐惧和羞耻的原因归咎于机会或命运。日本人比美国人更加认为在情绪被激发后不需要采取任何行动或行为。对于诸如恐惧之类的情绪，相信自己能以积极的方式影响情景的美国人比日本人多。对于愤怒和厌恶，更多的美国人认为他们无能为力，并被事件及其结果支配。对于羞耻和内疚，更多的日本人会假装什么都没发生，并试图想些别的事情。Stipek（1998）在一项涉及200名来自中国浙江和美国洛杉矶的学生的比较研究中检验了人们如何评价一些假定的情形。研究者向被试呈现了6个书面故事，其中一半的情形涉及被试自己：作为一个作弊被抓的人、一个期待被名校录取的人、一个参加体育比赛的人。另一半情形涉及被试的重要他人。研究表明：总体而言，美国学生倾向于把自豪归因于个人成就；相反地，中国学生更可能对利于他人的结果感到自豪。此外，与美国人相比，中国被试对他人成就表现出更强的积极情绪反应。研究者相信这些情绪体验的差异是中国人强调集体主义文化的结果。

关于情感评估规模最大的跨文化研究来自Scherer。在他的两项研究中，Scherer都报告了情绪评价的文化差异。首先，Scherer（1997a）向来自37个国家的被试呈现事先编好的反应量表，要求被试回想7种情绪经验（喜悦、悲伤、愤怒、恐惧、厌恶、羞愧和内疚），并要求他们回答是否希望这件事情再次发生、这件事情是否令人愉快、这件事情是否有碍于他们目标的实现等。研究者将这 37 个国家划分为 6 个地缘政治区域：北欧和中欧、地中海盆地、新大陆、拉丁美洲、亚洲及非洲。结果发现，各区域在评价过程中有很大的相似性，但拉丁美洲和非洲似乎与其他区域略有不同。Scherer（1997b）的进一步分析表明，对于除了快乐之外的所有情绪，非洲国家的被试对引发情绪事件的不公平性、外部原因和不道德行为的评分都高于其他地区的被试的评分。与其他地区的人相比，拉丁美洲的被试对不道德行为的评分较低。Scherer 认为，这些差异可能与不同区域的城市化水平有关。

有一项研究考察了在四种文化（德国、以色列、希腊和美国）中对违规行为进行反应的群体情绪表达（愤怒、悲伤、中性）的跨文化差异（Hareli, Kafetsios, Hess, 2015）。结果表明，从总体上看，这四个国家的被试都认为愤怒是比悲伤或中性情绪更强烈的违规反应信号。但是相较于希腊和美国的被试，德国和以色列的被试愤怒和悲伤的情绪表达更激烈，和相关的规范联系更紧密，而希腊的被试认为悲伤更能作为违规反应信号。

总的来说，这些研究表明，虽然许多情绪评价过程存在普遍性，但文化影响人们对哪些事件产生情绪以及如何解释这些事件。

二、基本情绪系统的后端校正：文化表达规则

1. 原始表达规则研究

文化表达规则是控制普遍情绪如何表达的规则。在特定的社会环境中，人类对适当地表达每一种情绪有潜在的规则。这些规则是人类从早期学习中获得的，决定了我们如何根据社会情况调整基本的情绪表情。

文化表达规则可以通过多种方式调整表情：

① 表达出来的情绪强度小于实际感受到的情绪强度（缩减）。
② 表达出来的情绪强度大于实际感受到的情绪强度（放大）。
③ 不表达情绪（中性化）。
④ 表达一种情绪，同时用另一种情绪来修饰（限制）。
⑤ 用其他情绪表达来掩饰或隐藏真实情绪（掩饰）。
⑥ 实际上未感觉到情绪时模拟某种情绪（模拟）。

文化表达规则的存在得到了 Friesen 对美国人和日本人自发表达的研

究结果的支持。在其研究中，研究者让美国和日本的被试观看让人产生压力的电影（例如在电影中有人的手被切割），同时在不让被试意识到的情况下记录被试脸上的情绪表情。研究有两个被试内实验条件。在第一个实验条件下，被试独自观察刺激。在第二个实验条件下，有一位年龄较大、地位较高的外人（"权威"）进入房间并要求被试再次观看电影。结果发现：当没有人在场时，同样的影片情节引发了跨文化高度相似的表情，不管美国人还是日本人都做出了痛苦的表情；当有其他人在场的时候，日本被试所表现出的消极面部表情比美国被试的少得多。这些研究结果表明，适当的表情取决于普遍的生物学情绪表达与文化定义的表达规则之间的相互作用。在第一个实验条件下，文化表达规则未被启动，美国人和日本人会表现出相同的表情。在第二个实验条件下，"权威"的在场启动了文化表达规则，迫使日本人微笑以免冒犯"权威"。

此外，哭泣也是文化表达规则调节的内容。哭泣在埃及沙漠的贝多因人中被视为软弱的标志，而在其他伊斯兰文化群体中，比如在土耳其人中，被视为对特定情况的可接受的社会反应。

2. 表达规则的跨文化研究

为了进一步研究表达规则，Matsumoto 及其同事（Matsumoto, Yoo, Hirayama, et al, 2005）创建了表达规则评估量表（DRAI）。在该量表中，被试需要对在不同的社会情景中体验到的不同情绪评估一种行为反应。在初步研究获得了该量表的可靠性和有效性指标之后，研究者用 DRAI 对 30 多个国家的被试施测，发现大多数国家被试的平均分都在中点左右，变化较小。这表明了表情调整的普遍规范。而且，所有文化中的个体对群体内的表达比对群体外的表达更认可。这表明了另一个普遍的影响。集体主义文化的情绪表达强度比个人主义文化的更低，表明通过调节情绪表现来维护社会秩序对集体主义文化的重要性。从总体上看，个人主义文化与强度较高的表达规范，尤其与积极情绪呈正相关。个人主义文化与群体内所有消极情绪的认可程度呈负相关，与群体外所有消极情绪的认可程度呈正相关。

一些研究者发现，中国人、日本人、印度人、尼泊尔人等亚洲人通常不表现出负性的和自我扩张的情绪，因为他们不想损害与亲密群体共有的情感。其他一些研究认为，这是因为亚洲人的自我概念与其他文化中的自我概念不同。例如，亚洲文化及其他的一些文化比较强调人与人之间的社会关系和相互依存，因此对于同情、尊敬和羞耻这样的情绪，这些文化中的人都表现得比西方人普遍。总的来说，这些研究结果表明了文化与表情认可之间的一种相当细微的关系。这种关系随着情绪、互动和整体表情认可水平的变化而变化。

因此，尽管人类具有普遍相同的情感表达基础，但文化通过表达规则调节人类在何时以及如何使用情绪表达。情绪的面部表情受到普遍的生物先天因素和文化特定的、后天习得的表达规则的双重影响。当一种情绪被触发时，信息会被发送到面部情绪程序。该程序存储着每种普遍情绪的原型面部配置信息。这种原型配置构成了情感表达的普遍方面，具有生物学上的先天性。然而，信息同时会被发送到大脑中存储文化表达规则的区域。由此产生的表情代表了两个因素的共同影响。当表达规则不调节表情时，人们将会表现出情绪的通用面部表情。当社会文化被启动时，相应的表达规则可以起到中和、放大、扩大、限定或掩盖普遍表情的作用。

3. 文化对情绪判断的校正

文化不仅校正人们的情绪表达，也可以校正个体对他人情绪的感知。例如，美国人比日本人更善于识别愤怒、厌恶、恐惧和悲伤，但在快乐和惊讶的识别准确率上与日本人没有差别。一些研究发现，个人主义文化与某些面部表情的识别率有着较高的相关性，并且与某些面部表情的强度等级相关。这支持了美国人（个人主义文化）比日本人（集体主义文化）更能识别负面情绪的假设。实际上，面部表情的绝对识别率存在很大的文化差异。有一项研究（Koelkebeck，Kohl，Luettgenall，et al，2015）采用高度模糊的日本面具照片作为情绪识别任务的材料，以德国人和年龄、性别、人格特质与之相匹配的日本人为被试。结果表明，与日本被试相比，德国被试的反应时更长，并倾向于给予面具更高的积极情绪评分。情绪识别率受到感知表情的文化习得解码规则的影响。感知表情的文化习得解码规则与表达规则一样，是人类在生命早期学习的文化生存规则，决定人们如何去识别他人的情绪表达。Hess等人（2016）比较了德国人和希腊人在对自发的情绪面孔（分为面孔单独出现、与情绪一致的其他面孔同时出现、与情绪不一致的其他面孔同时出现三种实验条件）评分上的差异，发现社会情景以不同的方式影响两组的评分。集体主义文化程度较高的希腊人对被中性表情伴随的愤怒表情的强度评分最低，而对被中性表情伴随的悲伤表情的强度评分最高。在个人主义文化（德国）中，愤怒或快乐的伴随表情会进一步放大被试对愤怒和快乐表情的感知。Prado 等人（2014）比较了澳大利亚白种人、澳大利亚华裔和中国人识别白种人和中国人面部表情的差异，发现在识别中国人和白种人的面部表情方面，澳大利亚白种人和澳大利亚华裔的准确率都明显高于中国人的准确率。该研究结果表明，相对而言，中国本土文化不利于面部表情识别能力的增强。

关于面部表情的情感体验的推理也存在文化差异。有研究者比较了美国人和日本人对表情的强烈程度和表达者实际感受的强烈程度的评分。美国人比日本人更看重外在表现，而日本人更重视内部体验。文化内分析结果显示，日本人在两种评级之间没有显著差异，而美国人在两种评级之间存在显著的差异，他们对表情强烈程度的评分高于对实际感受程度的评分。虽然之前的研究将美国人和日本人在情绪判断和表达方面的差异解释为日本人压抑了他们的情绪表达强度，但这个研究结果表明，不是日本人压抑了情绪表达强度，而是美国人夸大了他们的情绪表达强度。另一项新近研究比较了生活在荷兰的有集体主义文化背景的人（中国交换生和印度尼西亚的移民）与有个人主义文化背景的人（荷兰本地人）在日常交往中的情绪抑制方面的差异，结果表明来自集体主义文化的人比来自个人主义文化的人更容易抑制情绪（Huwaë，Schaafsma，2018）。

近年来相关研究中的一个重点是考察情绪识别中的内群体优势。情绪识别中的内群体优势指个体识别本文化中他人情绪的能力强于识别外文化中他人情绪的能力。一些研究支持了这一优势的存在。例如，在一个新近的研究中，Zhang 等（2015）比较了美国和中国大学生对群体内外成员从低程度到中等程度的愤怒、悲伤和快乐情绪的识别差异，结果发现美国人和中国人对组内成员情绪表达的评判比对组外成员情绪表达的评判更准确。Elfenbein 和 Ambady（2002）认为，内群体效应的产生是由于不同文化的人在表达特定情绪的情绪语言方式上存在文化差异。

第三节　文化对情绪经验的建构

人类有非常复杂的情感世界，除了上面描述的七种基本情绪外，还有许多其他的复杂情绪。文化在很大程度上影响着这些复杂情绪。大量的研究表明，文化以不同的方式构建和塑造人们的情绪体验。

例如，在日本的集体主义文化中，人们倾向于体验社会参与的情绪如友好、尊重、同情、内疚和羞愧，而不是社会分离的情绪如骄傲、自尊、闷闷不乐或沮丧。在美国的个人主义文化中，人们相对更多体验到社会分离情绪。同时，日本人的情感体验中的愉悦感与相互依赖的人际关系相关，而这样的相关关系在美国人群体中不存在。还有研究指出，在西方文化或个人主义文化中，高唤醒情绪比低唤醒情绪更受重视。相比之下，在东方文化或集体主义文化中，人们更多体验到的是低唤醒情绪。

文化差异也存在于情感复杂性维度上。早期研究表明，愉快和不愉快的情绪同时出现的共发现象在东亚文化中更为普遍。因此，对积极情绪有更频繁或更强烈的体验的欧美人，相应地对消极情绪有较少或更低强度的体验。而东亚人更有可能具有积极和消极情绪同时发生的体验（例如悲喜交加、哭笑不得、喜忧参半等）。这些情绪体验上的文化差异被认为与辩证思维的文化维度有关。新近一个研究以荷兰学生和中国学生为被试，亦发现了辩证思维对群体复杂情绪的影响（Lu, Hamamura, Doosje, et al, 2017）。

上述研究结果表明，许多情绪体验，特别是与基本情绪不同的情绪体验，都是文化构建的。也就是说，这些体验是一组由生理、行为和主观成分构成的社交共享脚本。这些脚本与产生它们的文化以及它们与之交互的文化有着不可分割的联系。因此，情绪反映个人的生活变化和文化环境的发展，是文化不可分割的一部分。

第四节 文化对情绪相关观念的建构

一、情绪的概念

不同文化在情绪的概念上可能有所不同。以美国文化为例，美国人非常重视感情，他们认为每个人都是独一无二的，对事物、事件、情景和周围的人都有自己的个人感受。在美国社会中，成熟的成年人应该了解自己的感受，从情感上理解周围的世界。美国人也重视教育孩子珍惜自己的情绪。美国父母经常问他们的孩子对游泳课、钢琴课、学校老师等有什么感觉。在做影响孩子的决定时，父母往往相当重视孩子的感受。美国社会如何看待和构建人们的感受和情绪，直接关系到美国文化所培育的价值观。

并不是所有的文化都有与英语中的情绪概念对应的词汇。塔希提人（Tahitians）就没有表示情绪的词。在不同的语言中，代表情绪种类的词汇数量差别也相当大，有的只有 7 个，而在英语中，情绪词多达 2 000 多个。情绪类型词的多少也许表明情绪对一种文化的重要性，而且情绪类型词的差异也会影响到人们对情绪的观察和描述。例如，有研究者以美国人和纳米比亚西北部的辛巴族人为被试，要求他们根据不同的情绪类型对面部表情进行分类和描述，结果发现美国人会大量使用描述心理状态的词语（比如惊讶、担心等），而辛巴族人则更多使用物理动作来描述面部表情（如笑、看）。

当然，世界上大多数文化都拥有代表情绪概念的词汇。Brandt 和 Boucher（1986）研究了不同文化中抑郁症的概念。这些文化的语言包括印度尼西亚语、日语、韩语、马来西亚语、西班牙语和僧伽罗语。每一种语言都有一个表示情绪概念的词汇，暗示着这一概念的跨文化存在。但是，即使一种文化有一个表达情绪的词，这个词的内涵也可能与英语的情绪词汇有所不同。例如，日语的情绪词汇中包括一些典型的被美国人认为是情绪的词汇（例如生气、悲伤），也包括一些美国人不认为是情绪的词汇（例如体贴、幸运）。萨摩亚人的语言中没有代表情绪的词汇，但是他们用 lagona 来表示感受和感觉。

总而言之，并不是世界上所有的文化都有一个与英语中的情绪概念对应的词汇。即使一个文化拥有一个代表情绪概念的词，它的具体意思也可能与英语的情绪词有所不同。文化影响着我们对情绪概念的理解。

二、情绪的分类

许多英语中的情绪单词在另一种文化中找不到对应的词，而其他语言中的情绪单词也可能无法找到确切的英语对应词。例如，德语有 schadenfreude（幸灾乐祸）这个词，指从他人的不幸中获得快乐。这个单词没有对应的英文翻译。日语中诸如 itoshii（渴望失去的亲人），ijirashu（看见有人克服障碍而值得称赞时的一种感觉）和 amae（依赖）这样的词，同样无法被确切地翻译成英语词汇。一些非洲语言用一个词来表达英语中的两种情绪：愤怒和悲伤。例如，南太平洋一个环状珊瑚岛上的伊法鲁克人（Ifaluk）有一个单词 song，指人们感到自己或他人受到伤害时的情绪，所以这个词有时代表愤怒，有时也可以代表悲伤。有些英语中的情绪单词在其他语言中也找不到对应的词汇，例如，英语单词 terror、horror、dread、 apprehension、shame 和 timidity 在 Gidjingali（澳大利亚土著语言）中都是由一个单词 gurakadj 来指代。英语单词 frustration 在阿拉伯语中也没有完全对等的词。

但是，一种文化没有对应的词汇来形容某种情绪，并不意味着该文化中的人们不能感受到这种情绪。一些阿拉伯语中没有挫折这个词汇，并不意味着这些文化中的人们从不会感到沮丧。同样，英语中没有德语词汇 schadenfreude（幸灾乐祸）的对应词，并不意味着美国人从不会从别人的不幸中获得快乐。

有些情感词汇存在于某些文化中，而在另一些文化中却不存在这一事实或许表明了不同文化是如何用语言划分世界的。一些文化和语言可能会对情绪产生过度认知——人们会精细识别多种情绪，并为这些情绪创造词汇。例如，德国文化中包含 schadenfreude（幸灾乐祸）这个词，就意味着这种情绪状态在这种语言和文化中具有某种重要性。不同文化用来识别和标记其成员的情感世界的词汇类型为我们提供了另一个线索，让我们了解不同文化如何构建和塑造人们的情绪体验。

三、情绪的位置

不同文化对于情绪来源的观点不同。对美国人来说，情绪是与生俱来的。对于萨摩亚人、宾士比土著和所罗门群岛人来说，情绪是对人与人之间或人与事件之间关系的陈述。非洲的富拉尼人的 semteende 这个概念，通常被翻译为羞耻或尴尬，但是它更多的是指一种情景而不是一种感觉。

不同文化的人对于情绪发生在身体的哪个部位有不同的看法。美国人认为，情绪与心脏有关。日本人认为，情绪与肠道或腹部有关。中国人认为，情绪与心脏和其他内脏如肝、胆、胃都有关。马来西亚的奇旺族（Chewong）人认为情绪发生在肝脏。北美大溪地人认为情绪发生在肠道。最接近英语单词 emotion 的伊法鲁克（Ifaluk）语中的单词是 niferash，它被翻译为"我们的内心"。不同的文化把情绪定位在不同的地方，说明不同文化背景的人对情绪有不同的理解。把情绪定位在心脏对美国文化来说既方便又重要，说明了情感的重要性，因为心脏是其他人无法分享的。有些文化将情绪定位于身体之外，例如与他人的社交关系，表明社会关系对于这些文化的重要性。

四、关于情绪的态度、价值观和信念

文化构建关于情绪的态度、价值观和信念。例如，Shalom Schwartz 做

过一个经典研究，探究世界各地文化价值差异。他提出了七种普遍的价值观。其中一种被称为情感自主，指文化强调促进和保护人们对积极体验的独立追求的程度。情感自主培养快乐和令人兴奋或多样化的生活。在Schwartz 的研究中，法国、瑞士、加拿大、丹麦和奥地利最重视这个维度，而埃及、喀麦隆、塞内加尔、也门和加纳最不重视这个维度。另一种文化价值观是不确定性规避。不确定性规避是社会对不确定性和模糊性的容忍程度，与焦虑和压力有关。希腊、葡萄牙、危地马拉、乌拉圭和比利时在这个维度上排名最高，而新加坡、牙买加、丹麦、瑞典和中国香港排名最低。

情绪的文化价值观与人们想要感受的理想情绪有关。例如，欧洲和亚洲的美国人比中国香港人更重视高强度唤醒的积极情绪，如兴奋，而中国香港人则更重视低强度唤醒的积极情绪，如冷静。但是，关于情绪价值观的文化建构并不一定与人们实际拥有的情绪相对应。气质和人格特质比文化价值观能更好地预测实际情绪，而文化价值观则能更好地预测理想情绪。

文化也有助于构建关于情感的信念。集体主义文化的成员倾向于将情绪与社会价值的评估联系起来，并认为情绪反映了与他人关系的某种现实。个人主义文化的成员倾向于认为情绪是个人对环境的评估，并且反映了关于自我的一些东西，而这些东西不一定是社会关系。

 思考题

1. 人们有哪些基本情绪？基本情绪是跨文化普遍的现象吗？
2. 文化通过什么方式来调节人们的情绪？
3. 复杂情绪的产生与文化有关吗？
4. 文化如何影响我们对情绪的态度、价值观和信念？

 参考文献

1. BRANDT M E, BOUCHER J D. Concepts of depression in emotion lexicons of eight cultures[J]. International Journal of Intercultural Relations, 1986, 10(3):321-346.

2. DARWIN C. The origin of species[M]. New York: Modern Library, 1859.

3. DARWIN C. The expression of emotion in man and animals[J]. London: John Murray, 1872.

4. EKMAN P, LEVENSON R W, FRIESEN W V. Autonomic nervous system activity distinguishes among emotions[J]. Science, 1983, 221(4616): 1208-1210.

5. EKMAN P, SORENSON E R, FRIESEN W V. Pan-cultural elements in facial displays of emotion[J]. Science, 1969, 164(3875): 86-88.

6. ELFENBEIN H A, AMBADY N. On the universality and cultural specificity of emotion recognition: a meta-analysis[J]. Psychological Bulletin, 2002, 128(2): 205-235.

7. HARELI S, KAFETSIOS K, HESS U. A cross-cultural study on emotion expression and the learning of social norms. Frontiers in Psychology, 2015, 6:1501.

8. HESS U, BLAISON C, KAFETSIOS K. Judging facial emotion expressions in context: the influence of culture and self-construal orientation. Journal of Nonverbal Behavior, 2016, 40(1): 55-64.

9. KIKUTANI M, IKEMOTO M, RUSSELL J, et al. Cultural influences on the structure of emotion: an investigation of emotional situations described by individuals from Cambodia, Japan, UK and US[J]. International Journal of Applied Psychology, 2016, 6(1): 20-26.

10. KOELKEBECK K, KOHL W, LUETTGENAU J, et al. Benefits of using culturally unfamiliar stimuli in ambiguous emotion identification: a cross-cultural study[J]. Psychiatry Research-Neuroimaging, 2015, 228(1): 39-45.

11. LU M, HAMAMURA T, DOOSJE B, et al. Culture and group-based emotions: could group-based emotions be dialectical? [J] Cognition and Emotion, 2017, 31(5): 937-949.

12. MATSUMOTO D, WILLINGHAM B. The thrill of victory and the agony of defeat: spontaneous expressions of medal winners at the 2004 Athens Olympic games[J]. Journal of Personality and Social Psychology, 2006, 91(3): 568-581.

13. MATSUMOTO D, WILLINGHAM B. Spontaneous facial expressions of emotion of congenitally and non-congenitally blind individuals. Journal of Personality and Social Psychology, 2009,96(1):1 – 10.

14. MATSUMOTO D, YOO S H, HIRAYAMA S, et al. Validation of an individual-level measure of display rules: the Display Rule Assessment Inventory (DRAI) [J]. Emotion,2005, 5(1): 23 – 40.

15. PRADO C, MELLOR D, BYRNE L K, et al. Facial emotion recognition: a cross-cultural comparison of Chinese, Chinese living in Australia, and Anglo-Australians[J]. Motivation and Emotion,2014, 38(3): 420 – 428.

16. SCHERER K R. Profiles of emotion-antecedent appraisal: testing theoretical predictions across cultures[J]. Cognition & Emotion,1997a, 11(2): 113 – 150.

17. SCHERER K R. The role of culture in emotion-antecedent appraisal [J]. Journal of Personality and Social Psychology, 1997b,73(5): 902 – 922.

18. SCHERER K R, WALLBOTT H G. Evidence for universality and cultural variation of differential emotion response patterning[J]. Journal of Personality and Social Psychology,1994, 66(2):310 – 328.

19. STIPEK D. Differences between Americans and Chinese in the circumstances evoking pride, shame, and guilt[J]. Journal of Cross-Cultural Psychology, 1998,29(5): 616 – 629.

20. ZHANG F, PARMLEY M, WAN X A, et al. Cultural differences in recognition of subdued facial expressions of emotions[J]. Motivation and Emotion, 2015,39(2):309 – 319.

21. HUWAË S, SCHAAFSMA J. Cross-cultural differences in emotion suppression in everyday interactions[J]. International Journal of Psychology, 2018, 53(3): 176 – 183.

第七章　文化与社会行为

人是集体动物，必须在群体中生存。这种基于群体的生存方式决定了我们的社会行为既有跨文化的一致性，也有文化间的差异性。本章将介绍多个领域中的跨文化对比研究成果，包括人际感知、从众、合作和攻击性、归因、性别差异、爱情和婚姻等。

第一节　文化与人际感知

一、人际感知

人际感知是指人的印象形成的过程，包括对他人外表、吸引力和个性特征的判断以及认知。

人们倾向于依据他人的外表来推论其内在的个性和能力。例如，连婴儿都知道，外形越强壮的人力量越大。一个成人的脸型如果具有婴儿脸型特征（如圆脸、大眼睛等）往往就显得温和、友善、天真和顺从，而成人的脸型如果具有成年人脸型特征（如宽下巴、高颧骨等）则会给人一种强壮、精明又强势的感觉。衣着干净整洁的人容易给人善良的印象。目光闪烁会给人一种不诚实的感觉。不同文化的人都倾向于将面部感知与个性判断相联系。例如，美国人和中国人根据面部图片对相应个性的判断高度一致。大量研究表明，面部印象也可以预测现实生活的结果。最鲜明的证据是，人们对面部的直觉判断能预测总统选举的胜出者。一项关于美国人和日本人对政治候选人选举结果的研究表明，不同文化中的人们对面孔代表性格的直觉推论能预测该文化中的实际选举结果。也就是说，美国人的推论能预测美国的选举结果，日本人的推论也能预测日本的选举结果。

人们还倾向于依据他人的外表来推论其可被信任的程度。有研究表明，人们更多选择和微笑的人进行合作，认为微笑的伴侣比不微笑的伴侣更受信任。一项关于微笑的跨文化研究让美国人和日本人观看同一张微笑的脸。这张脸的上半部分（微笑的眼睛）和下半部分（微笑的嘴巴）的微笑强度不同。结果表明，美国人更信任微笑的嘴巴，而日本人更相信微笑的眼睛。美国人认为微笑的面孔比中性面孔更聪明，而日本人认为中性面孔比微笑面孔更聪明。另外，有研究表明，不微笑的女性被评定为比不微笑的男性更加诚实，但是微笑的男性和微笑的女性被认为同等诚实。美国、德国和波兰的女性认为微笑的女性比微笑的男性更加诚实，但挪威、南非和中国则未出现这种性别差异。因此，在不同文化中，微笑并不是都有同样的含义。

综上所述，非言语行为（如面部表情）是印象形成的重要线索。有一个研究证明了非言语线索是如何影响人们的感知过程的。研究者分析了11个流行电视节目里针对黑人角色和白人角色的非言语行为信息，发现这些节目对黑人角色有更多消极的非言语行为信息。之后的研究进一步表明接触白人至上文化的非言语偏见会潜意识地增加人们的种族偏见。因此，在媒体、互联网、杂志、电影等文化传媒中嵌入的无意识的非言语暗示可能会对我们感知他人的方式产生巨大的影响。

二、面孔识别

创造社会纽带所需的心理过程之一是能够识别他人面孔。该领域早期研究表明，面孔识别能力存在本族优势。不同种族的人对本族人的面孔判断比对其他种族人面孔的判断更好。其他研究也表明，面孔性别辨别任务上也出现了本族优势，即人们更擅长根据面孔特征辨别本族人的性别。有趣的是，这种本族优势在超过3个月以上的婴幼儿中就已经存在了，表明面孔识别能力并不完全依赖后天经验的积累。

为什么面孔识别能力会存在上述这种本族优势呢？有人认为社会取向、任务难度和经验都会造成这种识别能力的差异。有研究者提出，取向策略可以影响对不同面孔的识别。还有些研究者则认为面孔识别的本族优势源于人们的自我图式差异，或源于人们对本种族和外种族的不同编码和分类方式。

三、吸引力

人与人之间的吸引力会因文化的不同而不同吗？一方面，人们认为在不同文化下对美不美的判断会有截然不同的标准。另一方面，进化理论又认为人们可能存在普遍的吸引力判断标准（因为吸引力会影响生育机会），而且这个标准可能会被如今的大众媒体强化。例如有研究表明，日本人和韩国人对吸引力的评判标准与不同的面部特征有关。但是另一项对欧裔、非裔、亚裔、菲律宾裔美国人以及中国台湾人判断各类种族面孔的吸引力的研究结果表明，上述不同被试群体的吸引力评分有极高的相关性，所有群体的评判标准都与同样的面部特征有关，包括眼睛、鼻子、脸颊、下巴和微笑等。最近的研究为人们对吸引力存在普遍的判断标准提供了证据，例如，一项对 1 800 篇文献 919 个研究结果的元分析表明，吸引力的判断标准具有跨文化的一致性。另一个对 27 个国家被试的研究表明，腿部比例与吸引力有关，太长或太短都会降低吸引力。其他研究表明，男性喜欢腰臀比低（即细腰肥臀的体型）的女性，而且先天失明的男性也同样喜欢腰臀比低的女性。这表明这种偏好不是通过视觉学习得来的。

即使吸引力的评判标准具有跨文化的一致性，吸引力的含义仍然存在文化差异。北美的人觉得好看的人具有更理想的人格特质如敏锐、善良、善于交际、快乐、讨人喜欢、有趣等。吸引力高的人也被认为能力强、聪明、擅长社交、适应力强、高效、处于支配地位、性能力强、不谦虚等。这些特质大部分在不同文化中具有一致性，但有些特质具有文化差异性。例如，高效在韩国文化中不被认为是高吸引力的特质，韩国人认为诚信和关心他人更具有吸引力。在艰苦的生存环境里，高资源控制潜力而不是高生育力是有吸引力的男性的特质。

因此，吸引力确实存在跨文化的普遍性，但在不同文化中还是存在细微的差异。而且，吸引力的含义也可能因为文化不同而有所不同。最近有研究表明，无意识的非言语行为有利于促进与吸引力有关的文化观念。例如，苗条的女性会引发积极的非言语行为反馈，而接触这些非言语行为会让旁观者获得与苗条相关的文化观念，加强对苗条女性的积极态度。因此，文化中存在的无意识的非言语暗示可能会影响我们对他人的吸引力的感知和判断。

第二节 文化与从众、合作和攻击性

一、从众

生活在群体中的人们总是能够感受到一些群体的期望。让群体成员知道哪些态度和行为是适当的，这些期望就是社会规范。个体行为遵从群体的社会规范是必要的，可以保证群体具有足够的凝聚力，使群体的功能得以实现。服从社会规范就是从众的表现。

1. 什么是从众

具体而言，从众是人们采纳其他群体成员的行为和意见的倾向。一般来说，从众是因为个体受到了来自两个方面的压力：① 信息压力。经验让人们认为，多数人的正确概率较高。越是缺乏自信，难以独立判断的个体，越相信多数人，越容易从众。② 规范压力。对于惩罚与制裁的预测会限制人们自由地表达与多数人相反的意见。群体中的个人往往不愿意因违背群体意见而被其他成员视为越轨者，害怕因与众不同而遭受孤立，因此采纳多数人的意见。有研究者认为，个体表达个人观点时最害怕的就是被社会孤立，总是努力猜测他人的想法。如果个体的观点符合主流，他/她的判断就能够得到自由的表达和讨论。而且，在没有他人的反对和批判的情况下，人们会强化自己的观点。但是，如果个体持有少数派的意见，他们将会感受到社会孤立，并且无法在公众场合自由地表达自己的观点，使得局面最终陷入沉默，因为与主流观点不同的意见在公众面前得不到表达，只会逐渐销声匿迹。社会规范拒绝甚至无法容纳不同的意见，不仅会影响某些观点和态度的表达频率，也会影响这些观点和态度在人们思维和态度中的重要性。另外，因为缺乏不同观点的表达，所以存在的社会规范会变得理所当然，一成不变。

2. 从众的实验研究

实证社会心理学家提供了有关从众的很多有趣的案例与解释。在 Asch 于 20 世纪 50 年代初期进行的一系列经典研究中（图 7-1），实验环境对从众行为没有特定的奖赏，对不从众的行为也没有任何惩罚，但当群体中绝大多数的人都坚持错误的判断时（在 12 次的系列中），几乎 75% 的被试都至少会在一次反应中从众。从总体上看，对"行动者"明显错误的判断表现出从众反应的被试达到35%。

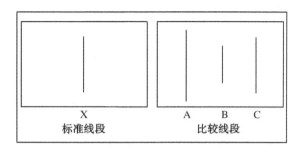

图7-1　Asch从众实验场景

3. 从众的原因

有人提到，每一个群体都对不接受群体规范者有一定的约束力。这是不是意味着我们的从众都是为了避免负面的社会制裁呢？答案是否定的。我们的从众并非只是为了逃避惩罚，而是存在很多其他的原因。

除了逃避惩罚外，我们从众的另外一个重要原因可能是为了迎合他人的期望，以期获得他们的青睐，特别是当他人代表着大多数人的时候。例如，很多欧洲女性到了信奉伊斯兰教的国家之后都会用头巾把头包住，尽管那些国家对外国人并没有这样的要求。

从众行为可能由获得奖励和避免惩罚的动机直接引起。这种行为常常被称为顺从。它可能给人们带来希望。如果处于贫穷、失望和沮丧中，这时有人提供了有说服力的解决方法，人们就会顺从那些提出解决方法的人。

4. 从众的影响因素

一个社会中人群的从众性高低与多种因素有关。例如，Asch的从众研究结果在很多文化背景下得以验证，但是，不同文化下的从众率有所不同。Bond和Smith（1996）对17个国家的133个研究进行的元分析结果表明，平均从众率为25%；当影响从众行为的群体规模较大、群体的文化同质性较高、被试群体中女性比例较高或样本的集体主义文化维度得分较高时，从众率较高。

其他研究表明，从众性与社会经济水平和社会经济地位有关。经济富裕的国家与较为贫穷的国家相比，从众案例明显较少。与社会经济地位较低的群体相比，中产及以上阶级的从众率显著较低。此外，在社会分层越多和集权度越高的社会中，从众率越高。

有人还提出了一个致病病原体流行历史理论来解释从众性。根据这个理论，病原体流行历史有利于发展从众的文化，以对抗疾病风险。

一个在日本进行的研究结果表明，日本人在 Asch 经典实验中的从众水平比美国人的低。这个矛盾的结果可能与内/外群体划分有关。在集体主义文化中，人们对内群体会表现出强烈的从众，但是对外群体并非如此。一个在日本松田实施的从众研究将日本被试分为三类并观察其从众行为，结果发现，第一类（由实验者随机挑选的被试）没有表现出从众行为，第二类（互相选择的朋友）表现出了从众行为，第三类（高度分工合作的核心群体）的从众水平最高。有研究者认为，大多数的从众实验是在大学生中进行的，对于他们来说，在实验情景中与陌生人的互动不如与重要群体的互动重要，所以从众水平会显著下降。

此外，有些研究者考察了文化维度指标与从众水平的相关性。例如，Bond 和 Smith（1996）综合分析了工业社会中的从众现象的有关研究。这些研究预测，在所有文化中都有从众现象，但由于文化的某些差异，从众的程度在各文化中有差别，一般与社会的松紧程度有关。他们把各个国家的个体的价值观得分集合起来，作为国家水平的价值观得分，然后在研究中获得各个国家的被试的从众得分，计算两个变量之间的相关性。总的来说，在持保守主义、集体主义价值观和偏爱归属地位的社会中，从众程度较高；而在重视自主、个人主义和获取地位的社会中，从众程度较低。通过这样的研究，从众与集体主义价值观被联系在一起。但是我们知道，相关关系并不代表因果关系，也许存在另外的可能；更广阔的生态文化背景决定了价值观，同时也决定了从众水平。也就是说，一些社会以农业为基础，决定了这些社会即使发展到工业化时代，也会表现出集体主义的价值观并偏爱归属地位，同时也决定了这些社会的成员表现出更多的从众行为；相反地，另外一些社会以打猎为基础，决定了这些社会发展到工业化时代以后会表现出个人主义的价值观并更倾向于获取地位，同时也决定了这些社会的成员表现出较少的从众行为。

在从众的跨文化比较中,我们必须考虑这种行为产生的社会情景。从宏观角度来看,人类的所有行为都能被认为是从众行为,因为大多数的健康个体都会调节自己的行为以符合特定的行为规范。一些形式的从众行为随处可见,例如,当从众行为成为社会适应的一种策略,或者从众行为不会面临道德两难境地时,我们就会轻易地从众。

二、合作

一个团体中必然有各种不同的个体。每个个体或多或少都会与他人进行竞争或合作。随着环境的变化,我们会不断调整互动模式,使之变得更有合作性或更有竞争性。合作是指人们协同努力实现共同的目标。信任和合作是任何社会群体得以生存和发展的基础。

Yamagishi是考察合作和文化关系的著名研究者。在其一个研究(Yamagishi,1986)中,他将日本被试分成高诚信和低诚信两组,然后让被试在对不合作行为有或无惩罚的条件下进行一个合作任务。结果发现,在无惩罚条件下,高诚信的人比低诚信的人有更多的合作行为;而在有惩罚的条件下,低诚信的人反而比高诚信的人有更多的合作行为。类似的研究结果也见于其他文化背景,如美国。所以,人们认为,无论对于什么文化,惩罚机制都是保证合作的重要因素。

影响合作行为的因素不仅仅在于一个社会是否存在对不合作行为的惩罚机制。群体同质性也是一个影响因素。当不同文化或不同种族的人们在一起时,合作水平会下降,竞争水平会上升。此外,有研究者指出,社会资源(指人际信任、公民参与、与朋友互动)的多少影响合作水平的高低。在社会资源多的国家里,人们进行慈善和义务劳动的比率也较高。一些研究表明,社会经济水平和社会经济地位也对合作或竞争有影响。来自西方发达社会的孩子的合作水平要低于来自拉丁美洲、非洲和中东国家的孩子的合作水平。另外,无论在哪种文化中,城市的孩子都比农村的孩子更具有竞争性,中产阶级的孩子也都比来自较低阶层的孩子更具有竞争性。

一个比较法国人和刚果人的研究发现:在以集体主义文化为主导的刚果,人们会宽恕罪犯,恢复对他们的怜悯、感情和信任并重新与之合作,而这些都会促进行为上的和解。对以个人主义为主导的法国人来说,对罪犯的宽恕与和解行为并不相关,他们可能宽恕了罪犯,但不一定会与他们合作,或者恢复与他们的关系。这个研究结果表明,文化影响人们是否与某些人进行合作。

三、攻击性

我们把想要伤害或者危害他人的欲望称为攻击动机。无论我们生活在哪里，人身污蔑、口头攻击、愤怒报复、公开敌对以及许多其他形式的攻击行为都是我们的日常生活的一部分。攻击动机有多种来源和起因，不可能用某一种理论解释。跨文化心理学家试图比较并结合现有数据形成一个全面的观点，同时考虑心理的、政治的、生理的、社会经济的和文化的因素，将他们与攻击动机和行为联系起来。

生物学家发现，当大脑缺少一种特殊的化学物质——含氮氧化物的时候，普通的老鼠也能转变成具有暴力倾向和性侵略倾向的"坏蛋"。同样的现象也见于人类。

尽管在心理上被预先设定为有暴力反应，但大多数个体仍然能够运用社会规范和文化要求去调控暴力反应。在暴力产物很少的文化中，人们会对任何形式的暴力和攻击都非常敏感并且抵制它。相反地，在一个通常采用暴力作为解决问题途径的社会，例如一个充满种族冲突的地区，人们就可能习得这种特殊的行为模式，将暴力行为作为一个社会准则。一些跨文化研究表明，暴力来源于社会制度或社会规则。当攻击行为具有有利价值，且暴力表现得到支持时，攻击会得到一定的增强。在这样的情况下，个体能从中获得力量和控制感，得到物质资源或者能够对抗挑衅。研究发现，来自同一个国家的儿童暴露于不同的社会情景之中时，可能会表现出不同的侵略行为模式。关于两个墨西哥地区儿童的一项研究发现，在暴力水平高的小镇上生活的儿童表现出两倍以上的暴力行为。生活在暴力频率高的地域的父母倾向于鼓励他们的孩子具有侵略性，并对暴力行为采取报复行动进行回应。而且在那些儿童被父母忽略、拒绝，缺少情感支持，父母对于儿童的攻击性行为漠不关心甚至虐待儿童的家庭中，儿童的攻击行为的水平更高。这项研究提供了一个互为因果的范例。一方面，危险的社会环境导致父母鼓励"自我保护"的暴力行为；另一方面，对于攻击行为的鼓励又创造了一种特殊的允许攻击行为的社会风气。然而，这项研究难以解释为什么仍有一些儿童和成人并没有使用攻击去对抗攻击，而是采用非暴力行为来维持他们的生活。

挫折-攻击假说将攻击描述为对挫折的主要反应。许多社会学家试图运用该假设来解释在广泛的挫折环境诸如贫穷、家庭破碎、迁移、城市化、失业和歧视状况下攻击行为的根源。不少研究发现，不良环境增加攻击，良好环境减少攻击。Staub 考察了各种文化群体下侵略行为产生的多种原因，包括历史性的歧视、暴露于暴力情景、对权威的态度、教育的缺失、苛刻的待遇、家庭虐待以及失业等。其研究发现，暴力增长主要发生在黑人和白人相邻的贫困地区。研究者认为，在一个致力发展唯物主义价值观的社会里，个人的成功主要取决于个人能挣多少钱，以及个人是否能够获得权力和资源。当一切经济和社会成功的可能性都摆在眼前，但没有能力去利用它们时，人们可能会体验到一种无力感。在这样的心理背景之下，无力感可能进而导致挫折感和攻击。另外，如果个体接受男权主义的价值体系，他/她的挫折感能很容易地通过各种各样的攻击行为得以发泄。而且，研究者在分析美国城市里帮派横行的原因时指出，快速的社会变革时代导致家庭中传统的归属关系遭到破坏，很多青少年开始在别处寻找关联和归属，他们中的一些人最终成了帮派成员。

有一部分研究表明，攻击并不总是由潜在的挫折造成的。Albert Borowitz 描述了一种渴望出名或自命不凡造成的特殊攻击症状，即 Herostratos 综合征。Herostratos 综合征指一个人坚信生活欺骗了他，而对这种不公平感的唯一补偿方式是让他人痛苦。

在印度和美国，父母积极的情感与儿童攻击行为呈负相关。父母对儿童攻击行为的反应和控制方法是儿童攻击性的一个重要影响因素。此外，惩罚并不是控制攻击的有效手段，而且，高水平的限制（低水平的容许度）反而可能导致身体攻击。

在与攻击相关的众多心理因素当中，专家经常会提到自尊。一些研究者假设低水平的自尊与高频率的违法行为相关。然而，这个假设并不完全为跨文化比较研究所验证。例如，有人考察了三个族群来确定个体自尊是否与违法行为相关，结果发现假设仅对欧裔美国人有效，对非裔和拉丁裔被试无效（Leung，Drasgow，1986）。

攻击性也可能与社会能力低下有关。缺乏社会能力的儿童不知道如何去解决人际冲突、应对困难的社会情景和控制情感。

暴力冲动作为一种习得的反应模式是可以发展的。经常性的攻击行为可以通过观察他人的攻击行动习得。攻击能在儿童早期生活中的各种行为包括游戏中明显地表现出来。一个对美国、瑞典、德国和印度尼西亚的 120 个儿童进行的研究要求 4 岁的孩子分别用带有攻击性和不带攻击性的两个玩具讲故事,结果发现美国儿童讲述的故事比其他组包含了更多的攻击观念、攻击词和敌意词(Farver, Welles-Nystrom, Frosch, et al, 1997)。美国儿童偏高的攻击性可能与其早期家庭经历或媒体暴力宣传程度有关。

不同文化对各种暴力和攻击行为的容忍阈限不同。例如,在一些西方国家,堕胎被认为是一种对婴儿的谋杀,会被处予刑罚;而在许多非工业化社会里,杀死婴儿并不被认为是犯罪。在某些文化群体中,以上帝或复仇的名义杀人被认为是恰当、值得赞许的。有人对美国历史上由南、北方人们互相敌视引发的攻击行为进行比较,发现南方人比北方人更可能误解和过高估计对手的攻击意图。一般来说,当攻击更多地来自团体内的权威而不是更低级别的团体成员或团体之外时,集体主义文化下的成员更能够容忍这些攻击。有一个研究比较了中国香港和美国的两个样本,发现中国香港人对具有较高社会地位者的攻击行为的容忍度高于对来自社会地位相同者的攻击行为的容忍度,而美国人却未出现这种现象。研究者认为这种差异的出现与中国香港人的集体主义和高权力距离的文化特征有关(Bond, Wan, Leung, et al, 1985)。

第三节 文化与归因

社会认知研究研究人们如何对社会信息进行各种加工,包括编码、存储、提取各种社会信息并应用于实际社会情景。社会认知研究中最重要的问题是归因,也就是人们对事件及自己或他人行为的原因的认识。归因代表我们理解物理和人际世界的方式。

一、归因偏差

心理学家发现,人们的归因点可以分为外归因(情景归因)和内归因(特质归因)。人们在归因过程中往往会出现各种偏差。其中一个偏差就是自我服务偏差,即在归因过程中做出有利于自我形象的归因。例如,自己与他人参加同一个考试都失败之后,将自己失败的原因归于情景因素(发挥不佳),而将他人失败的原因归于特质(能力低下)。另外一个常见归因偏差是基本归因错误,即在即使有明显的情景限制因素存在的情况下,仍将他人的行为归因于其特质或倾向。早期研究发现了这些归因错误的跨文化普遍性。但是,后来的研究更多发现了这些归因错误的跨文化差异。

例如，与美国人相比，印度人更多考虑情景因素对个人行为的影响，因此较少犯基本归因错误。与美国学生相比，中国香港学生将自己的学业成就更多归因于努力，更少归因于情景因素。与美国女性相比，中国台湾女性对自己的成功更多进行外归因和自我贬低归因。

二、社会事件归因

1991 年 11 月，美国的艾奥瓦大学的中国研究生卢某在校园枪杀 5 人后自杀。这一事件震撼了美国校园甚至全美国。对于为什么发生这件事情，美国人和中国人的解释可能存在差异。

Morris 和 Peng（1994）在归因领域进行了系统的研究，对比美国人和中国人的归因差异。在实验室情景中，他们用同样的社会事件的卡通片（鱼群在水里游动）作为实验材料，让中国高中生和美国高中生进行归因。结果发现，中国高中生更多地把目标鱼的运动归因为外部力量，而美国高中生更多地把目标鱼的运动归因为内部力量。研究者认为，代表个人主义文化的美国人倾向于用个人原因来解释社会事件的发生，而代表集体主义文化的中国人则倾向于用环境或外部原因来解释社会事件的发生。研究者还对事件发生后两个月内两家报纸对卢某事件的归因进行了分析归纳。一家美国报纸（The New York Times）代表美国文化，一家中文报纸（World Journal）代表中国文化。结果发现，两家报纸对于悲剧的原因分析完全不同。美国报纸认为：卢某脾气坏，是一个邪恶的、危害他人的人；他脱离社会或反社会是他的人格所驱使的。但中文报纸认为：卢某与导师的关系紧张；他可能与其他亚洲学生一样，因过分追求学业成功而感受到太大的压力，成为尖子学生教育政策的牺牲品；如果环境不同，结果可能不同。由此可见，美国文化和中国文化对于同一事件的归因不同。美国人强调人格因素，中国人则强调环境因素。为了平衡研究，研究者还对另一悲剧（密西根的一名爱尔兰裔的邮政工人对老板不满，枪杀老板和几名同事、路人后自尽）的归因进行了分析，结果发现不同文化下的两家报纸对此事的评论也具有上述区别。

另外一项研究考察了同一社会中不同群体对违反规范的行为的反应（DeRidder，Tripathi，1992）。被试包括四个不同群体，其中两对群体来自印度，另两对来自荷兰。在同一国家的群体中，一组由经理和下属组成，另一组是当地对立的教徒。研究者向被试呈现一些假设情景（这些情景中有本群体或其他群体的成员出现的各种违反规范的行为，如插队、嘲笑他人信仰、保险诈骗、偷用公司汽油等），要求被试回答：看到这样的行为时本群体成员可能会如何反应？为了解释结果的差异，研究者根据四种背景变量收集数据：① 感觉到的本群体的力量；② 本群体以及其他群体的社会地位；③ 对本群体的认同程度；④ 对其他群体的态度。该研究发现，能够解释对违反规范的行为的反应差异的是每一对群体中两个群体的经济和社会力量，而不是认同和态度等心理学变量。很明显，回答者能够意识到自己以及他人在社会中的地位，而这影响了他们的反应。

三、物理事件归因

Peng 和 Knowles（2003）利用两个实验考查了美国人和中国人对物理事件的归因。第一个实验发现，没有受过正规物理教育的美国人和中国人对八个物理事件的归因方式不同：美国人更多归因于物体本身因素如重量，而较少归因于情景因素；而中国人正好相反。在第二个实验中，研究者通过启动范式启动被试的中国人或美国人的身份感，然后要求他们解释实验中的八个物理事件。结果发现，中国被试对事件做内部归因的程度更低，而归因于情景因素的程度更高。这类研究说明，不同文化中的人们在解释物理事件时受各自文化的影响。

第四节　文化与性别差异

汉语中的"性别"一词在英语中有两个对应的词，分别是 sex 和 gender。但这两个词在英语中的意思并不完全相同，sex 指的是生物学意义上的性别，而 gender 指的是社会学意义上的性别。对于一个人的生物学性别，我们可以通过其身体的解剖学特征来判断。对于一个人的社会学性别，我们则要从这个人的经验、感情和行为特征来判断。毫无疑问，一个人的生物性别会直接影响其社会学性别。在多数情况下生物学性别与社会学性别是一致的，但在极少数情况下，某个人的生物学性别也可能与社会学性别并不对应。

性别认同是指一个人主观意识和认知上与其社会性别的一致程度。Hofstede 曾提出的男性气质/女性气质的维度，指文化在多大程度上维持并扩大男性与女性之间的差异。表 7-1 陈列了男性气质高/低的社会在性行为及宗教信仰上的差异。

表7-1 男性气质高/低的社会在性行为与宗教上的差异

	低男性气质	高男性气质
性行为	以务实的态度对待性	以关乎道德的态度对待性
	艾滋病预防宣传非常直言不讳	艾滋病预防宣传属于禁忌
	男女统一标准	双重标准：女性需要保持贞洁，而男性则不需要
	女性作为主动角色是常态	女性作为被动角色是常态
	性吸引力与职业成功与否无关	男性因为职业成功而更具有吸引力，女性则因此而更没有吸引力
	在接受不确定性的社会里很少有青少年怀孕	在接受不确定性的社会里青少年怀孕很频繁
	年轻人受父母影响更多	年轻人受同龄人影响更多
	面向他人的性	面向自己的性
	女性享受第一次性爱	女性感觉第一次性爱中自己被剥削
	不必要的亲密举动不是大问题	性骚扰是大问题
	同性恋是一项生活中的现实	同性恋是一种禁忌和威胁
	性和爱之间无太大差异	性和爱之间差异明显
	性爱和暴力在媒体中成为禁忌	性爱和暴力在媒体中作为常态
	恋人应该是受过教育的和善于社交的	恋人应该是成功的和有吸引力的
	幸福的恋人互相从对方那里得到更多	幸福的恋人达成平等交易
	异性互动更加亲密	异性互动不怎么亲密
	性爱是通往某人心灵的渠道	性爱是一种行为表现
	性爱可以用来传宗接代和享受	性爱主要用来传宗接代
	对性快感采取积极或者中性的态度	对性快感采取消极态度
	性爱作为人类的驱动力之一	性爱作为人类主要的驱动力
宗教信仰	"温和"的宗教和宗教潮流	"严苛"的宗教和宗教潮流
	基督教国家的世俗化	保持传统的基督教
	生活中宗教并不重要	生活中宗教是最重要的
	宗教专注于人文	宗教专注于上帝或者多神
	儿童通过社交学会责任感和礼貌	儿童通过社交学会宗教信仰
	示范主义和神秘主义	传统主义、有神论主义和融合主义
	主要宗教强调性别的互补性	主要宗教强调男性特权
	男女都可以做牧师	只有男性可以做牧师

一、性别角色及其社会化

男女两性在身体外部形态上的差异是显而易见的,而且这些差别具有跨文化的一致性。例如,男性一般比女性个子高,骨骼密度大;女性盆骨按比例要比男性的宽;男性的肌肉在体重中所占的比例更大;男性比女性的肺活量大;等等。

"角色"是一个社会学概念,指的是一个人在给定情景或小组中发挥作用时,人们期待他做出的一套由社会界定的行为模式。例如,一个人在家里扮演父亲的角色,到了学校又扮演教师的角色。当他扮演父亲的角色时,社会将期待他以一个父亲的身份行事,关心、照顾子女,为子女提供安全和经济保障,为子女的行为做出表率;当他扮演教师的角色时,社会将期待他以一个教师的身份行事,教书育人,关心学生。

人们的行为方式受到角色的强烈影响。有一个著名的实验,即"斯坦福监狱实验",让人们看到了角色对人的行为所起到的巨大的影响。在这个实验中,研究者在斯坦福大学心理学系的地下室建立了一个模拟监狱,征募了一些无犯罪前科、顺利通过了正常的心理学测试的男性大学生。这些大学生中的一半人被随机指派扮演囚犯角色,另一半则扮演看守角色。这个实验持续两个星期。研究者细致地观测这些志愿者角色互动的变化和影响,结果发现,在接受角色以后,两组人的行为迅速发生了分化。扮演看守角色时,原本温文尔雅的大学生变得盛气凌人,有时甚至残酷成性。而扮演囚犯角色的大学生,很快变得行为怪异,有的甚至情绪激动、思维混乱、严重抑郁。

性别角色是附加于男性和女性的不同的社会地位的期待行为的总和。这些期待行为既与个人的生物学性别有关,又与社会所分配给他的工作或职业有关。例如,在中国的传统社会中,特别是在北方社会,人们期待男性要勇敢、坚强、有责任感、努力工作、为女性提供保护等;在中国的南方社会,人们期待男性花较多时间照顾家庭、下厨做饭等;而对于女性,人们则期待她们温柔、顺从、有家庭责任感、负责照顾子女等。

但是,在中国出现的对男性和女性的性别角色期待是不是也出现在其他文化中呢?万明钢(1996)提到,人类学家米德曾在20世纪30年代对新几内亚的三个部落进行了跨文化的比较研究,并据此写出了著名的《三种原始社会中的性别与气质》一书。米德发现:在一个叫作阿拉佩什的部落中,男女都有一种在西方主流社会看来属于女性特征的个性。他们都性情温和、待人热情，强烈反对侵犯、竞争和占有欲，认为男女都有义务照看孩子。相反地，在临近的一个叫作蒙杜古莫的部落中，无论男女都性情残暴并具有侵犯性；女人很少表现出母亲的特征，她们害怕怀孕，不喜欢带孩子，尤其对女儿有敌意。还有一个部落是昌布里部落。这个部落与前两个部落不同的是，男女的性别角色差异显著，但与西方主流社会的男女角色截然相反：这里的女性专横跋扈、盛气凌人，不戴饰物、精力旺盛，是家庭中的主要支柱；而这里的男性则喜爱艺术，喜欢饶舌，富于情感，并负责照顾孩子。米德据此指出：男女的个性特征与生理特征没有必然的联系；性别角色特征不是天生注定的，而是在不同文化中经过系统的性别角色社会化过程而形成的。

从米德的研究可以看出，生理差异本身并不能决定思维和行为的差异，是后天的学习和社会化造成了男女行为方式的差别。在特定的社会中，儿童习得了社会所期待的行为模式。有的时候，社会对男女的行为期待有一定的重叠，但多数时候男女有显著的行为差异。当然，这并不是说生理因素在男女的行为、心理差异中不起作用，而是强调社会环境在人们性别角色形成中的作用。

人们从出生开始，就在社会化过程中受到性别角色期待的教育，并不断增强这方面的观念。心理学家从不同的角度分析了性别角色社会化的机制。以班杜拉理论为代表的社会学习理论认为，性别行为的形成机制主要是观察学习的过程。当儿童观察到男性和女性的行为差异时，他们就会对男性的行为模式和女性的行为模式形成一种概念，在相同的情景中就会模仿同性别成人所表现的行为。随着年龄的增长，他们会对观察材料进行加工，把它与已经获得的知识结合在一起，以构成性别适合性概念，也就是形成与社会期待一致的性别角色行为模式。儿童性别角色模式的最初模仿对象主要是父母。大众传播媒体也常常强化这种模式，例如儿童从电视、电影或杂志中看到的形象符合现实的性别模式差异，而且这些颇具吸引力的人物形象使儿童形成对自己的期望和幻想，希望自己长大以后能像自己所喜欢的明星一样（万明钢，1996）。

一方面，儿童对成人的行为积极地模仿，另一方面，成人又通过多种方式对男女儿童的性别行为给予不同的期待。例如，在西方社会，当孩子出生时，父母或亲友的第一个反应就是孩子是男孩还是女孩，而且来自性别标签的反应是迅速而直接的。父母总是把他们的儿子叫作"胖小子"

"小老虎",热衷于根据孩子的哭声、握紧的拳头、乱蹬的双腿来评论儿子的力量,认为他们的儿子浓眉大眼、具有男子气等。而对于女孩,父母会叫她"甜心""心肝儿"等,说她可爱、讨人喜爱、聪明伶俐等。在西方国家,男孩出生不久就被包裹在蓝色的襁褓里,而女孩则被包裹在粉色的襁褓里。在以后的发展中,父母不断以自己的期待塑造儿童的性别行为。父母更倾向于对男孩使用体罚,给男孩穿素色的衣服,给女孩穿颜色鲜艳的衣服,给男孩买玩具刀枪,给女孩买洋娃娃等,要求男孩雄心勃勃、富有竞争力,要求女孩行为温顺、妩媚可爱等。这种对男孩和女孩不同的期待塑造了男孩和女孩不同的性别行为。学校也是性别角色社会化的重要场所。在学校中,许多活动都带有明显的性别特征。从做角色游戏开始,孩子们选择的角色和社会生活中的性别角色分配是一致的,例如男孩当大夫,女孩当护士,或者男孩当司机,女该当售票员。在体育活动中,教师会鼓励男孩参加足球、篮球等激烈的竞争性强的运动,而鼓励女孩参加体操、游泳等运动。

上述性别角色社会化的过程主要是西方社会的。中国的社会中也有类似的情况。每个社会都有行为上的性别差异模式,并且每个社会都有一些根据性别来划分的职业。这两种现象具有跨文化的普遍性,并相互联系在一起。Barry 等人(1959)研究了 100 多个不同文化社会后发现,儿童训练是为了发展成年期所需要的能力。在高食物积累的社会中,儿童训练强调顺从;在低食物积累的社会中,儿童训练强调坚持。这个研究也发现,很多社会在儿童早期的社会化期待上是有性别差异的。他们在后来发表的对 45 个社会的跨文化研究报告中提出,每个社会在抚养、责任、顺从、自信心、成就、独立性等方面的社会期待都有性别差异。而且发现,社会对性别差异的期待与现实行为的性别差异非常一致。这些研究者提出,男女行为的性别差异显示出男性更加自我肯定、追求成就和处于支配地位,女性更加顺从、敏感和被动。还指出,各个文化中都普遍存在根据性别进行职业分工的现象,而且分工的内容也比较一致。一般来说,绝大多数社会都由女性来准备食物,抚养儿童也是她们的责任。虽然在不同的社会中按性别分工的情况并不完全一致,但研究者没有发现不同文化之间完全对立或相反的情况。他们认为,之所以不同文化中成年人性别角色相对一致,是因为成年人在维持生存的经济活动中的角色不同,两性经历不同的社会化过程也是人类维持生存活动的一部分。经过男女不同的社会化过程，儿童为以后承担成人的性别角色做准备。性别的差异主要发生于社会化过程中。女孩常常在顺从、教养、责任等方面接受更多的训练，而男孩则在自信、成就和独立性方面接受较多的训练。Harkness（2008）认为，父母双方关于照顾婴儿的观念和习惯在各文化之间有很大差异，导致了儿童在早期阶段所获得的技能具有较大的跨文化差异。因此，在不同的文化中，人类发展遵循不同的道路。

Barry 和 Schlegel（1980）解释了人类社会为什么以性别来划分职业。他们认为，各种文化都是根据妇女对维持生存活动的贡献程度、在食物采集活动中的作用大小来划分职业的。例如，在人类学家报告过的 14 个采集社会中，79%的食物都是由妇女采集获得的，而在 16 个狩猎社会中只有 13%的食物是由妇女获得的。在各种不同类型社会维持生存的活动中，妇女贡献的百分比分别为：29%（渔猎），46%（畜牧业），77%（早期农业），33%（集约化农业）。因此，妇女在维持生存的农业和采集社会中有较大的贡献，而在渔猎和集约化农业社会中的贡献相对较少。由此导致的结果是，女性对社会生存贡献的大小影响他们的婚姻关系、性关系、抚养子女的方式、价值观等。在妇女贡献较大的社会中，女性受到相对较高的评价，甚至能得到一些男性所没有的特权。由于女性在维持生存的活动中的角色不同，因此，不仅在不同的社会文化中的男女两性的行为有差别，而且在不同的社会文化中男女两性之间的相互关系也不同。男女性别差异在不同文化中的差别是由文化通过社会化和生态因素造成的。

二、性别刻板印象

性别刻板印象是人们关于男性和女性特征的一致信念。人们通常认为所有的男性都有一定的特征，所有的女性都有另外的一些特征。其实这是一种刻板印象。例如，在美国的各种媒体中，女性多数被描写为是温柔、美丽、软弱、羞怯的，容易得到帮助，容易受到迫害，常常表现出嫉妒，并且缺少远见，而男性则多数被描写为坚强、有力、机警、助人、侠义、凶悍。新近研究表明，性别刻板印象并不取决于国家特定的性别平等状态。文化框架会影响性别刻板印象的内容。

性别刻板印象在很多社会中非常流行。例如，美国的小学教科书中大量充斥着对性别刻板印象的描述。Law 和 Chan（2004）对 1995—2000 年间出版的中国香港小学的汉语课本的内容进行了分析，具体考察了 108 本课本中的 5 180 幅图所表现出来的性别刻板印象。结果发现，在这些课本里，性别刻板印象相当普遍，但与以往的情况相比，这种倾向已经有了某种程度的减轻。

Williams 和 Best（1990）曾对 30 个国家的性别刻板印象进行了研究，结果发现，在许多西方国家和非西方国家中，当人们把儿童的行为归入男性和女性的特征模式时，不同国家的儿童的行为极为相似。这些相似的行为模式一般在 5～8 岁的儿童行为中都可以看到。而且研究者发现，很多国家的儿童对他们自己的性别模式的了解优于对另一性别模式的了解，性别模式具有跨文化的普遍性。在另一项研究中，Williams 和 Best 在 25 个国家中各找了 100 名大学生为被试，研究他们对男性和女性拥有的特征的看法。结果发现，在 300 种不同的特征中，被试所认为的男性和女性所具有的特征具有普遍的一致性。他们认为男性的主要特征是支配、自主、侵犯性、表现欲、成就、忍耐性等，而女性的主要特征是谦卑、服从、求助、教养、依附等。Williams 和 Best（1994）还从 27 个国家（非洲 3 个，欧洲 10 个，亚洲 6 个，北美 2 个，南美 6 个）找了 2 800 名被试（每个国家的被试数量从 52 人到 120 人，男女的数量大体相同），采用"迫选"任务，要求他们以观察者和报告者的身份判断描述人的心理特征的 300 个形容词更多与男性还是女性有关。结果表明，所有国家的被试都认为男性和女性的特征存在很大差别，而且这种性别差异在不同国家之间存在很大的一致性。如果"一致同意"被定义为一个国家的样本中有 2/3 被试把一个形容词分配给男性/女性，那么有 49 个形容词被一致同意分配给男性，这 49 个形容词是积极、精力充沛、现实、冒险、进取、鲁莽、好攻击、强有力、粗壮、野心勃勃、顽固、粗鲁、傲慢、冷酷、自信、过分自信、幽默、严肃、专制、独立、严厉、自负、机灵、苛刻、思维清晰、首创性、冷淡、粗俗、善发明、强壮、狂妄、懒惰、无情、勇敢、合逻辑、刻薄、残暴、大声、明智、大胆、男子气、坚决、可惜、目无法纪、机会主义、支配、进步、任性、理性。另外，一些形容词被一致同意分配给女性，这些形容词是做作、害怕、性感、亲爱的、女子气、害羞、焦虑的、温和、仁慈、有魅力、亲切、顺从、迷人、温顺、迷信、依赖、讨人喜欢、软弱、多梦、敏感、情绪化、多情。此外，研究者还使用因素分析方法考察了各个国家被一致同意用于描述男性和女性的形容词集的潜在意义，发现了三个因素，分别是赞许性、活动性和力量。第一个因素是对不同国家男性和女性从负面到正面的总评价。在这个维度上，所有国家之间几乎没有总平均分的差异，男性的赞许性得分为 505 分，而女性的为 498 分。这些得分只比标准化的中点分数 500 分略高或略低。然而，在这一维度上各国之间有明显的跨文化差异：日本、尼日利亚和南非的男性刻板印象的赞许性得分最高；意大利和秘鲁的女性刻板印象的赞许性得分最高。第二个维度是对男性和女性活动性的判断。在这个维度上，男女的活动性总平均分差别很大（男性的活动性得分为 545 分，女性的活动性得分为 462 分），而且分布是不重合的：日本和美国在女性主动性上得到了最高的分数，法国和印度在男性主动性上得到最低分，但后者的得分竟然比前者的还高。这说明在性别刻板印象中，男性的活动性比女性的活动性要强得多。第三个维度是力量。在这个维度上各国之间出现了巨大的总平均分差异（男性的力量得分为 541 分，女性的力量得分为 459 分），分布还是没有重合：女性力量最高的两个得分（意大利和美国）比男性力量最低的两个得分（委内瑞拉和美国）还要低。这同样说明在性别刻板印象中，男性的力量比女性的力量要大得多。总的来说，尽管在三个维度上各文化之间有一定差别，但与总体相似性相比，这些差别是相当有限的。

之所以出现上述普遍的男女性别刻板印象的模式，可能是因为最初的生物学差异导致文化习惯的差异、男女任务分配和社会化的不同。这些差别造成了男性和女性的心理差异。因此，性别刻板印象仅仅是对这些差异的精确知觉。但是，出现普遍的男女性别刻板印象的模式也可能有另外一种原因：各文化中存在相似的信念，而这些信念导致不同的文化和社会化习惯，并且导致了对男性和女性形象的歪曲知觉。也就是说，固有的不正确的信念会导致男女在行为和心理特征上的差别，甚至会加大潜在的生物学差异。

三、性别的认知差异与文化

由于男性和女性的生理特征有显著的不同，在此基础上，男性和女性的社会化过程和角色活动存在巨大的差异，刻板印象和思想观念方面也存在性别的差异，因此，一个合理的预测是，男性和女性的心理特征的很多方面会出现显著差异。很多研究已经发现，男性和女性在认知能力、从众行为、暴力和攻击行为方面存在显著的性别差异，而这些差异的大小及普遍性与文化因素有密切的关系。

1. 空间能力的性别差异

在日常生活中人们经常发现，男性的空间能力比女性的更好一些。在空间定向、空间想象以及其他包含空间成分的任务中，男性的成绩总是比女性的更好。

一些心理学家认为，空间能力上的性别差异与生理或基因的关系非常密切。但是，社会文化可能也对性别在空间能力上的性别差异造成影响。例如，Berry（1966）认为，男女在空间任务上是否出现差异，取决于社会化过程对男性和女性的要求是否不同以及训练是否不同。因此，他对西部非洲农耕社会的滕内人（Temne）和加拿大东北部的巴芬岛上狩猎社会的因纽特人（Inuit）进行了比较。有意思的是，滕内人的空间能力出现了男女性别的差异，而因纽特人则没有出现性别的差异。Berry 的解释是，在因纽特人所在的社会中，空间能力对于男性和女性来说都是高度适应性的能力，男性和女性都有充分的训练和经验，从而增强了空间能力。而对于滕内人来说，男性和女性的分工不同，男性外出谋生的机会更多，因此在童年时期会得到较多的训练，而女性获得的训练较少，从而导致空间能力的性别差别。

柯斯积木图案测验是一种常用的测验空间能力的测验。在测验中，被试需要用 16 个彩色方块复制测验卡片上的一系列模式。这种测验不需要语言，因而可以用于对语言或听力有障碍的被试进行测验。一项研究用柯斯积木图案测验任务研究了空间任务的性别差异。研究者考察了 17 个社会在该任务上的性别差异，结果发现，性别和测验得分之间的相关性差别很大。如果用生存经济、定居模式、人口密度、社会松紧度以及社会化习惯计算生态文化指数，并把相关系数按从大到小排顺序排列就会发现，在紧密型的社会、定居的和农业社会中，男性在这项任务中的得分高于女性的得分，而在松散型的社会与游牧、打猎和采集社会中，男性得分等于甚至低于女性得分。因此，空间任务的性别差异既不是完全一致的，也不是不可避免的。在紧密型的社会、定居的和农业社会中，儿童社会化的过程和角色分配决定了男女儿童所从事的有关空间的任务，从而导致了该项能力上的性别差异。而在松散型的社会与游牧、打猎和采集社会中，男女儿童社会化的过程和角色分配差别不大，因此男女儿童在空间能力上没有大的性别差异。如果真是这样，那么可以预测，某种形式的训练可以减少男女在空间任务上的差异。Feng 等人的研究发现，一种动作视频游戏训练可以消除空间注意任务中的性别差异，并同时减少心理旋转这种高水平空间认知任务成绩的性别差异。仅仅通过 10 个小时的训练，被试在空间注意和心理旋转的成绩上就有明显提高，而且女性的提高比例比男性的大。因此，经验和训练可能是空间能力性别差异的重要原因之一。

2. 一般智力的性别差异

美国心理学会发表的报告《智力：已知与未知》指出，绝大多数标准的智力测验结果表明，男性和女性的智力得分从总体上说没有性别差异。尽管有一些研究发现智商存在性别差异，但差异的方向并不稳定，差异也相当小。当然，总体上没有差异并不等于每个个体的能力都没有差异。具体到言语能力上，女性在产生同义词和言语流畅性上优于男性。平均来说，女性在大学的文学、英语作文和西班牙语成就测验上优于男性，在阅读和拼写上也优于男性。男性的阅读困难和其他阅读失能问题更多，口吃的人数也更多。女性还在一些记忆任务上优于男性，但也有一些研究发现了相反的结果，并且差别在不同的研究中也不相同。而对于数字能力，男女之间具有稳定的性别差异。在学校教育的早期阶段，女性在数学任务上明显优于男性，但这种差异的方向在青春期之前就反了过来，男性从此一直到年老阶段都在数学任务上优于女性。学业性向测验结果显示，男性的数学能力优于女性，最高分获得者几乎全是男性。男性在比例推理和机械推理上也优于女性。

这种智力成分的性别差异与文化有什么关系呢？Born 等人（1987）对 189 个研究进行了元分析，根据瑟斯顿的智力理论模型，把智力分为多个方面，并把所有相关研究分为 5 个文化群。结果发现，总体上智力的性别差异很小；在某些智力因素上，各文化群之间也没有显著差异。但一些智力测验的分测验上存在很多性别差异：女性在言语任务（包括言语流畅性）、记忆和知觉速度上的表现往往优于男性，而男性在数学任务及多项知觉任务（包括完形、空间定向和空间视觉化）中的表现优于女性。从文化群体上来看，少数民族群体中性别差异最小，非洲群体和亚洲群体样本中性别差异最大。在具体测验中，非洲群体和亚洲群体的空间定向性别差异最大，表现为男性显著优于女性，而在西方社会中，空间想象能力的性别差异最大，同样表现为男性显著优于女性。尽管这一跨文化的元分析综合了大量文献，但实际上它只是一个跨大陆/地区的分析，因为它是根据地理区域进行分类，而不是根据文化来分类的。因此，智力的性别差异与文化的关系到底如何还没有定论。

四、性别、个性与社会行为

1. 性别与个性特质

大五人格理论认为人们的个性特质可以归纳为五个维度，即神经质、外向性、宜人性、开放性和责任性。研究表明大五人格特质具有跨文化的普遍性。Costa 等人（2001）考察了 26 个文化中的 23 031 名参与者的大五人格特质得分，结果发现，女性在神经质、宜人性、温柔和对开放度的感受方面得分更高，而男性在自信心和开放度上得分更高。而且，性别差异在特别提倡个人主义和性别平等观念的欧洲和美国最明显。这个研究表明男性和女性在大五人格维度上存在性别差异，这种性别差异可能与不同文化对于不同性别的社会期望和教养方式差异有关。

2. 性别与从众和服从

从西方儿童社会化的过程来看，男孩和女孩受到的训练不同，因而男性可能更加独立，而女性可能更加顺从。西方文献表明，在受到群体压力的时候，女性比男性更容易受到从众压力的影响。实际上，这也存在文化差异。Berry（1979）考察了 17 个文化中男性和女性的从众行为，发现定居、农耕的紧密型文化中出现了最大的性别差异，女性比男性更加从众；而在游牧、打猎或采集的松散型文化中性别差异不明显，甚至有男性比女性更从众的现象出现。因此，从众或服从的性别差异可能与不同文化在儿童教养、性别角色分配和社会分层程度等维度上的差异有关。

3. 性别与攻击性

通过日常的观察可以得出结论，男性比女性表现出更多的攻击性行为。大量的实证研究结果也表明，男性比女性具有更强的攻击性。

一些心理学家指出，男性比女性攻击性更强是由于男性具有更高的睾酮激素水平。然而，研究人员对侵略性与生物激素水平做了研究，以了解男性睾酮激素的增加是否会导致攻击行为的增加，结果发现在人类中这种生理因素影响并不明显。虽然雄性激素会增加攻击水平，但人类文化和社会环境会阻碍其效应。贫穷、虐待、暴力、缺乏男性角色的榜样、对战争和违法行为的推崇以及滥用药物都可能在一定程度上促进男性的破坏性，使他们的攻击性行为增加。

Archer（2006）考察了 52 个国家中男性或女性攻击伴侣的现象，发现攻击性的性别差异与每个国家的男女平等程度和个人主义水平有关。女性权力越大，个人主义水平越高，女性的攻击性就越强。Glick 等人

(2004)让16个不同文化的8 360名被试评估人们对男性的态度是敌对还是友好。结果发现,国家的性别不平等程度越高,其评估者对男性的态度越矛盾。

在绝大多数文化中,男性和女性的社会化方向是不同的:男性是作为战斗者和解决问题的人,而女性则是作为调节者和维持和平的人。通常来说,男性会受到更多鼓励攻击性行为的教导。社会角色理论认为,男性被期望通过武力解决问题,而女性被期望通过社会关系解决问题。女性更倾向于关注情感目标或关系型目标,即与他人建立亲密和谐的联系,而不是战胜或控制对方。文化对攻击性行为上的性别差异的影响有两种可能,一种可能是文化顺应男性和女性的本性,从而容忍男性的攻击行为,却不容忍女性的攻击行为;另一种可能是,为了让儿童提前适应成人期的生活,社会给予男女儿童不同的教育。

还有一些研究人员认为,男性的高攻击性行为可能是一种心理补偿机制。在大部分社会中,养育儿童主要由母亲承担,年幼的男童可能在心理上认同母亲。当男孩进入青少年时期,他们对母亲的心理认同与社会期望的男性角色发生了冲突,因此他们会试图通过夸大的攻击性行为达到在心理上与母亲区分的效果。在这种情况下,攻击性行为成为男性的"性别标记"行为。

五、文化、性别和性

人体内的激素和其他化学物质能够决定不断变化的性唤醒和与之有关的心理体验,因此,性动机,或者说动机导致的性行为,至少有一部分无疑是为人的生理所控制的,然而,基因、激素和其他生物因素只是改变某种性行为发生的概率。事实上,只有包含法律、习俗和规范在内的社会因素才决定了哪种类型的性行为在什么情况以及以怎样的频率进行是可以被接受的。每种文化对于性和性的表达都有其独特的需求、信仰、象征和规范的设定。这一系列的特点被称为性文化。世界各地的性文化差异很大,主要受到当前社会的宗教、意识形态、政治和道德价值观念的影响。

进化心理学家强调,人类的性心理受进化因素调节。例如,跨文化的调查结果表明,男性一般总是喜欢与年轻的、具有身体吸引力的、生育潜力大的女性结婚。从另一角度来说,女性也总是喜欢与年长的、富有的、能比他人更好地提供物质资源和社会地位的男性组建家庭。一项在33个国家进行的研究(Buss,1994)表明,这些国家的男性和女性在对于配偶特征的偏好上表现出相似性。"善良和善解人意"排在首位,"智慧"排在第二位,"人格魅力"排在第三位,"健康"排在第四位,最后是"宗教"。尽管从总体上来看性别之间的偏好是具有跨文化相似性的,但仍然存在一些不同的偏好。男性普遍偏好"漂亮"的女性,而女性普遍倾向于将"良好的赚钱能力"作为选择异性伴侣最重要的特征(Buss,1989)。

进化理论也能解释其他一些与性行为有关的现象,比如婚姻的稳定性与生育的关系。两个人有越多的孩子,离婚的概率就越小。文化差异、通奸、不孕是最为常见的离婚原因。当伴侣对他人产生性幻想时,男性的反应比女性的更为消极。而当伴侣亲吻他人时,女性比男性更痛心。这些现象在各种文化下都很相似。人们求爱和调情的模式在很多文化下都是类似的,都表现出配偶选择和繁殖的特定目的。当然,不符合进化理论的特例情况也存在于一些文化中。比如,接吻是一种跨文化现象,但非洲和南美洲的一些文化中并没有接吻的示爱方式。婚姻忠诚被认为是一个跨文化普通的要求,但北极地区的一些人认为将主人的妻子献给客人是很普通而且是表示热情好客的行为。

文化影响我们对性的看法。许多文化认为性快感是正常、可取和自然的,而在另一些文化中性快感被认为是原始、罪恶甚至不正常的。比如在一些文化中,人们认为手淫是一种罪过,可能会导致发育迟缓和其他严重的心理问题。

关于性的文化观念可能会影响跨文化性研究的信度和效度。例如,拒绝率(不想作为被试参加研究的人的比例)就可能影响性行为调查的效度。只有文化规范容许某个国家的人公开地谈论性,人们才可能同意接受访谈,并回答调查问题。如果文化规范上存在对公开讨论性的禁忌,人们往往就会拒绝或者勉强给出性信息。由于这种原因,我们很难对性相关主题进行跨文化比较。许多女性不愿意报告她们正在受到性虐待,因为她们认为提及这点是不光彩的。

文化影响我们对贞洁的观念。贞洁在一些国家如瑞典、丹麦、德国或荷兰并不被视为一个具有重要价值的特征。相反,在另一些国家如中国、伊朗、印度以及许多其他国家,贞洁对于女性的社会地位是十分重要的。但是,社会变革导致文化变化,一些过去被认为拥有"传统的性文化"的国家现在的性观念也许不再传统。例如,一项社会调查发现45岁以及45岁以上的中国被试中约有25%的男性和10%的女性报告他们有婚前性行为。女性通常是与她们未来的丈夫发生性行为，而年轻男性报告还会与其他女朋友或暂时性的伴侣发生性行为。中国社会科学院的报告指出，从1989年到2008年，中国人的婚前性行为比例已经从15%上升到60%至70%。相反，在"非传统的性文化"背景下的美国，许多知名人士包括政治家、电影明星和舆论领袖都在呼吁支持包括贞洁和禁欲在内的传统价值观。

不同文化对割礼的观念也不同。非洲和中东的一些地区都保留对女性施割礼的做法。他们相信这有助于女孩保持纯洁和干净，并从"罪孽深重"的性欲中解脱出来。在有些文化中，这一仪式甚至被视为宗教性的。20世纪以前的美国的有些地区也流行女性割礼。

文化影响人们对同性恋的态度。在一些文化中人们认为同性恋是一种诅咒或疾病，同性恋者可能受到公开羞辱、鞭刑甚至被处死。李银河的研究指出，在中国，大多数男同性恋者最终还是会选择娶一个女人。他们在中国巨大的社会压力之下结婚并组建家庭，并且通常会隐藏性取向以"适应"传统的文化规范。同性恋关系中性别角色会受到特定社会的一般文化期望的影响。以墨西哥为例，由于那里对性别角色有严格的区分，所以同性恋者会更加严格地区分男性或女性角色。而在美国和加拿大，性别角色更为灵活，许多男同性恋者经常会转变角色。有研究者指出，一般公众对同性恋的态度是有社会和文化根源的。20世纪30年代，同性恋在德国是一项严重的罪行。在1990年以前的苏联，同性恋也是一种犯罪。事实上，在这两个国家，促进人口增长都被作为重要的意识形态和政治目标。同性恋者在这些国家里被视为罪犯和精神病患者并被予以严惩。多年以来，即使在美国，同性恋也被认为是一种心理障碍。直到20世纪70年代初期，美国主要的心理健康学家们才基于前人观点将男性和女性同性恋从精神病诊断手册中删去。在美国，拥有学士或硕士教育水平、持有自由主义意识形态倾向的个体倾向于对同性恋表示宽容。而与此相反的是，那些没有学士或硕士教育水平、思想保守的个体往往更少对同性恋表示容忍。当然，这些倾向也可能不正确。我们还要考虑到态度的个体差异。女性可能比男性对同性恋表现出更多的宽容，但这种观点上的差异并不是很明显。一项2006年的调查表明，略多于50%的女性能够接受同性恋，而略多于40%的男性能够接受同性恋。

文化影响性活跃度。一项1990年的研究表明，与年龄为14~21岁的拉丁裔和白人年轻男性相比，黑人青年的性行为更为活跃。超过35%的黑人报告他们的生活中有过6个或者6个以上的性伴侣，而拉丁裔和白人青年的相应数据比其低了12个百分点。年轻的非裔美国女性开始性生活早于白人女性。但如果考虑社会阶层的差异，研究者发现两组被试之间没有任何差异。

第五节 文化与爱情和婚姻

一、配偶选择与文化

人们在寻找伴侣时是否有文化差异呢？一项广为人知的研究（Buss，1989，1994）调查了33个国家37种文化的10 000多人配偶选择的影响因素和偏好，结果表明：36种文化的女性都认为经济前景更重要，在29种文化中女性认为野心和勤奋更重要；在所有文化中，男性更喜欢年轻的配偶，女性更喜欢年长的配偶；在34种文化中，男性认为漂亮比较重要；在23种文化中男性认为贞操更重要。根据研究结果，Buss认为，由于进化选择给予男性和女性的压力不同，女性更看重配偶所拥有的资源，男性则更看重配偶的生育能力。这些配偶偏好具有跨文化的一致性。

但是，文化对配偶选择的其他偏好有影响。Hatfield和Sprecher（1995）发现，在对配偶的表达性、开放性和幽默感的重视程度上，美国人显著高于俄罗斯人，而俄罗斯人又显著高于日本人。俄罗斯人最重视配偶的调情技巧，而日本人最不看重配偶的调情技巧。日本人对善良和理解、沟通能力、身体吸引力和社会地位的评分都低于美国人和俄罗斯人的评分。另一个研究也发现，美国人无论男性还是女性对配偶的要求都是善良、善于思考、忠诚和幽默。一个关于性别角色平等主义对潜在婚姻伴侣理想特质的影响的研究（Rempala, Tolman, Okdie, et al., 2014）表明，传统女性比平等主义女性更重视社会地位和善良，传统男性比平等主义男性更重视身体吸引力。同时，在女性中，性别角色平等能够调节文化的影响，但这一发现并不存在于男性中。

由以上分析可知，配偶选择同时受进化以及文化的影响。那么对于已经有配偶的人，是否有人想要吸引他们以及偷情的原因又是什么呢？一项涉及53个国家16 954人的研究（Schmitt，2004）发现，偷情在欧洲和南美洲最常见，在非洲和亚洲出现较少。偷情的人往往更外向、不愉快、不忠、无责任感，并且更喜欢谈论性行为。在所有地区，成功的偷情者无论男女都喜欢尝试新的体验，具有性吸引力，在性方面不受约束且把性当成一种嗜好。发达国家中的人尝试偷情的概率更高。在女性比男性多的国家中女性更容易偷情。在性别平等的文化中，两性之间没有显著差异。因此，不仅配偶选择具有跨文化的一致性，吸引别人配偶方面也同样如此。此外，在对伴侣关系不忠的感受上，有研究表明，男性对伴侣在性关系上的不忠感到更痛苦，而女性对伴侣在情感上的不忠感到更痛苦。

二、爱情与文化

爱情能帮助人们找到潜在的配偶并建立一个社会支持系统来缓解生活压力。在美国，爱情似乎是形成长期稳定浪漫关系的先决条件。那么在其他文化中爱情也是这样吗？

许多研究都表明，不同文化对爱情的态度有差异。Ting-Toomey（1991）研究了781个来自日本、法国和美国的被试的亲密关系，发现法国人和美国人比日本人更看重爱的承诺性和独占性；美国人在亲密关系上比日本人体验到更多矛盾；美国人和日本人比法国人有更多冲突表达。

Simmons、Kolke和Shimizu（1986）的研究表明，德国人和美国人比日本人更重视浪漫的爱情。研究者认为，这种文化差异形成的原因在于，扩展家庭关系网较少的文化重视浪漫的爱情，而扩展家庭关系网对婚姻关系起着重要的强化影响的文化则不重视浪漫的爱情。

因此，虽然爱情是人类普遍的情感，但在不同文化中的价值不同。当然，爱情的形式多种多样。我们尚不明确不同类型的爱情存在什么样的文化共通性和差异性。这是一个值得进一步探讨的问题。

三、跨文化婚姻

婚姻是两个人之间建立起来的得到公众认可的长期承诺的系统化关系。在大多数社会中，九成以上的人会步入婚姻。任何文化中的婚姻都不容易维持。无论成功的婚姻定义是什么，夫妻双方都需要为之努力。跨文化婚姻尤其如此，因为婚姻中的两个人具有两个完全不同的文化背景，他们在对爱情、人际关系吸引力和婚姻的态度上都存在差异。对跨文化婚姻的大量研究表明，跨文化婚姻的冲突主要表现在对亲密和爱的表达、对婚姻的承诺和态度，以及如何养育子女方面。其他方面的冲突表现在男女角色认知差异，特别是家庭分工、家庭资金管理、对扩展家庭关系的看法和对婚姻本身定义的差异上。不同文化背景下的人们在表达愤怒、沮丧和快乐等基本感情方面存在很大差异,所以,跨文化婚姻中的夫妻在亲密和爱的表达上可能会发生冲突。而且,不同文化对爱情和亲密感的重视程度存在差异。美国人将婚姻视为恋爱中双方终身陪伴的选择,但许多其他文化中的人则将婚姻视为一种为生育后代、继承财产和社会关系而形成的伙伴关系。

跨文化婚姻是跨文化关系中最突出的例子。为了获得成功的婚姻,伴侣需要在关系中妥当、灵活地努力处理关系中出现的问题。尽管跨文化婚姻存在很多困难,但大量事例表明跨文化婚姻的离婚率不一定比同文化婚姻的高,取决于双方在婚姻中是否愿意沟通分歧、彼此妥协并努力在一起。

思考题

1. 文化如何影响人们的人际感知?
2. 文化如何影响人们的社会行为如合作和攻击?
3. 人类的归因有哪些文化普遍性和文化差异性?
4. 文化如何促进男性和女性的差异?
5. 配偶选择的标准在不同社会中是否有所不同?

参考文献

1. 万明钢. 文化视野中的人类行为——跨文化心理学导论[M]. 兰州:甘肃文化出版社,1996.

2. BARRY III H, CHILD I L, BACON M K. Relations of child training to subsistence economy[J]. American Anthropoloist,1959,61(1):51-63.

3. BARRY H, SCHLEGEL A. Cross-cultural samples and codes[M]. Pittsburgh, PA:University of Pittsburgh Press,1980.

4. BERRY J W. Temne and Eskimo perceptual skill[J]. International Journal of Psychology,1966,1(3):207-229.

5. BERRY J W A. Cultural ecology of social behavior[M]//BERKOWITZ L. Advances in experimental social psychology:Vol. 12. New York:Academic

Press,1979.

6. BOND R, SMITH P B. Culture and conformity: a meta-analysis of studies using Asch's (1952b, 1956) line judgment task[J]. Psychological Bulletin,1996, 119(1):111-137.

7. BORN M P, BLEICHRODT N, VAN DER FLIER H. Cross-cultural comparison of sex-related differences on intelligence tests: a meta-analysis[J]. Journal of Cross-Cultural Psychology, 1987,18(3): 283-314.

8. BUSS D M. Sex differences in human mate preferences: evolutionary hypotheses tested in 37 cultures[J]. Behavioral and Brain Sciences, 1989, 12(1): 1-14.

9. DERIDDER R E, TRIPATHI R C E. Norm violation and intergroup relations[M]. Oxford: Oxford University Press,1992.

10. FENG J, SPENCE I, PRATT J. Playing an action video game reduces gender differences in spatial cognition [J]. Psychological Science, 2007, 18(10): 850-855.

11. HARKNESS S. Human development in cultural context: one pathway or many? [J]. Human Development, 2008,51(4): 283-289.

12. HOFSTEDE G. Culture's Consequences: differences in work-related values[M]. Beverly Hills, California: Sage,1980.

13. LAW K W K, CHAN A H. Gender role streoyping in Hong Kong's primary school: Chinese language subject textbooks [J]. Asian Journal of Women's Studies,2004,10(1):49-69.

14. MORRIS M W, PENG K. Culture and cause: American and Chinese attributions for social and physical events[J]. Journal of Personality and Social Psychology,1994, 67(6): 949-971.

15. PENG K, KNOWLES E D. Culture, education, and the attribution of physical causality [J]. Personality and Social Psychology Bulletin, 2003, 29(10): 1272-1284.

16. STAUB E. The roots of evil: social conditions, culture, personality, and basic human needs[J]. Personality and Social Psychology Review, 1999, 3(3):179-192.

17. BOROWITZ A. Terrorism for self-glorification: the herostratos syn-

drome[M]. Kent, OH: Kent State University Press,2005.

18. LEUNG K, DRASGOW F. Relation between self-esteem and delinquent behavior in three ethnic groups: an application of item response theory [J]. Journal of Cross-Cultural Psychology, 1986,17(2): 151 – 167.

19. FARVER J A M, WELLES-NYSTROM B, FROSCH D L, et al. Toy stories: aggression in children's narratives in the United States, Sweden, Germany, and Indonesia[J]. Journal of Cross-Cultural Psychology, 1997,28(4): 393 – 420.

20. BOND M H, WAN K C, LEUNG K, et al. How are responses to verbal insult related to cultural collectivism and power distance? [J]. Journal of Cross-Cultural Psychology,1985, 16(1): 111 – 127.

21. YAMAGISHI T. The provision of a sanctioning system as a public good [J]. Journal of Personality and Social Psychology, 1986,51:110 – 116.

22. WILLIAMS J E, BEST D L. Measuring sex stereotypes: a multination study[M]. Beverly Hills, CA: Sage,1990.

23. WILLIAMS J E, BEST D L. Cross-cultural views of women and men [M]//LONNER W, MALPASS R. Psychology and culture. Boston: Allyn & Bacon,1994.

24. COSTA JR P T, TERRACCIANO A, MCCRAE R R. Gender differences in personality traits across cultures: robust and surprising findings[J]. Journal of Personality and Social Psychology, 2001,81(2): 322 – 331.

25. ARCHER J. Cross-cultural differences in physical aggression between partners: a social-role analysis[J]. Personality and Social Psychology Review, 2006,10(2): 133 – 153.

26. GLICK P, LAMEIRAS M, FISKE S T, et al. Bad but bold: ambivalent attitudes toward men predict gender inequality in 16 nations[J]. Journal of Personality and Social Psychology,2004, 86(5): 713.

27. BUSS D M. The strategies of human mating[J]. American Scientist, 1994,82(3): 238 – 249.

28. HATFIELD E, SPRECHER S. Men's and women's preferences in marital partners in the United States, Russia, and Japan[J]. Journal of Cross-Cultural Psychology, 1995,26(6): 728 – 750.

29. REMPALA D M, TOLMAN R T, OKDIE B M, et al. Gender-role egalitarianism predicts desirable traits of potential marriage partners: a cross-cultural comparison[J]. Asian Journal of Social Psychology, 2014, 17(4): 325 – 330.

30. SCHMITT D P. Patterns and universals of mate poaching across 53 nations: the effects of sex, culture, and personality on romantically attracting another person's partner[J]. Journal of Personality and Social Psychology, 2004, 86(4), 560 – 584.

31. TING-TOOMEY S. Intimacy expressions in three cultures: France, Japan, and the United States[J]. International Journal of Intercultural Relations, 1991, 15(1): 29 – 46.

32. SIMMONS C H, KOLKE A V, SHIMIZU H. Attitudes toward romantic love among American, German, and Japanese students[J]. The Journal of Social Psychology, 1986, 126(3): 327 – 336.

第八章 文化与人格

每个人都有自己独特的思考模式、行为模式以及表达情绪的模式。简单地说，每个人都有独特的人格。心理学家认为，人格是构成一个人的思想、情感及行为的特有统合模式。这个独特的模式包含了一个人区别于他人的稳定而统一的心理品质。人格具有独特性、稳定性、统合性和功能性等本质特征。这意味着，一个人过去是什么样的人，现在和将来还是什么样的人。这种一贯性就是由其人格所决定的。同时，每个人独特的才智、价值观、期望、情感以及习惯等构成的总和，也使每个人都与众不同。人格是有机体与其生态文化和社会文化环境相互作用的结果。由于外部因素的影响，不同文化背景下的人很可能表现出个人典型行为的系统差异。

第一节 文化与自我

一、文化背景中的自我

"我是谁?""我是个怎么样的人?"对于这些问题你该怎么回答？也许你会提及自己的一些显著的特征如诚实、友善，在生活中充当的角色如学生、志愿者等，以及你的道德观念、政治倾向等。心理学家把这一概念称为自我。自我是每个独特个体的生理和心理特征的总和。换句话说，自我概念包括所有有关"我是谁"的观念、知觉和感觉。它是人脑中对自身人格的图式。我们从日常生活经验里创造性地建立起一个关于自我的概念。一旦自我概念稳定下来，它会引导我们注意自己到底在记忆什么、思考什么。因此，自我概念会显著影响我们的思想和行为。

二、自我的文化结构

最近的理论和经验研究都开始重视一个问题，即自我可能是一个文化建构，可能在不同的文化中有所不同。有关自我的很多研究试图把人格和社会心理学联系起来，用社会变量解释人格的差别，或者把自我与社会关系中的不同成分相互联系。

1．自我与社会关系

在不同的文化中，人们对自我的描述所涉及的社会关系内容不同。例如，Shweder 和 Bourne（1982）发现，人们对自我的描述与社会关系有关。基于对印度奥里萨邦人的研究，他们认为，个人会被他们所进入的社会关系改变，因此对个人的准确描述应该根据社会关系而不是稳定的特质来进行。

Cousins 在 1989 年进行了一个比较美国和日本大学生的自我描述的研究。在该研究中，被试对"我是谁"这个问题做出 20 个描述。结果表明，美国人的回答中包括很多特质描述，而日本人则用更多的具体行为来描述自己。Cousins 认为，这个结果反映了美国和日本文化在自我概念上的差异，前者的自我概念是基于个人主义的孤立描述，后者的自我概念是基于集体主义的社会关系描述。

2．自我的成分

Triandis（1989）把自我分成不同的成分，并考察这些成分与社会关系不同方面的关系。他把自我分成三个方面，分别是私人自我、公共自我和集体自我，分析它们与三个文化维度（个人主义/集体主义、紧密/松弛、文化多样性）的关系。在文献综述的基础上，他发现，个人主义得分越高，对私人自我"取样"就越频繁，对集体自我"取样"就越少。也就是说，在个人主义文化中，人们更加关注私人自我的信息，而在集体主义文化中，人们更倾向于关注集体的自我信息。社会紧密程度也跟集体自我的高取样有关。此外，文化越复杂，对私人和公共自我的取样就越频繁。

Kagitcibasi（1996）区分了关系自我和分离自我两种自我模式。具有"情感和物质相互依赖的家庭模型"的社会中会产生关系自我。这样的社会通常是传统的农耕经济社会，具有集体主义的生活风格。具有"互相独立的家庭模型"的个人主义西方城市环境中会产生分离自我。家庭成员即使分别居住，也不会对生活造成严重的影响。Kagitcibasi 分析了第三种自我——"自主关系自我"。这是产生于"互相独立的家庭模型"的集体主义国家的城市环境中的自我。这种自我除了在物质上越来越独立外,在社会化方面也更加自主,同时家庭成员之间依然保持情感的互相依赖。

Markus 与 Kitayama(1991)提出了独立自我和依存自我两种自我类型。西方的自我概念是单独、自主、分离的个体(由一系列离散的特质、能力、价值观和动机组成)。人们普遍认为个体会寻求与他人分离并独立于他人。相反地,在东方文化中,人们普遍认为个体不是离散的实体而是与他人相联系的,追求关系、联系和相互依赖。Markus 和 Kitayama 的这个自我划分理论得到了一些实证研究的支持,但是也被一些研究人员反对。例如,一个研究使用独立/依存自我量表考察美国人和日本人的自我,发现在独立自我得分上美国人和日本人并无差异,但是在依存自我上,美国人的得分显著高于日本人。Levine 等人(2003)对相关研究进行了一个元分析,发现独立/依存类型与个人主义/集体主义维度的关系微弱、不稳定甚至不存在。

三、自尊与文化

自尊是对自我的概括性评价。自尊对思维、情绪和行为都有强烈的影响。不同文化中自尊的意义及水平有一定的差异。

1. 自尊的产生与文化

关于自尊起源,有一个著名的恐惧管理理论(Terror Management Theory)认为:由于独特的认知能力,人类认识到所有人终将面对死亡。死亡让人们恐惧,所以人们创造了心理上的缓冲器来缓解对死亡的恐惧。这个缓冲器就是人们为自己的存在赋予的超越自然(即超越死亡)的意义和价值。这种意义和价值不是物理世界或文化世界中的客观成分,而是源于我们的文化世界观的人造产品。(Becker,1971)根据这个理论,我们可以认为,自尊是将自己视为某些特定的价值延续体的生命代表的文化建构。

在不同的文化中,自尊所产生的具体环境因素并不相同。例如,Kitayama 等人(1997)请日本大学生、美国大学生和曾经在美国大学学习的日本人评定多项生活事件对他们的自尊的影响。结果发现,美国大学生在积极情景中较多体验到自尊水平的提高,在消极情景中较少体验到自尊水平的降低。日本大学生在消极的情景中更多体验到自尊水平的降低,但在积极的情景中较少体验到自尊水平的提高。对于曾经在美国大学学习的日本人，当事件情景为美国背景时，他们的反应与美国大学生一致；当事件情景为日本背景时，他们的反应与日本大学生一致。这种差异表明两种文化在自我批评和自我提高方面存在着重大差异。但是，上述差异也可能是日本被试的印象管理导致的，因为日本文化中的公众表现规则是在成功面前表现谦虚和自我批评。

Kitayama 等人（1997）在第二个实验中请另外一批日本和美国大学生评定多项生活事件对一个典型大学生的自尊的影响。由于研究要求被试估计他人（典型大学生）的真实感觉（例如自尊的变化），所以公众表现规则应该不会影响被试本人的反应，即此时被试的反应是真实的体验而不是有意识地遵循公众表现规则。这个实验结果与第一个实验的结果非常相似，因此研究者认为，日本和美国被试的反应模式不是基于表现规则，而是基于自我的真实体验。

2．自尊水平与文化变量

人们的自尊水平与文化中哪些变量有关呢？Singelis 等人（1999）根据 Markus 的独立自我和依存自我理论，考察了欧裔美国人、亚裔美国人和中国香港人的自我结构与自尊水平。结果发现，自我结构与自尊水平的关系在三个文化中没有差别。在所有的群体中，独立的自我结构能够预测较高的自尊水平。因此，自尊的潜在心理过程在不同的文化中是一致的。Tsai 等人（2001）考察了华裔美国大学生的文化定向与自尊水平的关系。他们把文化定向分为三个方面，分别是语言、社会联系和文化骄傲感，结果发现，文化定向比年龄、性别、年级、社会经济地位等背景变量能更好地预测自尊水平。这个研究还发现，被试的语言流利程度（包括英语和汉语）以及文化自豪感与自尊水平呈正相关，被试与中国人的社会联系与自尊水平呈负相关。

在个人主义的文化氛围中，如在美国，自尊是建立在个人成功和出色表现基础上的。对美国人来说，自我鼓励是获得高自尊的有效途径。他们倾向于夸大自己的成功，忽略自己的失败和错误。所以欧美文化中存在一种"超出一般效应"，即人们普遍认为自己比一般人更优秀（例如在智力或长相方面）。

在东方文化中，如在日本和中国，人们强调的是集体和人际互动。对他们来说，自尊来源于自己隶属的某个社会集体。这种归属感是自尊的基础。因此，东方文化中的人更倾向于自我批评，通过改正个人的错误来强化集体表现。对集体主义文化中的亚洲人的早期研究表明，他们倾向于自我贬低，即弱化自己的优点，因此人们认为具有集体主义文化的人不需要进行自尊的自我强化。后来的研究者提出反对意见，认为其实所有人都需要自尊的自我强化。具有集体主义文化的亚洲人在进行自尊的自我强化的方式上与具有个人主义文化的欧美人不同。前者使用双向自我强化或策略性的自我强化，通过在互动过程中相互赞美和恭维来实现自尊的自我强化，后者则通过强调自己在集体主义品质上的优点来实现自尊的自我强化。

第二节　文化与大五人格特质

在当今的人格心理学中，特质理论是最重要的一种理论。一般来说，特质是持久的品质或特征。品质或特征使个体在各种情况下的行为具有一致性。例如，某人无论在生活顺利时还是在生活不顺利时可能都同样乐观向上，表现出跨时间和情景的一致性。Allport、Catell、Eysenck 是特质理论家的代表。他们认为可以使用找特质集来描述个人特征行为的所有重要方面。也就是说，一个人的独特性可以用很多特质的特殊混合来表示。

由于一个特殊文化群体中的人们受到一些共同的影响，而这些影响与其他社会环境中的人受到的影响不同，因此我们可以预期不同文化中的模式化人格有所差别。这意味着，来自不同文化中的人拥有某一特质的程度存在跨文化差异。

一、人格特质与文化

根据特质理论来研究人格的具体做法包括：① 系统收集词典中的人格特质形容词；② 对形容词进行分类、化简；③ 通常用自我报告人格问卷或者涵盖很多特质人格的清单进行测量，在每一特质上获得一个得分。通过因素分析的统计手段，研究者可以提供对自我报告工具中的特质的有效性的实证支持。在因素分析中，可把包含一系列项目的信息简化为有限数量的共同因素或维度，其中每一个因素都代表了一个潜在的心理特质。在这些特质的基础上形成的人格问卷可以用来测量不同文化中的人格。

1. 艾森克人格问卷的跨文化测量

跨文化比较研究使用较多的自陈式人格测量工具是艾森克（Eysenck

人格问卷（EPQ）。Eysenck 与他的同事经过长达 40 年的研究得出结论，人类行为特征可以用四个特质来描述，因此，他们在 EPQ 中区分了四个人格特质维度：精神质、外倾性、神经质和社会赞许性。

（1）精神质是从粗暴、严酷到柔弱、敏感的维度。

（2）外倾性是从喜好交际或外向的行为到平静、被动或内向的行为的维度。

（3）神经质或者情绪性代表了稳定性的维度。不稳定的特征是"喜怒无常"和"敏感"，而稳定的特征是性情平和。

（4）社会赞许性是以社会认可和尊重的方式给予反应的倾向维度。

Eysenck 认为，有充分的证据表明前三个因素具有生物学的基础，所以它们也是气质的维度。

Barett 等使用因素分析对比 33 个国家收集的 EPQ 数据与英国收集的 EPQ 数据。结果发现，33 个国家数据的因素结构与英国数据的因素结构非常相似，至少在外倾性和神经质这两个维度上非常相似。这个研究还发现各个维度得分存在跨文化差异。研究者认为，平均得分上的跨文化差异与不同的社会、政治因素以及气候因素有关。例如，西方发达的工业化社会的被试神经质得分较低，而阿拉伯国家的被试神经质得分较高，这是因为阿拉伯国家的政治和经济不稳定，且气候炎热。这些因素造成人们心理压力大，从而导致高神经质。

2."大五"人格模型与文化

尽管 Eysenck 的理论观点得到很多研究支持，但是越来越多的人认为"大五"因素模型可以更好地描述人格结构。

（1）"大五"人格模型。

Norman 对美国各种各样的人格研究的大量数据进行分析之后，发现这些研究总是能出现与 Eysenck 提出的四个维度并不重合的五个因素，因而提出了五因素模型（Five Factor Model，FFM）。其主要假设是用五个因素就足以绘制出人格的图景。这五个因素（简称"大五"）被认为具有生物学基础，而且是随着人类的发展而形成的。其生物学基础的证据主要来自双生子研究结果，即具有同样遗传物质的同卵双生子在"大五"人格变量上的得分非常相近。

这五个因素是：

① 外倾性。外倾性强者表现出热情、社交、果断、活跃、冒险、乐

观等特质。

② 宜人性。宜人性强者表现出信任、直率、利他、依从、谦虚、移情等特质。

③ 责任心。责任心强者表现出胜任、公正、条理、尽职、成就、自律、谨慎、克制等特质。

④ 神经质。神经质强者表现出焦虑、敌对、压抑、自我意识、冲动、脆弱等特质。

⑤ 开放性。开放性强者表现出想象、审美、情感丰富、求异、创造、智能等特质。

上述五个特质的英语单词的第一个字母可以构成"OCEAN"这个英语单词，因此研究者经常称之为"人格的海洋"。Costa 和 McCrae 根据"大五"人格模型开发了测量人格特质的量表 NEO-PI-R（1989）。这一量表已被翻译成很多种语言。

（2）"大五"人格模型的普遍性。

一些跨文化研究检验了"大五"人格模型的跨文化普遍性。在美国文化背景下设计的"大五"因素问卷中的部分特质词来自美式英语中常用的人格描述词。之所以使用这种词汇选择方法是因为这些研究者相信某一特殊文化中人格的重要方面被编码在其特定语言中。很多国家的研究中都有与美国研究结果相似的因素结构。例如，McCrae 等人（1998）把 NEO-PI-R 翻译成当地语言在法国和菲律宾施测，结果发现，法国和菲律宾都出现了与美国相似的"大五"结构。在菲律宾进行的其他一些研究发现了一些普遍性的规律：① "大五"的每个维度在菲律宾量表调查结果中都有体现；② 没有不能被"大五"维度包含的本土维度；③ 在菲律宾背景下看上去非常明显的维度，在具体表现方面存在一定程度的跨文化差异。这在一定程度上说明，"大五"人格模型具有一定程度的跨文化一致性。

从总体上看，在绝大多数验证研究中"大五"都得到了较好的重复。但是，在使用某些语言（例如东欧语和朝鲜语）进行的研究中，支持证据则不太可靠，甚至有一些问题。如果研究者不采用严格的相似标准，并假定有三个而不是五个因素，那么"大五"的跨文化一致性会更高。

尽管大量研究表明五个人格因素普遍存在，但仍有一些文化之间的变异不能用"大五"模型所假定的五个共同因素来解释。

3. 中国人的人格特质

McCrae 等人（1989）编制的 NEO-PI-R 测验的文化背景是美国，这就导致它可能忽略了其他文化背景中某些常见的人格内容。一些国家的人格量表的编制以本土的项目群为基础，而不是参考已有的工具，因此这些量表的因素结构不一定符合"大五"。例如，中国人非常重视的"孝"这一特质，在"大五"人格测验中就没有体现。

Cheung 和 Leung（1998）以香港和北京的中国人为被试，考察了中国人的"孝道"以及其他人格因素。结果发现"大五"基本可以得以重复，但中国人的人格特征测量中总能出现另外一个因素，即中国传统因素。这一因素的重要方面是和谐的人际相关性，并且能够预测中国人非常重视的"孝道"。Cheung 等人（2001）进一步编制了测量中国人的人际相关性的量表。该量表主要包括人情、现代化、节俭/奢侈、阿Q精神和面子五个因素。这些研究说明在"大五"之外，还有一个特定文化的因素。不管这一传统因素是中国文化独有的还是具有文化的普遍性，它都有助于理解人格的人际关系方面。

杨国枢、王登峰等人（1990）基于多年系统的研究，把从中国台湾地区收集的用于描写稳定人格特质的形容词与王登峰等以前收集的词语合并，对其中1 520个形容词进行了好恶度、熟悉度、意义度和现代性的评定，并从中抽取了410个形容词作为无偏样本，让中国大陆和台湾被试就每个形容词描述自己及他人的程度进行评定，通过因素分析得出中国人的人格结构的7个维度（其中包含15个亚维度）。这七个维度是外向性、善良、行事风格、才干、情绪性、人际关系和处事态度。这一结果与西方人格结构的"大五"模型无论在因素的数量上还是在因素的内涵上都有显著差异，证实了中国人与西方人在人格结构上的相似性与差异性。

后来的研究清楚地表明 NEO-PI-R（或分量表）某些方面的得分存在跨文化差异。例如有人对中国香港人以及在加拿大居留不同时间的中国移民后代进行研究，结果发现了某些方面的跨文化差异。例如，McCrae 等人（1998）发现，不管出生在哪个国家，加拿大和中国香港样本在外倾性因素上都存在差别。这些研究者指出，一旦建立了令人满意的相同的因素结构，人们就倾向于对得分水平进行量的比较。但这种做法可能会产生误区，因为社会常模和其他人为因素会使特质的真实水平模糊。

第三节 文化与其他人格维度

除了艾森克人格问卷和"大五"人格量表以外，常用的人格调查表还有明尼苏达多项人格调查表（MMPI）、斯皮尔伯格的状态-特质焦虑调查表（STAI）、卡特尔的16PF、罗特尔的内-外控制量表和高夫的形容词清单（ACL）。

一个综述研究考察了使用上述这些人格量表进行的跨文化研究（Paunonen，Ashton，1998），发现在多数情况下因素结构具有跨文化可重复性。但是，很多研究中所谓相似性的标准是模糊的。很多国家的研究者对明尼苏达多项人格调查表的十个临床量表进行了因素分析。所得出的因素集跟在美国所发现的很相似，而且得分也很相似。荷兰、法国、意大利、以色列、墨西哥、智利等国收集人格量表新常模的研究发现其获得的原始分数与美国常模非常接近。

除了上述量表涉及的人格内容之外，还有一些重要的人格领域。文化对之起到调节作用。

一、气质与文化

气质是表现在心理活动的强度、速度、灵活性与指向性等方面的一种稳定的心理特征，即我们平时所说的脾气、禀性。人的气质是先天形成的，受神经系统活动过程的特性制约。巴甫洛夫通过对狗的条件作用的个体差异的观察，提出了神经过程的基本特性，即兴奋过程和抑制过程的强度、平衡性和灵活性。兴奋过程和抑制过程的强度是大脑皮层神经细胞工作能力或耐力的标志。强的神经系统能够承受强烈而持久的刺激。平衡性是兴奋过程和抑制过程的相对力量。二者大体相同是平衡。不平衡又可以分为两种情况：一种是兴奋过程占优势，另一种是抑制过程占优势。灵活性是兴奋过程和抑制过程相互转换的速度。能迅速转化就是灵活的，不能迅速转化则是不灵活的。

一些对婴儿气质进行的小规模研究表明，日本和中国的婴儿与欧美婴儿相比，兴奋性较弱，更不易被激怒。例如，Lewis 等人（1993）在研究中观察了4个月龄日本和美国白人婴儿对接种注射的反应。平均来说，从哭泣和其他不适的表现来看，美国婴儿的情绪反应比日本婴儿的情绪反应更加强烈，美国婴儿安静下来所需的时间也更长。但是，如果以感受到压力时分泌的皮质醇为指标，那么日本婴儿的反应更加强烈，外显行为和生化反应不相吻合。这种分离模式至少说明，根据社会行为模式的跨文化差异并不能直接推断出气质是一种先天性特征。

Strelau 等人（1999）考察了巴甫洛夫气质调查（PTS）对成人被试的跨文化一致/差异性。该研究的假设是，气质维度应该是跨文化普遍存在的，即使在文化特定性的行为中，气质的维度可能也是明显的。PTS 主要评定巴甫洛夫所发现的三个维度，即兴奋强度、抑制强度和灵活性。研究者在一个涵盖了 15 个国家的数据库中发现所有国家的数据中都有三个相似的维度。不同样本在一个分量表（兴奋强度）上的平均得分的跨文化差异很小，而在另两个分量表上的平均得分的跨文化差异比较大。这个研究说明，气质的维度结构在所有文化中都有体现。Strelau 认为气质具有适应功能，根据与环境的相互作用，将产生不同的发展结果。

Berry 等人（2002）曾进行过一项研究，试图找到与神经系统兴奋强度有关的基本人格变量的平均得分。这些基本人格变量被假定为极少受到文化偏见的影响。数据收集的方式主要是在简单的听觉和肌肉运动任务中进行心理和生理记录。样本区别很大，分别是印度的大学生、印度的部落社区中的文盲群体、荷兰大学生以及荷兰士兵。因变量包括对简单声音的皮肤电传导反应（对定向反射的适应）、响亮声音和微弱声音所唤起的 EEG 电位差异、对响亮声音和微弱声音刺激的反应时差异等。然而研究者在神经系统强度的多数变量得分上并没有观察到平均水平的文化差异。研究者认为，当排除了社会地位和任务特定性的变异来源后，基本人格维度的得分分布具有跨文化的统一性。

二、民族性格

我们经常认为某些国家的人具有某种特征，例如，德国人理性、严谨，美国人快乐开朗，英国人古板，等等。从本质上说，这些对某个国家人民的看法都是简单的刻板印象（见表 8-1）。

Peabody（1985）对民族性格进行了研究，发现西方国家各民族的性格差异主要体现在两个维度上，即紧密/松弛以及武断/不武断。Mccrae 等人对大量相关研究进行了分析，发现人们的民族刻板印象非常稳定，但是与实际的个人特质测量结果没有相关性。换言之，我们的牢固的民族刻板印象是没有事实依据的。有研究者还认为，特定语言词汇系统反映民族刻板印象（Snefjella, Schmidtke, & Kuperman, 2018）。

表 8-1 常见民族刻板印象

英国人	爱好运动、聪明、传统、保守
德国人	有科学头脑、勤奋、不易激动、聪明、有条理
黑人	迷信、懒惰、逍遥自在、无知、爱好音乐
犹太人	精明、勤奋、贪婪、聪明
美国人	勤奋、聪明、实利主义、有雄心、进取
日本人	聪明、勤奋、进取、精明、狡猾

三、主观幸福感和控制点

除了生理基础外，人格也可能反映个人体验其环境，特别是生态环境的方式。例如，我们可以考察人们的主观幸福感。主观幸福感指对于生活满意度的总评价。人们既可以从总体方面来评价自己的主观幸福感，也可以从具体领域如工作、家庭、健康等方面来分别评价自己的主观幸福感。多个国家的相关研究发现，国民健康、个人主义、人民权利以及社会公平等因素与主观幸福感都有显著的相关性。

人格也可以反映人们如何看待环境因素对成就行为的影响，即如何对成就行为进行归因。Rotter 提出的控制点理论对此进行了解释。该理论认为，个人的学习历程能够带来对强化的普遍预期，也就是说，人们可以把一个（积极或消极的）奖赏看作是由个人行为或者个人无法控制的外力所决定的。成功可能是因为"能力"或"机会"，失败也如此。这种将成功或失败稳定地归于内在或外在因素的倾向被相应地称为内在控制点风格或外在控制点风格。内在控制点（Internal Locus of Control）风格指个人把所受的强化或惩罚看作自身原因的结果；外在控制点（External Locus of Control）风格指个人把所受的强化和惩罚看作与自身无关，非自己所能控制。Rotter 设计了一个 I-E 量表（1996）来测量个体的控制点风格。该量表包括 23 个项目，其中每个项目都提供了内部归因或外部归因的选择。Rotter 在因素分析的基础上提出该量表体现了单一的维度，因此，可以根据总分判断个体的控制点风格。

Berry 等人（2002）对有关控制点的研究进行了综述研究。一个很大规模的相关跨文化研究是在美国进行的，其中一个稳定的结果是非裔美国人比欧裔美国人更倾向于外在控制点风格。社会经济地位低的人更倾向于外在控制点风格。在控制了社会经济地位的差异因素后，非裔美国人与欧裔美国人之间的控制点风格差异仍然存在。对于美国的其他群体，例如西班牙裔美国人，相关研究结果差别很大，主要取决于样本的教育水平和社会经济地位。欧洲人之间以及欧洲人和美国人之间的差异比较小。与此相反，美国人和东亚人之间存在稳定的差异。尤其是日本人在外部归因上得分比较高，而在内部归因上得分比较低。在非洲的萨赫勒地区，当地人对极端恶劣的环境几乎无能为力，更多采用外部归因。总的来说，根据这些结果可以得出结论，现实生活中的实际控制程度越高，个人越倾向于内在控制点风格。现实生活中的实际控制程度越低，个人则越倾向于外在控制点风格。

Rotter所假定的内在控制/外在控制只是一个单一的维度。多文化中的归因维度结构与Rotter的归因维度并不完全相同。在西方的农村群体中，个人控制和社会政治控制经常是分离的。有研究者将来自43个国家的经理组成小样本进行研究，发现了三个维度，即个人控制（以及减弱的政治控制）、个人自主权（以社会方面为代价）和运气。

控制点概念从理论上植根于社会学习理论。这种理论假定在形成人格的过程中，文化环境发挥了相当重要的作用。从某种意义上说，这种理论可以看作社会认知视角的先驱。

第四节 本土人格

我们所接触的人格理论都是欧美的心理学家提出的，或者是在欧美心理学家理论的基础上被提出来的。这些理论在人格心理学界占据着主导地位。另外，还有一些具有其他文化的心理学家，他们植根于本土文化，提出了一些关于人格的本土心理学概念和理论。这些来自非西方社会的概念常被称作本土人格概念。

一、非洲人格

在殖民时期，西方心理学家对非洲人格的描述大多带有偏见和刻板印象。20世纪60年代和70年代，非洲研究者掀起了研究非洲人格的热潮，他们主张非洲人具有不同的特质。当然这些研究还是在西方理论的框架之下进行的,只能被看作对在殖民时期流行的关于非洲人的消极印象的回应。

有些非洲本土的学者提出了完全不同于西方学者的人格理论。塞内加尔的精神病医生 Sow 是研究非洲人格的著名专家。他在 20 世纪 70 年代提出了一个非洲人格和精神病理学的综合理论。根据这个理论,非洲人的人格结构是一个同心圆,从外到内分别是身体层面、身体生命力层面、心理生命力层面和精神层面。最外层是身体,是人的肉体包裹。第二层是生理生命力成分,只见于人和动物,大体相当于生理机能。第三层是心理生命力成分,仅见于人类,代表了人类独有的心理存在。最里面一层是精神成分。研究者认为:当人入睡或进入恍惚状态时,精神会游离于人体之外;当人死亡时,精神就会完全离开人体;精神层面来源于祖先世界,代表各位祖先。

人格的同心圆各个层次总是与人周围的环境有关。Sow 描述了人与外部世界发生关系的三条参照轴。第一条轴穿过其他三个层次,把祖先的世界与精神成分联系起来。第二条轴把心理生命力成分与人的扩展家庭联系起来。这可被理解为个人所属的血统。第三条轴穿过身体层,把人所生活的广阔社区与心理生命力成分联系起来。这些轴代表了通常处于均衡状态的关系。

Sow 认为,可以根据这一本土人格理论来理解非洲人对疾病、心理失调及治疗的传统解释。如果某条轴上的均衡被扰乱,人就会发生心理失调。如果精神成分和祖先相联系的第一条轴上的均衡被打破,人就会发生严重的慢性精神病。联结心理生命力成分和家族血统的第二条轴上的均衡被打破,就会导致器官疾病、强烈的焦虑、严重的神经症,并日渐衰弱。联结社区的第三条轴上的均衡被打破,会导致良性的器官疾病、身心疾病以及神经症。一条普遍规则是人只有解决与群落、家族和祖先的冲突并恢复均衡,才能恢复健康。

二、日本的"阿玛尔"(Amae)

虽然对日本人的人格研究有很多,特别是从集体主义社会的角度,很多研究发现日本人跟西方人有很大差异,但是,要想深入了解日本人的人格特征,就要从其特殊的文化角度,特别是从反映文化的语言去了解。

日本精神病专家 Doi(2001)提出了一个理解日本人的核心概念,即"阿玛尔"(Amae)。根据 Doi 的解释,"阿玛尔"是一种被动形式的爱或依赖,来源于婴儿与其母亲的关系。年幼儿童普遍希望与母亲接触,这对于形成与成人之间新的关系很重要。日本人比其他文化中的人更关注"阿玛尔",相应地,日语中存在与"阿玛尔"对等的词和许多与"阿玛尔"有关的词。Doi 认为,日本人的"阿玛尔"心理具有深远的含意。寻求他人的溺爱以及随之而来的被动的爱和依赖,使个人和社会群体之间的明显界限变得模糊。"阿玛尔"还影响盛行于日本的集体主义态度。隐藏"阿玛尔"可能带来心理健康问题,使病人心理处于一种不能把溺爱加于别人之上的状态,表现为身心失调症状,以及感到害怕和忧虑等。基于对日本社会二十世纪六七十年代到九十年代历史变迁的分析,Doi 指出,日本现代社会弥漫着更多的"阿玛尔":每个人都变得更加孩子气;代与代之间缺少边界;"阿玛尔"已经成为表现如成人一样的孩子和表现如孩子一样的成人的行为共同成分。

三、印度人格

很多西方学者以及印度学者都在西方理论的框架下对印度人的人格进行了研究,发现印度人的人格和行为模式与西方人的人格和行为模式有很大的不同。印度人特殊的人格概念有助于我们了解印度人的人格。

1. "jiva"

Berry 等人(2002)介绍了 Paranjpe 对印度人"jiva"概念的理解。Paranjpe 认为,"jiva"的概念与人格的概念很相似,代表了与个人有关的一切,包括贯穿于个体整个生活圈的所有经验和行为。"jiva"可以区分出五层同心圆。最外一层是身体。第二层叫作"生命的气息",指生理过程,例如呼吸。第三层包括感觉和心智,等同于感觉功能。自我中心的感觉就在这里,与"我"以及"我的"有关。第四层代表了人的智力和认知方面,包括自我形象和自我表征。第五层是体验极乐的场所。

Paranjpe 发现在"jiva"的概念体系中有很多概念与西方的概念相似。例如,"jiva"中有一个"真实自我"或生命本源,即生命永久不变的基础。在这一点上,Paranjpe 引述了古印度哲学家 Sankara 的话:"在我们内心有一种'我'的感觉,那总是意识的底层……这种内部自我是一种永恒的原则。它总是一个,而且包括整体的极乐体验……生命本源可以通过心灵的控制实现。"为了达到极乐的状态,人们需要一种特殊的意识状态。

2. 瑜伽

瑜伽已经成为风靡全世界的锻炼方法。但是起源于印度的瑜伽并不只是时髦的健身运动。它是一个非常古老的修炼方法，集哲学、科学和艺术于一身。瑜伽的基础建立在古印度哲学上。数千年来，心理、生理和精神上的戒律已经成为印度文化中的一个重要组成部分。

对印度的瑜伽练习者来说，他们深信通过运动身体和调控呼吸，可以控制心智和情感，获得快乐的感觉，保持永远健康的身体。他们最希望的是达到最高级的意识状态，即达到完全超然和内心平静的超越时空的终极意识状态。在这种意识状态中，身体就变成了身外之物，而个体会变得无畏、关心同伴和镇定。人们通常只有微弱的控制力，意味着他们不能把自己与总是存在的刺激及生命的兴衰相区分。

四、中国人格

1. 古代中国人的人格特质分析

中国拥有 5 000 多年的悠久文化。在几千年的文化历史发展过程中，古代中国人形成了独特的人格特质。因此，古代中国人的人格特质具有区别于其他文化群体特质的特殊性。那么，古代中国人具有怎样显著的人格特质呢？杨波主要运用词汇学的方法，以《史记》为材料对古代中国人的人格特质进行探索，最后确定了古代中国人的人格特质四因素：仁、智、勇、隐。

（1）仁。

仁是古代中国人的第一个人格特质，是双极因素。双极因素既包括正性词，也包括负性词。仁所包含的正性词主要包括仁、义、礼等一些主要用来描述一个人良好德行的词汇；仁所包含的负性词主要包括嫉妒、刚愎自用、狂妄、狡猾等一些用来描述一个人不良品德的词汇。

仁属于范围极其广泛的道德范畴，是孔子推崇的最高道德标准，是最理想的人格标准。仁所表现出来的积极的人生态度、乐观情绪和人际关系原则对当代中国人的人格特质产生了重要的影响。

（2）智。

智是古代中国人的第二个特质，也是双极因素。其包含的正性词主要有智、敏、贤能等，而负性词主要有愚、粗率、无能等。智中的正性词和负性词具有良好的对称性。智是指人们普遍具有的辨认事物、判断是非善恶的能力或认识。

（3）勇。

勇是古代中国人的第三个特质。这个因素包含的大部分都是正性的特质词,如勇、刚毅、刚强等,而负性词只有怯懦、软弱等。

勇的本义是与力联系在一起的,是指发挥出身体内部蕴藏的力量。勇是古代中国人所具备的人格特质,但是在近代勇的含义又进一步扩大了。平时我们所说的勇不仅与力联系在一起,也会与精神相联系。所以勇不仅是古代中国人的人格特质,也是近代中国人显著的人格特质。

(4) 隐。

隐是古代中国人的第四个特质。这是一个单极因素,主要包括避世、失意和笃学等十个特质词。如我们从"采菊东篱下,悠然见南山"诗句中可以深刻体会到诗人超凡脱俗、隐于清静山林的人生态度。隐刻画了古代知识分子的人格特质。这一特质在很大程度上受儒家思想的熏陶。陶渊明的"世外桃源"就说明了隐的特征。古代中国人隐的人格特质主要是指那些所谓的隐士隐居于山林,但那只是形式上的"隐"而已。而真正达到物我两忘的心境,反而能在最世俗的市朝中排除嘈杂的干扰而自得其乐,因此他们隐居于市朝才是心灵上真正的升华所在。

2. 现代中国人的人格特质分析

近20年来,对现代中国人的人格特质的研究已经引起一些人格心理学家的重视。人格心理学家不断提出人格特质"本土化""国民化"等观点。

(1) 现代中国人的七因素静态人格特质模型。

王登峰和崔红(2003)提出了现代中国人的人格特质七因素理论。王登峰等人用中文形容词和名词对中国人的人格特质进行了长达十余年的研究,把中国人的人格特质分为外向性、善良、行事风格、才干、情绪性、人际关系和处事态度七个因素。

① 外向性。

外向性是中国人七因素人格结构中的第一个维度。外向性是指在人际交往中活跃、积极和易动等特点。在中国人的七因素人格特质模型中外向性表现为六个层面,分别是热情、合群、自信、活跃、刺激寻求和积极情绪。不同的文化对外向性的定义也不同。西方文化中的外向性是指喜欢寻求刺激、兴奋、活泼、健谈、充满活力。显然,西方的外向性内容更加丰富。西方人对外向性的理解反映出西方文化中的探索精神。

② 善良。

善良是中国人七因素人格结构中的第二个维度。善良反映了中国传统文化中友好、行善的特点。在王登峰七个维度的中国人格量表（QZPS）中测得善良特质得分较高者的特点是对人真诚、友好、关心他人等；得分较低者的特点是对人虚假、欺骗、以个人利益为先等。此外，已有研究表明善良与相关心理特点的关系，善良与成就动机中的成就目标和掌握目标具有显著的正向和负向的预测作用（刘海骅，庄明科，2004）。对大学生主观幸福感的研究发现，善良与主观幸福感的各因素（包括掌握因素、活力因素、被接纳因素以及放松因素）都呈显著正相关（田林，2004）。

③ 行事风格。

行事风格是中国人七因素人格结构中比较特殊的一个，反映了个体做人和做事的方式和态度，具有较大的个体差异性。在行事风格维度上得分较高者具有谨慎、思维周密、计划清晰以及目标明确等特点；得分较低者则表现出与众不同、别出心裁、不按常规出牌等特点。如面对同一个问题时，行事风格得分较高者可能会按照常规思路，制订出可操作的清晰计划，然后一步步去解决；而得分较低者可能会运用"出其不意"的思路去。已有研究表明，行事风格与自我效能感和主观幸福感具有显著的正相关关系，即行事风格得分较高的人具有较强的主观幸福感和自我效能感；得分较低者则与之相反（刘海骅，庄明科，2004；田林，2004）。此外，行事风格和年龄相关，年龄越大者行事风格的得分就越高。最后，由于中国和西方的历史文化不同，中国人和西方人的处事风格也存在很大的差异性。

④ 才干。

才干是中国人七因素人格结构中的第四个维度。才干的本意是指个体的能力和对待工作的态度，主要包括决断、坚韧和机敏三个因素。才干具有双重含义，一方面是指个体能力的实现，另一方面是指个体对所关注问题的投入程度。研究结果表明：在才干因素上得分较高者具有坚持不懈、认真、负责、积极投入、敢作敢为等特点；得分较低者则表现出优柔寡断、无主见、容易松懈等特点。

已有研究表明才干与个体的成就动机、主观幸福感和心理健康水平显著相关。在高中生这一群体中，个体的才干与成就动机中的成绩目标和回避失败倾向呈显著的负相关（刘海骅，庄明科，2004）。

⑤ 情绪性。

情绪性是中国人七因素人格结构中的第五个维度，主要表现在人际交往和做事过程中情绪稳定性的特点上。研究结果表明：在情绪性因素上得分较高者具有冲动、急躁、直爽以及对情绪不加掩饰等特点；得分较低者则具有平和、耐心、稳定以及对情绪表达委婉等特点。已有研究结果表明，情绪性由两个相互独立的二级因素耐性和爽直构成。耐性反映的是个体在人际交往和做事过程中的理智、平和及控制情绪的能力。爽直反映的是个体在人际交往中直爽和不加掩饰的特点。而西方的神经质人格维度虽然反映情绪稳定性的特点，但从内容来看，它的核心成分是个体体验消极情绪的强度和倾向性，与中国人人格结构总的情绪性存在显著的差异。

⑥ 人际关系。

人际关系是中国人七因素人格结构中的第六个因素。人际关系反映的是人在人际交往中的基本态度。在人际关系因素上得分较高者待人友好、温和，与人为善，并且乐于沟通和交谈；得分较低者把人际关系看作达到个人目的的手段，以自我为中心，待人冷漠，爱计较和拖沓。此维度包括宽和与热情两个因素（王登峰，崔红，2003）。其中宽和反映的是人际交往的基本态度，热情反映的是人际沟通的特点。中国人的人际关系维度与个体的成就动机、主观幸福感和身心健康呈显著正相关（刘海骅，庄明科，2004）。

⑦ 处事态度。

处事态度是中国人七因素人格结构中的第七个因素。处事态度反映的是个体对人生和事业的基本态度。已有研究表明：在处事态度因素上得分较高者具有自信、乐观、追求卓越以及目标远大等特点；得分较低者则具有懒散、无所事事、漫无目的以及不思进取等特点。该维度包括自信和淡泊两个因素。自信反映对理想、事业的追求，淡泊则反映对成就和成功的态度。

处事态度是中国人七因素人格结构中直接反映个体动机水平，特别是成就动机或追求人生发展动机的人格维度。其得分高低反映了个体为人处世的基本态度和特点。

（2）中国人的大三动态人格特质模型。

以往的特质研究多以形容词为材料，研究静态人格结构，缺少对动态人格结构的研究。许燕、王萍萍（2011）首次用中文动词对中国人的动态人格进行初步探索，获得了三个人格动态特质因素。动词可以作为动态人格结构的产生基础，因为动词具有动态特征，能够使研究者从动态行为的角度来审视人格。特别是在东方文化中,中国人在描述个体时更关注行为层面。该研究建立在特质理论的基础上,借鉴"大五"人格模型的技术路线和方法,发现现代中国人的动态人格结构有控制(Control)、施爱(Love)和追求成功(Pursue Success)三大特质,建立了大三动态人格特质(CLP)模型。

① 控制。

第一个维度——控制主要集中在个体的控制行为群,包含主动控制(抵赖、看不起、撒谎、贬低、敌视、贪图、排挤、掠夺、算计、吓唬)和被动控制(怄气、躲避、吹捧)两个方面。

② 施爱。

第二个维度——施爱主要体现为个体在人际行为中争取获得好感或者表达好感,向别人释放善意的行为。这一维度有两层内容:一是对他人善意的自动表达(捐献、互助、着想、珍惜、爱护、尊重和赞赏),二是对他人爱意信念的坚持(舍得、守候、忠于)。

③ 追求成功。

第三个维度——追求成功着重描述个体在成长历程中的发展倾向以及与生活目标和人生态度有关的人格特质。这一维度中的词语表达的都是与目标追求有关的行为。不管是努力过程,还是得到的结果,都是指向更高目标的行动力。这一维度体现了三个层面的含义:一是追求目标的艰辛努力(拼搏、敢于、用功、钻研、克服、战胜、争取、驯服、率领);二是追求成果的曲折过程(反省和徘徊);三是结果(享福)。

上述三个特质因素体现了中国人人格行为层面的三大要素,其中,控制和施爱体现了关系特质,追求成功则体现了个人特质。CLP 结构模型与动机理论、社会价值取向理论相对应,获得了异曲同工的结果。

思考题

1. 文化如何影响我们的"自我"?
2. 使用"大五"特质描述各种文化背景下的人格有何优点和局限性?
3. 如何通过本土人格的研究成果来论述文化与人格的关系?

 **参考文献**

1. 田林. 主观幸福感及其与人格的关系综述[J]. 心理与行为研究, 2004(2): 469-473.
2. 刘海骅, 庄明科. 成就动机的多重目标理论[J]. 心理与行为研究, 2004(2): 474-478.
3. 许燕, 王萍萍. 基于动词分析的中国人人格结构模型探索[C]// 增强心理学服务社会的意识和功能: 中国心理学会成立90周年纪念大会暨第十四届全国心理学学术会议论文摘要集, 2011.
4. 王登峰, 崔红. 中国人人格量表(QZPS)的编制过程与初步结果[J]. 心理学报, 2003(1): 127-136.
5. 杨国枢, 王登峰. 中国人的人格维度[C]//中国心理学会. 中国心理学会第三届华人心理学大会论文集, 1990.
6. 杨波. 大五因素分类的研究现状[J]. 南京师大学报: 社会科学版, 1998(1): 79-83.
7. BECKER E. The birth and death of meaning: an interdisciplinary perspective on the problem of man[M]. 2nd ed. New York: Free Press, 1971.
8. BERRY J W, POORTINGA Y H, SEGALL M H, et al. Cross-cultural psychology: research and applications[M]. 2nd ed. Cambridge: Cambridge University Press, 2002.
9. CHEUNG F M, LEUNG K. Indigenous personality measures: Chinese examples[J]. Journal of Cross-Cultural Psychology, 1998, 29(1): 233-248.
10. CHEUNG F M, LEUNG K, ZHANG J X, et al. Indigenous Chinese personality constructs: is the five-factor model complete?[M]. Journal of Cross-Cultural Psychology, 2001, 32(4): 407-433.
11. COSTA P T, MECRAE R R. Revised NEO Personality Inventory(NEO PI-R) and Five-Factor Inventory (NEO-FFI) professonalmanual[M]. Odessa, FL: Psychological Assessment Resources, 1989.
12. COUSINS S D. Culture and self-perception in Japan and the United States[J]. Journal of Personality and Social Psychology, 1989, 56(1): 124-131.

13. DOI T. The anatomy of dependence[M]. Tokyo: Kodansha USA Incorporated, 2001.

14. KAGITCIBASI C. Family and human development across cultures: a view from the other side[M]. Hillsdale, NJ: Erlbaum, 1996.

15. KITAYAMA S, MARKUS H R, MATSUMOTO H, et al. Individual and collective processes in the construction of the self: self-enhancement in the United States and self-criticism in Japan[J]. Journal of Personality and Social Psychology, 1997, 72(6): 1245.

16. LEVINE T R, BRESNAHAN M J, PARK H S, et al. Self-construal scales lack validity[J]. Human Communication Research, 2003, 29(2): 210 – 252.

17. LEWIS M, RAMSAY D S, KAWAKAMI K. Differences between Japanese infants and Caucasian American infants in behavioral and cortisol response to inoculation[J]. Child Development, 1993, 64(6): 1722 – 1731.

18. MARKUS H R, KITAYAMA S. Culture and the self: implications for cognition, emotion, and motivation[J]. Psychological Review, 1991, 98(2): 224 – 253.

19. MCCRAE R R, COSTA JR P T, DEL PILAR G H, et al. Cross-cultural assessment of the five-factor model: the revised NEO Personality Inventory [J]. Journal of Cross-Cultural Psychology, 1998, 29(1): 171 – 188.

20. NORMAN W T. Toward an adequate taxonomy of personality attributes: replicated factor structure in peer nomination personality ratings[J]. The Journal of Abnormal and Social Psychology, 1963, 66(6): 574 – 583.

21. PAUNONEN S V, ASHTON M C. The structured assessment of personality across cultures[J]. Journal of Cross-Cultural Psychology, 1998, 29(1): 150 – 170.

22. PEABODY D. National characteristics[M]. Cambridge: Cambridge University Press, 1985.

23. ROTTER J B. Generalized expectancies for internal versus external control of reinforcement[J]. Psychological Monographs, 1966, 80 (1): 1 – 28.

24. SHWEDER R A, BOURNE E. J. Does the concept of the person vary cross-culturally? [M]//SHWEDER R A, LEVINE R A. Culture theory: essays

on mind, self and emotion. New York: Cambridge University Press,1982.

25. SINGELIS T M, BOND M H, SHARKEY W F, et al. Unpackaging culture's influence on self-esteem and embarrassability: the role of self-construals[J]. Journal of Cross-Cultural Psychology, 1999,30(3): 315–341.

26. SNEFJELLA B, SCHMIDTKE D, KUPERMAN V. National character stereotypes mirror language use: a study of Canadian and American tweets[J]. PlOS one, 2018,13(11): e0206188.

27. STRELAU J, ANGLEITNER A, NEWBERRY B H. The Pavlovian Temperament Survey (PTS): an international handbook[M]. Seattle, WA: Hogrefe & Huber Publishing,1999.

28. TRIANDIS H C. The self and social behavior in differing cultural contexts[J]. Psychological Review,1989, 96(3): 506–520.

29. TSAI J L, YING Y W, LEE P A. Cultural predictors of self-esteem: a study of Chinese American female and male young adults[J]. Cultural Diversity and Ethnic Minority Psychology,2001, 7(3): 284–297.

30. BARRETT P T, PETRIDES K V, EYSENCK S B,. The Eysenck Personality Questionnaire: an examination of the factorial similarity of P, E, N, and L across 34 countries[J]. Personality and Individual Differences,1998, 25(5): 805–819.

第九章　文化与健康

心理学的一个主要目标就是提高我们接触的人们的生活质量。无论是通过研究、服务还是通过提供基础的心理关爱活动，我们都期望有一天能恰当地预防、诊断和治疗疾病，促进个人与他人和环境积极的平衡关系。这个目标并不容易实现，因为许多因素都影响我们的健康。

在我们向这个目标努力的过程中，文化对于健康、病因学及疾病治疗的贡献越来越为人们所了解。尽管我们预防和治疗疾病、保护健康的目标可能具有跨文化一致性，但不同文化对于疾病的认识以及对健康和疾病的定义有所不同。

本章探讨文化因素如何影响身体健康和疾病过程。本章先讨论健康的定义的文化差异，提出三种健康世界观的指标：寿命、婴儿死亡率和主观幸福感。然后，本章通过回顾大量考察文化与多种疾病和非健康行为如自杀的关系的研究。之后，本章将探讨不同国家的卫生保健系统的差异。

第一节　健康定义的文化差异

一、文化间差异

在了解文化对于健康和疾病过程的影响之前，我们需要确切地理解什么是健康。约60年前，世界卫生组织曾在61个国家参与的国际健康大会上提出一个对健康的定义："健康是身体、心理和社会功能上完全健全快乐的状态，而不仅仅是无疾病或非虚弱的状态。"1989年，世界卫生组织还提出人类的健康应该包括躯体健康、心理健康、社会适应良好和道德健康四个方面。世界卫生组织声明："享受可达到的最高健康水平是每个人的基本权利,无论他们的人种、宗教、政治信念或经济社会条件如何。"世界卫生组织对于健康的定义仍适用于今天。

在美国,人们对于健康的理解深受健康和疾病的生物医学观影响。人们认为疾病是具体、可辨的原因如病原体、基因或身体伤害造成的。按照这个传统观点,疾病的生物学根源是最根本的,因此治疗应该专注于处理疾病的生物学方面。

George Engel 早在几十年前就强烈地批判了这种生物医学观。他提出理解健康和疾病应该采择一个生物心理社会学观。这个观点强调需要从几个维度上来理解健康和疾病,即生物维度(如基因、生物学和生理水平上的身体功能)、社会维度(如生活方式、关系质量、生存条件等)和心理维度(如对于健康、情绪、绝望感和积极思维的信念和态度)。这些维度对于准确和完整地理解健康同样重要。这个生物心理社会学观今天被人们广泛接纳。

其他一些文化对于健康的看法表明健康包括的内容超越了个人的生物学范畴。例如,中国文化对于健康的概念源于中国的宗教信仰,强调阴阳原理,即消极和积极的能量。中国人相信人的身体由阴阳成分构成。这两种成分的平衡能导致良好的健康,而不平衡则导致健康失调。这种平衡可能受到多种因素的干扰,例如饮食偏差、社会关系、气候甚至超自然的变化都能打破阴阳平衡。维持阴阳平衡不仅需要心身合一,也需要天人合一。从这个传统的中国健康观来看,健康不限于个人,亦包括人与社会和环境的关系。这是一种关于健康的整体性看法。许多文化都将自我与自然的平衡和个人多重生活角色的平衡视为健康的不可分割的部分。这些平衡能导致积极的状态,自我、自然和他人力量的协同效应即健康。

多种文化中都存在至少在身体领域的平衡和失衡的观点。Hippocrates 最早提出一个对现代人类身体和疾病观影响至深的理论,即人类身体由血、痰、黄胆、黑胆四种成分构成,而每种成分过多或过少都会导致身体失去平衡,发生疾病。从这个理论衍生出来的气质类型如多血质、黏液质、胆汁质、抑郁质在今天的健康和医疗领域广泛流行。

MacLachlan(1997)指出,拉美文化中对于疾病的普遍理论涉及冷热平衡。冷热并非指气温,而是指身体不同成分的本质能量。有些疾病和状态是热性的,而有些是冷性的。一个处于热性状态的人如果食用冷性食物有助于纠正其过热的状态，反之亦然。这个冷热观与中国的阴阳观近似。

美国文化同样将平衡视为健康的一个积极方面。例如美国人常常提到"平衡的饮食"或"平衡的生活方式"。美国文化中流行的 homeostasis（动态平衡）这个概念的内涵是指在环境变化过程中维持身体的稳定持久的功能。

综上所述，即使不同文化对健康的定义有所差异，关于平衡和失衡的观念似乎也是跨文化通行的概念。而从不同文化对健康的定义来看，这些定义中隐含了对疾病的归因，进而影响到对疾病的诊断和治疗。如果我们相信疾病主要是由生物因素和个人选择导致的，那么治疗可能相应地集中在个人层面的因素上；如果我们相信疾病主要是由个人的人际关系、自然力量或超自然力量导致的，那么治疗就应该考虑这些因素。

二、文化内比较

一个多元化的文化中亦可能存在多种对于健康定义的看法。Mulatu 和 Berry（2001）提出，一个社会中的主流文化健康观可能与非主流文化及少数民族文化的健康观存在区别。他们以美国的本土印第安人为例子，指出美国本土印第安人在其宗教信仰的基础上对健康有一个整体性的观点，即健康是个人与环境和谐地生存。如果一个人不能和谐生存，做出一些消极行为，如"惹恼过去或现在的圣人、扰乱动物或植物的生活、错误使用神圣的宗教仪式、情绪激动和情绪无法自控、触犯社会规则和禁忌"，就将导致身体不健康。Yurkovich 和 Lattergrass（2008）指出，尽管世界卫生组织对于健康的定义包括了身体、心理和社会的幸福，但没有提及心灵的幸福。在美国本土印第安文化中，心灵上的幸福——感觉到与宗教世界相连并保持平衡既是心理健康也是身体健康的基石。

从美国的多元文化来看，尽管各个种族和移民群体的健康观各有不同，甚至可能与主流观点相互矛盾，但是主流文化表现出对移民文化的适应和融合，主流文化对于一些非主流的医疗手段如针灸、顺势疗法（homeopathy）、瑜伽、草药治疗和心灵疗法等的兴趣和尝试日益增加。美国的医疗保健系统中甚至出现了一个补充和替代医学流派。这个流派使用非传统的医疗保健手段来治疗疾病和促进健康。这些现象说明，随着移居、移民和全球化趋势的发展，一个文化中的健康观亦会相应发生变化。

第二节 世界范围内健康三大指标的对比

一、寿命

世界范围内通用的三大健康指标是寿命、婴儿死亡率和主观幸福感。寿命是指人们从出生到死亡的平均年限。根据2010年的一个对224个国家和地区的普查结果（The World Factbook），平均寿命最长的几个国家和地区是摩纳哥（90岁）、中国澳门（84岁）、日本（82岁）、新加坡（82岁）、中国香港（82岁）、澳大利亚（82岁）和加拿大（81岁）。平均寿命最短的几个国家是南非（49岁）、斯威士兰（48岁）、津巴布韦（48岁）、阿富汗（45岁）和安哥拉（38岁）。从总体来看，上述平均寿命的巨大差异与国家之间的经济水平和资源差异有关。具有更多资源的富裕国家拥有更好的饮食、营养、保健和先进的技术条件来保证人们的健康，预防和治疗疾病，因此其国民平均寿命长。反之，资源贫乏的贫困国家的人民更可能遭受饥荒、营养不良、艾滋病和其他疾病、生存基本条件（如干净的水、排污设施、疫苗接种）缺乏的困扰，因此其国民平均寿命短。

在一个国家内部，不同地区人民或不同种族的平均寿命差异可能更大。例如，美国的不同种族的平均寿命差异显著。欧裔美国人的平均寿命是78.3岁，非裔美国人的平均寿命只有73.2岁。如果考虑性别差异，这种平均寿命的差异更明显：男性欧裔美国人的平均寿命是80.5岁，而男性非裔美国人的平均寿命是69.5岁。在多元化国家中，与非主流的少数民族群体相比，主流群体通常拥有更高的社会经济地位和更长的平均寿命。

总的来看，人类的平均寿命在不断延长。1950年左右人类平均寿命是46岁，2009年则延长至69岁，到2050年估计可以达到75岁。

二、婴儿死亡率

婴儿死亡率指每1 000个新生婴儿在一年内死亡的人数。根据前述的2010年对224个国家和地区的普查结果，婴儿死亡率最高的几个国家是安哥拉（178/1 000）、阿富汗（152/1 000）和尼日尔（115/1 000），而婴儿死亡率最低的几个国家和地区是百慕大（3/1 000）、新加坡（2/1 000）和摩纳哥（2/1 000）。

婴儿死亡率在多元化国家里多因种族不同而有显著差异。以美国为例，非裔美国婴儿的死亡率为14/1 000，印第安裔美国婴儿死亡率为8/1 000，欧裔美国婴儿的死亡率为6/1 000，墨西哥裔美国婴儿的死亡率为6/1 000，亚裔和太平洋岛裔美国婴儿的死亡率为5/1 000（MacDorman, Mathews, 2008）。

与平均寿命一样，婴儿死亡率的差异与不同国家的经济发达程度有关。富裕国家良好的营养和发达的医疗保健系统为保障婴儿的存活提供了基础。平均寿命和婴儿死亡率都是衡量一个国家或文化中人群健康程度的客观标准。主观幸福感则是衡量一个国家或文化中人群健康程度的主观标准。

三、主观幸福感

主观幸福感是个体对于自己的健康和幸福的知觉和评价，包括一个人的幸福感和生活满意度。Diener 和 Ryan（2009）曾这样解释主观幸福感的重要性：研究主观幸福感的研究者的主要应用目标就是在消除痛苦的程度上进一步提高人们的生活质量。主观幸福感是生活质量的核心成分。测量主观幸福感对于了解如何提高人们的生活质量非常关键。另外，不断增加的研究表明，高水平的主观幸福感不仅对个人有利，亦有利于社会的有效运行。

主观幸福感与身体健康呈正相关。在一个研究里，研究者在健康的被试中散布一种常见普通感冒病毒，发现其中自我报告有较高水平主观幸福感的被试比自我报告有较低水平主观幸福感的被试更不容易受到感冒病毒的感染（Cohen, Doyle, Turner, et al., 2003）。其他研究者亦发现自我报告有较高水平主观幸福感的人群免疫系统更强大，更少犯心脏病和更少发生血栓。更高的主观幸福感水平可能还能导致更长寿。主观幸福感水平高的人的生活风格更健康，这也许可以部分解释为什么主观幸福感影响身体健康。

对于研究者而言，一个重要的问题是什么因素预测主观幸福感。这个问题用通俗的语言来解释即什么让人快乐。有研究者曾探索 88 个国家的富裕程度与主观幸福感的关系，发现二者呈中等水平相关。从总体上看，拉美国家的主观幸福感平均分高于它们的 GDP 的预测值；前共产主义国家（经历过从共产主义社会体制转换为资本主义社会体制过程的国家）的主观幸福感平均分低于它们的 GDP 的预测值。所以，经济因素可以解释一部分主观幸福感水平的变化，但非全部。

第三节 影响健康的主要因素

一、基因影响

一些疾病的发生与单个基因的突变有关，但是大多数疾病与复杂的多重因素有关。癌症、高血压、心血管疾病、糖尿病和肥胖都是最常见的复杂基因疾病。人类基因计划是一个国际合作项目。这项开拓性的研究为探索人类疾病的基因影响打开了一扇新的大门。这项研究也重新引发了人们对不同种族、文化群体的基因结构是否不同，以及某些群体对于某种疾病是否具有基因上的易感性的兴趣。例如，镰状细胞性贫血在非裔美国人和地中海人群中比在北欧人群中更为常见，而囊性纤维化的情况则相反。生活在相同地理区域的人群比地域差异大的人群在基因上更为相似，这可能可以解释某些疾病流行率的文化差异。但是，一个人种或文化背景下的个体并非在基因上完全相同，事实上，人种或文化内的基因波动比人种或文化间的基因波动更大（Jorde，Wooding，2004）。

如果要了解某些疾病是否在某些文化群体中更为流行，最有效的研究是在长期的时间维度上去考察基因和环境的互动。Francis（2009）曾经提出采用多层次的交叉学科研究方案去解决例如社区、社会和社会组织如何影响基因的调节和表达的问题。多层次是指在研究中需要考虑多个层面上的效应，如细胞层面、个人层面、群体层面和社会层面。交叉学科指多个相关学科研究者如基因学家、生物学家、心理学家、社会学家和公共政策专家的合作。因为基因、环境、文化之间的互动非常复杂，理想的未来研究应该可以结合多层次和多领域的研究手段来探究它们的关系。

二、心理社会影响

近年来心理学在整体上越来越重视文化对于健康和疾病的影响。不少研究发现了心理社会因素与健康/疾病状态的密切关系，例如：失业导致死亡率、心血管疾病和癌症发病率上升；消极生活事件引发肠胃失调；压力导致普通感冒率上升；亲人死亡的悲痛干扰淋巴系统功能；悲观主义的解释风格会引发更多的身体疾病；积极情绪降低心率和血压；心理健康程度低导致死亡率上升；等等。这个领域的研究仍在开展之中。更多的心理社会因素与健康/疾病的关系有待发现。

1. 社会经济地位与健康

在多元化国家如美国和英国中,研究者对不同群体的健康差异非常关注。这些群体可以是男性或女性、不同的种族或者低社会经济地位者或高社会经济地位者。Adler 等人的研究表明:社会经济因素如个人的受教育水平、收入水平或职业地位等确实可以导致不同群体的健康水平出现显著差异;高社会经济地位者的健康水平高于低社会经济地位者的健康水平,而且他们的健康水平差异不仅表现在死亡率上,还表现在研究考察的所有的疾病上(Adler, Boyce, Chesney, et al., 1994; Adler, Rehkopf, 2008)。Adler 等人认为一些与健康有关的行为如吸烟、运动、饮酒等可以解释社会经济地位与健康之间的关系。此外,心理特征如抑郁、压力和社会地位等因素亦可以解释社会经济地位与健康之间的关系。有趣的是,有研究者发现个人对于自己的社会经济地位的主观知觉比客观测量更能预测健康状态或健康水平的变化。这个结果表明,社会经济地位对于健康的影响需要通过心理因素的调节来实现。

2. 社会歧视与健康

影响种族健康差异的一个重要心理社会因素是当事人感知的种族主义和歧视。例如,非裔美国婴儿相对于美国其他种族婴儿而言死亡率更高,这个现象可能与社会歧视引发心理压力的身体后果如孕期高血压有关。对于非裔美国人而言,当事人感知的种族主义多与其不佳的健康状态(如更高风险的心血管疾病)有关。对于非裔美国妇女而言,种族主义相关的压力和不佳的健康状况可能进而导致其不良的妊娠状况。这种情况可以解释为什么非裔美国婴儿的死亡率偏高。

3. 社会隔离和死亡率

一些早期研究曾关注社会隔离或社会支持与死亡之间的关系。早期最著名的研究是 Berkman 和 Syme(1979)在美国加利福尼亚州的阿拉米达所进行的一项研究。研究者访谈了约 7 000 个被试,了解他们的社会交往情况。在访谈之后的 9 年时间内,研究者记录被试的死亡情况,结果发现,具有最少的社会关系的人的死亡率最高,而具有最多的社会关系的人的死亡率最低。在通过统计或研究设计控制了诸多影响因素如访谈时身体健康水平、社会经济地位、健康相关行为等之后,上述社会关系与死亡率的关系仍然显著。该研究是清晰表明心理社会因素对身体健康影响巨大的最早研究之一。此后许多研究也发现同样的结果,即缺乏社会支持导致个人的健康恶化。更重要的是，某些缺乏社会支持的人并不感到孤独，而一些拥有许多社会支持的人深感孤独。个人在主观上对于缺乏社会支持的知觉才是预测健康状况的重要自变量。根据 Hawkley 和 Cacioppo（2010）的综述，在人生更多阶段（如童年、青少年时期）感到孤独的人在体重指数、收缩压、胆固醇水平和最大耗氧量一系列指标上表现出更快的身体衰老速度。上述所有指标都与心血管疾病相关，因此，孤独似乎会导致心脏衰弱。

三、社会文化影响

除了基因和心理社会因素的影响外，社会文化因素亦是健康和疾病的一个不可忽视的影响因素。社会文化因素渗透至个人生活的宏观和微观层面，影响我们的生活方式、情绪动态、思维方式、行为模式，进而影响我们的健康和疾病状况。

1. 社会维度与疾病

与心理社会因素一样，文化因素也被发现与心血管疾病相关。Marmot 和 Syme（1976）对 3 809 个日裔美国人按照是否遵循日本传统的维度（如是否在家庭中用日语交流、保留传统的日本价值观和行为模式等）进行评分，发现那些最遵循日本传统的被试的心血管疾病发病率最低，与日本本土人群的发病率无差异。最不遵循日本传统的被试的心血管疾病发病率是前者的 3 至 4 倍。而且，这两类被试之间的心血管疾病发病率并不能用个人的冠状动脉风险因素解释。这类研究结果表明文化生活风格影响心血管疾病的发病率。

Triandis 等人（1988）将这类研究进一步推进，探索了在 8 个不同文化群体中个人主义/集体主义的文化维度与心血管疾病的关系，发现 8 个文化群体中个人主义得分最高的欧裔美国人的心肌梗死发病率最高，个人主义得分最低的特拉普派修道士的心肌梗死发病率最低。这个研究结果支持社会文化因素影响心血管疾病的观点。Triandis 等人还提出社会支持或社会隔离是解释个人主义与心血管疾病的关系的最重要因素，因为生活在集体主义文化中的人群比生活在个人主义文化中的人群拥有更强更深的社会关系。这种社会关系将对生活的压力和紧张起到"缓冲器"的作用，减少心血管疾病发生的风险。生活在个人主义文化中的人群可能无法获得同样类型或同样程度的社会关系，因此少了"缓冲器"，容易患心血管疾病。Triandis 等人的这个研究具有重要意义，因为它是第一个真正考察文化差异与特定疾病关系的研究。当然，这个研究还有不少局限性：该研究并未控制诸多干扰因素如工业程度、阶级、生活风格，不利于进行因果关系推论；它只考虑了一个文化维度，而未涉及其他诸多重要的文化维度；而且这个研究只关注心血管疾病导致的死亡率，未考察其他疾病类型的发生率。

如果集体主义文化能降低心血管疾病，那么也有可能提高其他疾病的发生率，对于个人主义文化而言反之亦然。Matsumoto 和 Fletcher（1996）通过考察文化的多个维度与多种疾病的关系检验了上述假设。这些研究者分析了世界卫生组织收集的跨越五大洲的 28 个国家中 4 个年龄段（1、15、45 和 65 岁）6 种疾病（传染和寄生虫病、恶性肿瘤、循环系统疾病、心血管疾病、脑血管疾病和呼吸系统疾病）的死亡率数据。他们将 Hofstede 的研究中获得的这些国家在四个文化维度指标（个人主义/集体主义、权力距离、不确定回避和男性气质）上的评分与上述流行病数据进行相关分析，发现文化对于这些疾病的发生有重要预测作用。具体而言，权力距离得分高的国家传染和寄生虫病发病率高，恶性肿瘤、循环系统疾病、心血管疾病发病率低；个人主义得分高的国家恶性肿瘤和循环系统疾病发病率高，传染和寄生虫病及脑血管疾病发病率低；不确定回避得分高的国家心血管疾病发病率高，脑血管疾病和呼吸系统疾病发病率低；男性气质得分高的国家脑血管疾病发病率高。这些研究者还进一步将国家的 GDP 作为控制变量，重新计算文化维度得分与发病率之间的相关性，发现除了文化维度得分与恶性肿瘤疾病发病率之间的相关关系以外的其他相关关系仍然显著。

为什么文化能影响内科疾病？按照 Triandis 等人的解释，文化通过社会支持来调节压力，从而影响健康。而 Matsumoto 和 Fletcher 的研究则表明，文化对于健康的影响很复杂。例如，一方面，与之前的研究结果一致，集体主义文化与较低的心血管疾病发病率相关；另一方面，它与较高的传染和寄生虫疾病及脑血管疾病发病率相关。所以，集体主义文化中的社会支持也许在预防心肌梗死上是生活压力的"缓冲器"，但对于其他疾病而言，集体主义文化中亦可能蕴含着增加发病风险的因素。这些因素也许不局限于文化范畴因素。例如，集体主义文化通常与某些地理区域相关。较靠近赤道的国家文化更多为集体主义文化。靠近赤道的国家气温高，传播传染和寄生虫疾病的生物多，也许导致了集体主义文化维度与较高的传染和寄生虫疾病发病率相关。无论如何，Matsumoto 和 Fletcher 的研究结果都表明，文化维度没有好与坏之分，不同国家发展出不同的生存的文化之道，而每种文化分别与某些特定的压力因素有关，进而影响到人类的身体。因为不同文化中的生存方式既给人类健康带来有利的影响，也带来不利的影响，所以文化与不同疾病风险产生了联系。Matsumoto 和 Fletcher 的解释比 Triandis 等人的解释显得更全面。

未来研究需要进一步探索调节文化与疾病关系的特定机制。例如，Matsumoto 和 Fletcher 提出，文化可能通过影响人类的自主神经系统和免疫系统来影响人类的情绪和身体。从权力距离维度来看，高权力距离文化中的人群可能更多需要在生活中压抑消极情绪，因而对其心血管系统造成压力，导致心血管疾病发病率升高。

2. 文化差异与身体健康

前面提到的研究表明文化影响身体健康。有些研究表明，影响身体健康的不仅是文化，也包括个人的文化价值观与其生活的社会中的文化价值观的差异。例如，Matsumoto 等人（1999）曾研究这种差异对于健康的影响。他们使用量表测量一群大学生被试的身体和心理健康程度，并要求这些被试报告自己的文化价值观，自己所感知的社会价值观、理想价值观，以及自己应对压力、焦虑、抑郁和其他消极情绪状态的策略。研究者通过计算被试的个人和社会价值观的评分差异、个人和理想价值观的评分差异获得文化差异分，然后将文化差异分与被试在 8 种应对策略上的评分做相关性研究，发现个人和社会价值观的差异与所有应对策略评分呈显著相关。这表明个人和社会价值观的差异越大，被试越需要进行应对。被试的应对策略与抑郁和焦虑评分显著相关，后者与被试的身体健康评分亦显著相关。其中焦虑得分与健康问题的相关程度尤其高。这个研究结果表明，个人和社会价值观的差异较大会导致心理压力增加和应对程度上升，并影响个人的情绪，导致焦虑和抑郁水平上升，进而导致更多的健康问题。

3. 文化、体型和饮食失调

社会和文化影响对感知自己和他人的体型非常重要。这种感知调节文化与健康之间的关系。理想体型和身体不满度由于与饮食失调的关系密切而得到心理学家的广泛研究。高身体不满度被认为是对饮食失调预测性最大的因素之一。支持这个结论的证据来自多个不同文化背景的研究，包括来自美国、希腊和中国的研究。

国际身体研究计划是一个涉及跨越多个世界地区（北美、南美、西欧、东欧、斯堪的纳维亚、澳洲、东南亚、东亚、南亚和西亚、非洲）的26个国家的测量理想体重和身体不满度的研究（Swami, Frederick, Aavik, et al., 2010）。这个研究使用 Thompson 和 Gray 的女性身体简笔画材料调查了约7 500名被试。女性身体简笔画包括从非常瘦到非常胖的9个人物形象。女性被试需要按照个人实际体型、最渴望的体型及最吸引异性的体型三个标准来选择相应形象。身体不满度用被试选择的个人实际体型与最渴望的体型之间的差异分来代表。另外，该研究也调查了男性被试，要求他们从女性身体简笔画中选出最有吸引力的体型。这个研究发现了几个有趣的结果。首先，在10个世界地区中有9个地区的男性选择的最有吸引力的体型比女性选择的最有吸引力的体型更胖，表明女性倾向于错误地认为男性喜欢更苗条的身体。其次，在经济不发达地区，人们更喜欢胖一些的体型，反之，在经济发达地区，人们更喜欢瘦一些的体型。研究者认为，之所以出现这样的结果，是因为经济不发达地区资源（如食物和财富）稀缺，而体重偏高是拥有更多资源的象征，因而受到追捧。研究者还认为，理想体重和身体不满度实际上与社会经济地位的关系更为密切。国际身体研究计划的不足之一是只考虑了女性被试的身体不满度，而未考虑男性被试对自己的身体的感知。未来研究应该更全面地同时考察男性和女性的身体感知，同时亦需要更多地将被试的感知与其健康相关行为联系起来，才能深入揭示身体感知与健康和疾病的关系。

理想体重和身体不满度与饮食失调密切相关。在美国，人们普遍认为饮食失调只出现在富裕人群中，如欧裔美国女性中。但是，一个综述研究发现少数民族（如拉美裔和亚洲裔）美国女性中也存在与欧裔美国女性同样高的饮食失调风险（Brown, Cachelin, Dohm, 2009）。由于不同种族的理想体型可能不同，因此推断饮食失调是因为对身体苗条的渴望不一定成立。未来研究应该致力寻找更多导致饮食失调的因素。

已有研究亦发现受西方文化影响的程度与身体不满度、饮食态度和行为有关。例如，国际身体研究计划发现自我报告接触了更多的西方媒体的女性被试的身体不满度更高。一个涉及36个国家的数据的综述研究表明，非西方富裕国家里遵循西方生活风格（定义为个人主义倾向的高消费行为）的被试的身体不满度偏高（Holmqvist, Frisen, 2010）。"西方化"的巴基斯坦女性和"主流化"的墨西哥裔美国女性都表现出较非"西方化"/"主流化"的被试更高程度的饮食失调。

从总体来说,上述研究表明对体重/体型的态度与饮食都受到文化的影响。文化关于财产、富裕、美与吸引力、权力和其他心理特征的价值观、态度、信念和观点对于人们对饮食、苗条和肥胖的态度有重要影响。而人们对饮食、苗条和肥胖的态度又可能对于他们的健康相关行为如饮食、节食、运动有直接的影响。有研究者认为,追求苗条的倾向在美国文化中尤其盛行。但是这种倾向并不见得局限于美国文化或西方文化。一个对日本人的研究表明,日本女性在对苗条的执念和节食的倾向上与美国女性是一样的(Mukai, McCloskey, 1996)。实际上,尽管日本人饮食失调的比例低于美国人的比例,但近20年来,日本人饮食失调的比例不断显著上升(Chisuwa & O'Dea, 2010)。

4. 文化与肥胖症

由于世界范围内儿童和青少年超重和肥胖的比例快速上升,心理学家越来越关注文化与肥胖症的关系。大部分超重或肥胖的儿童和青少年之后都发展为超重和肥胖的成人,面临诸多健康风险,如心血管疾病、糖尿病和癌症。近年来在许多国家中肥胖症日益成为公共健康焦点。

在发达国家中,美国的肥胖症比率居高。从1974年到2000年间,美国儿童(6~11岁)的肥胖率增长了四倍,美国青少年(12~19岁)的肥胖率增长了两倍。当前,美国人的肥胖率保持在一个较稳定的水准上:平均每6个儿童、青少年(2~19岁)中就有1个为肥胖症患者;平均每3个成年人中就有1个为肥胖症患者。为什么美国人的肥胖率在儿童、青少年和成人之间有明显差异?研究者指出,这个现象与饮食(消耗独立的快餐和软饮料)和运动(缺乏运动)有关。美国儿童、青少年会饮用大量的软饮料(即非酒精饮料),而且食用大量高卡路里、低营养的食物。约三分之一的美国青少年每天最少吃一次快餐,而且随着年龄增长吃快餐的次数也在增加。这种现象表明,饮食选择、行为模式和生活风格对超重和肥胖比例有重要影响。

未来相关研究应该更深入地探索不同文化如何影响人们的饮食态度和对苗条/肥胖的刻板印象,以及不同文化如何区分健康行为和不正常的饮食行为,并将特定饮食行为与特定的健康风险联系起来。

5. 文化与自杀

健康风险中极端现象就是自杀。心理学家、社会学家和人类学家长久以来都对自杀现象报以强烈的关注,并对之进行过几十年的跨文化研究。迄今为止,研究者发现了自杀行为的性质有许多跨文化差异。不同文化中的人们不仅在自杀行为性质上有不同的看法,对于生命本身的看法也不同。导致人们自杀的原因可能很复杂,但文化无疑在其中起到了重要作用。

最倾向于将自杀行为光荣化的文化之一是日本文化。在"二战"期间日本飞行员故意驾驶飞机冲撞敌方目标的故事让其他文化中的人们觉得震惊和迷惑。这些日本飞行员显然将国家利益、精神和荣耀的价值置于个人生命价值之上。实际上,这样的自我牺牲的行为并不仅见于日本,但是日本飞行员的行为似乎尤其突出了日本文化中自杀行为的神秘的光荣化的性质。日本文化并非唯一被研究者从心理学和跨文化角度考察过自杀现象的文化。Kazanan 和 Persad(2001)认为,自杀现象存在于人类各个历史时期和几乎每个文化范围内,原始部落的民间传说、古希腊悲剧故事、宗教哲学和历史作品、文化创作、现代肥皂剧以及摇滚音乐等中都有对自杀的描述和解释。

一些研究者认为自杀行为的决定因素是深刻的社会文化变革。例如,Leenaars 等人(1998)认为社会文化变革是加拿大的因纽特人,尤其是年轻的因纽特人自杀的重要原因。同样,社会文化变革和自身的文化历史脱节被发现是预测美国印第安人自杀率的重要因素。美国印第安人的自杀率比美国其他人种的自杀率高,而且其青少年自杀率尤其突出。在世界范围内,社会文化变革带来的压力导致许多土著文化群体自杀率上升。

此外,文化维度的差异也可能影响人们的自杀行为。一个研究曾考察 Hofstede 的文化维度对预测自杀率的作用(Rudmin, Ferrada-Noli, & Skolbekken, 2003)。研究者对 33 个国家在 20 年的研究时间(1965 年—1985 年)内每 5 年收集一次数据,结果发现权力距离、不确定回避和男性主义维度与自杀率呈负相关,而个人主义维度与自杀率呈正相关。此外性别和年龄对上述相关性起到调节作用。研究者认为文化维度通过许多途径,如个人与自杀相关的思维和情绪、鼓吹自杀的社会组织和机构、经济和政治因素、基因和环境因素等影响自杀行为。尽管文化与自杀之间的关系非常复杂,但上述研究表明特定文化维度可能培养特定的信念和背景,对自杀起到或缓冲或加厉的作用。

中国是世界上自杀率最高的国家之一。一些调查表明,中国女性自杀率与中国男性自杀率之差异比率几乎是世界上最大的。Zhang等（2010）提出，中国这种特殊的自杀率性别差异主要源于中国广大农村地区的数据，因为中国农村地区女性承受着社会价值观冲突带来的巨大心理压力：一方面，社会主义观念推崇性别平等；另一方面，儒家哲学传统主张男尊女卑。所以，中国农村地区女性在两种观念的冲突之间饱受折磨，承受巨大的心理压力，最终导致高自杀率。

宗教信仰是一个与文化和自杀密切相关的因素。Kelleher等人（1998）曾分析世界卫生组织报告的自杀率数据，发现拥有强烈谴责自杀行为的宗教的国家比无强烈谴责自杀行为的宗教的国家的自杀率显著低。当然，拥有强烈谴责自杀行为的宗教的国家也许更不愿意报告和记录自杀案例。一个更近的研究亦分析了世界卫生组织的自杀率数据，发现文化、宗教和自杀的关系实际上很复杂。首先，隶属某个宗教教派（客观宗教特征）者和自认为拥有宗教信仰（主观宗教特征）者都较少想过或尝试过自杀。这个结果表明，即使在主观上并不自认为拥有宗教信仰，但在客观上隶属于一个宗教教派的人亦可能通过提供社会整合（与他人产生联系）和行为调节（生活的道德标准）来预防自杀。其次，在不同文化背景下，参与宗教组织活动（如参加礼拜仪式）对自杀的影响有很大差异：在某些国家里，参与宗教组织活动能预防自杀；在另外一些国家里参与宗教活动却没有这样的作用，甚至还增加自杀的风险。这个研究结果表明，文化和宗教确实对自杀有重要影响，但是它们之间的关系并不简单易懂。

过去几十年对自杀的跨文化研究让我们对这个困难而极有意义的研究主题有了一些重要的理解，但是许多问题仍有待解答。例如，文化是怎么影响自杀行为的？即使在相对接受自杀行为的文化中，人们为何对于自杀的态度也存在如此大的差异？未来研究者应该思考这些问题。

6. 文化适应和移民悖论

在个人层面上，文化适应是指个人与新的不同文化持续接触而发生的改变和适应的过程（Berry，2003）。按照Berry的文化适应模型，有两个维度很重要，即个人与先前的母文化的联系密切程度和个人与当前的主流文化的联系密切程度。如果要理解移民的健康观，首先需要了解他们与先前的母文化和当前的主流文化的联系密切程度。例如，在一个考察一群华裔美国人的健康观和文化适应程度的研究中，研究者了解了被试的代际状态（即第几代移民）、交流语言、宗教信仰和对传统中国价值观的支持情况（Quah，Bishop，1996）。研究者发现，自评更中国化的被试的健康观与传统中国疾病观一致，相信疾病是身体失去平衡（如过冷或过热）的结果；而自评非中国化的被试的健康观与西方的生物医学观一致，认为疾病是由病毒感染导致的。这些研究者亦发现，相信传统中国疾病观的被试在需要时更可能求助于传统中医，而持西方生物医学观的被试在需要时则更倾向于使用西方主流的医学手段。这个研究结果表明，移民的健康观以及就医倾向在一定程度上取决于他们的文化适应水平。

文化适应与一些健康相关行为和健康状况的关系更为复杂。例如，移民对美国文化的同化程度高，既能促进某些积极的健康相关行为（如更积极就医），也会增加某些消极的健康相关行为（如饮酒、吸毒、食用快餐），或产生相互矛盾的效应（如与抑郁症状既有正相关亦有负相关的结果）。之所以出现矛盾的效应，一个可能的原因是不同研究对于文化适应的概念界定和测量方式不同。有些研究使用简单方式来测量文化适应，例如询问被试的出生国家。有些研究则使用更深入的方式来测量文化适应。尽管不同研究使用不同的测量方式，但综合来看，已有研究的结果确实表明文化适应与健康存在关系。

已有研究中一个让人惊讶的发现是移民悖论。移民面对多重挑战。与非移民相比，他们更可能承受教育水平低、资源少、社会地位低、贫困、学习新的语言风俗和生活方式、社会歧视等多种压力。但是，研究者发现，与背景相似的非移民相比，移民群体的健康指数更高（见图9-1）。

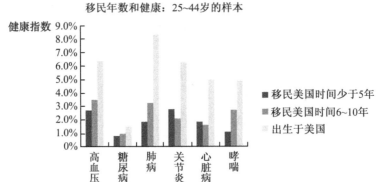

图9-1 美国新移民与非移民（美国本土出生的移民家庭后代）的健康风险对比

（JASSO G, MASSEY D S, ROSENZWEIG M R, et al（2004）. Immigrant health and acculturation [R] //NATIONAL RESEARCH COUNCIL. Critical perspectives on racial and ethnic differences in health in late life. Tab 7 – 6.）

例如，研究者调查了大量生活在美国的第一代拉美移民与本土出生的拉美裔美国人，发现出生海外的第一代拉美移民比本土出生的拉美裔美国人在婴儿死亡率、肥胖症和寿命等指标上都更优。这是一个让研究者非常困惑的现象。有研究者认为，移民可能有一些对健康有利的因素：有益于健康的行为（如更健康的饮食、不吸毒）、社会支持（有密切的家庭、亲戚和邻里关系）、移民选择性（选择移民者本身身体健康较佳）等。未来研究需要了解为什么移民在适应新文化的过程中失去了这些保护特征，导致健康不断恶化。

总而言之，不断发展的研究表明，研究者日益意识到社会文化因素通过一系列变量对健康和疾病产生影响。这些变量包括文化对健康的定义、对疾病的归因和文化界定的生活风格等。对于有大量移民的多元化国家而言，理解文化适应对健康的影响非常重要。这有利于医务人员有效地改善移民的健康状况。

第四节　健康和医疗系统的差异

不同国家和文化发展出其独特的健康医疗方式。一个国家的健康服务系统取决于多种因素，包括社会和经济发展水平、科技发展和普及水平、邻近和合作国家的影响等。从社会因素来看，城市化水平、工业化水平、政府体制、国际贸易的法律和实施情况、人口变化、私有化需求、公共支出等都影响一个国家的健康服务系统。

国家健康服务系统可以划分为四种类型：企业型、福利型、综合型和社会主义型（Roemer，1991）。在这些大的分类类型下的国家在经济水平上有巨大差别。例如，美国是高经济发展水平国家，采用企业型的健康服务系统，其特征是有大量私营企业为个人和集团服务。菲律宾和加纳亦采用企业型的健康服务系统，但经济发展水平较低。法国、巴西、缅甸分别为高、中、低收入水平的采用福利型健康服务系统的国家。瑞典、哥斯达黎加、斯里兰卡分别为高、中、低收入水平的采用综合型健康服务系统的国家。古巴和中国为采用社会主义型健康服务系统的国家。

上述这些简略的介绍已可以表明，文化对一个国家采用什么模式的健康服务系统有影响。例如，美国采用企业模式的健康服务系统，与其高度个人主义的文化特征是吻合的。同样，中国和古巴采用了社会主义模式的健康服务系统，与其集体主义的特征吻合。当然，文化难以从其他影响因素中剥离出来。文化、经济、科技和政府存在复杂的互动关系，共同影响健康服务系统。

文化不仅影响健康医疗系统的性质，也影响健康医疗系统的服务倾向。例如，有些文化中存在"生命高于一切"的观念，所以医务人员往往使用一切医疗手段去维持绝症患者的生命体征；而有些文化推崇生命的质量，所以对于绝症患者，医务人员往往鼓励其回归家庭，享受最后的生命时光。有些文化尊重个人对于自己的生命的选择权，所以允许合理合法地实施"安乐死"；而有些文化强调生命的义务，所以"安乐死"等同于谋杀。

第五节 文化影响身体健康的综合模型

本章前面回顾了大量已有研究，阐述了文化对健康和疾病的影响。这些研究实践上有利于我们针对不同文化背景者提供恰当的健康服务，在理论研究上也能启发研究者关注文化的影响，将文化因素纳入他们的研究设计和理论构思中。理解文化在疾病的发展和治疗上的作用有利于我们在未来探索出预防疾病的有效途径。

文化是如何影响人们的身体健康和疾病过程的？首先，不同文化对于健康和疾病有不同的定义。这些差异决定个人的自我健康概念和就医倾向。其次，文化通过影响与健康相关的特定行为如饮食、运动、自杀来影响人类的健康。再次，大量研究表明，基因和心理社会因素与健康/疾病有密切关系，但是文化对于这种关系也起到调节作用。而且，文化影响到我们的健康服务系统的性质和具体措施。

将文化、基因、环境、社会和心理因素综合起来考察它们对于健康的影响是未来的艰巨任务，但是这是学术界必须攻克的难点。只有充分了解这些因素的复杂关系和影响模式，才能增强我们满足多文化群体的健康需求的能力。

思考题

1. 你如何定义健康？你对健康的定义与世界卫生组织对健康的定义有何不同？

2. 许多文化都把平衡视为健康的象征。你怎么看待这个平衡观？

3. 在生命发展的不同时期里，什么让你快乐？你的快乐与你的健康有什么关系？

参考文献

1. ADLER N E, BOYCE T, CHESNEY M A, et al. Socioeconomic status and health: the challenge of the gradient[J]. American Psychologist, 1994, 49(1):15-24.

2. ADLER N E, REHKOPF D H. U. S. disparities in health: descriptions, causes, and mechanisms[J]. Annual Review of Public Health, 2008, 29(1):235-252.

3. BERKMAN L F, SYME S L. Social networks, host resistance, and mortality: a nine-year follow-up study of Alameda County residents[J]. American journal of Epidemiology,1979, 109(2): 186-204.

4. BROWN M, CACHELIN F M, DOHM F A. Eating disorders in ethnic minority women: a review of the emerging literature. Current Psychiatry Reviews, 2009,5(3):182-193.

5. CHISUWA N, O'DEA J A. Body image and eating disorders amongst Japanese adolescents[J]. A review of the literature. Appetite,2010 54(1): 5-15.

6. COHEN S, DOYLE W J, TURNER R B, et al. Emotional style and susceptibility to the common cold[J]. Psychosomatic medicine, 2003,65(4): 652-657.

7. DIENER E, RYAN K. Subjective well-being: a general overview[J]. South African Journal of Psychology, 2009,39(4): 391-406.

8. ENGEL G L. The need for a new medical model: a challenge for bio-

medicine[J]. Science,1977, 196(4286): 129 – 136.

9. FRANCIS D D. Conceptualizing child health disparities: a role for developmental neurogenomics[J]. Pediatrics, 2009,124(Supplement 3): S196 – S202.

10. HAWKLEY L C, CACIOPPO J T. Loneliness matters: a theoretical and empirical review of consequences and mechanisms[J]. Annals of behavioral medicine, 2010,40(2): 218 – 227.

11. HOLMQVIST K, FRISEN A. Body dissatisfaction across cultures: findings and research problems[J]. European Eating Disorders Review, 2010, 18(2): 133 – 146.

12. JORDE L B, WOODING S P. Genetic variation, classification and "race"[J]. Nature Genetics, 2004,36(11):S28 – S33.

13. KAZANAN S S, PERSAD E. Cultural issues in suicidal behavior [M]//KAZANAN S S, EVANS D R. Handbook of cultural health psychology. San Diego: Academic Press,2001.

14. KELLEHER M J, CHAMBERS D, CORCORAN P, et al. Religious sanctions and rates of suicide worldwide[J]. Crisis, 1998,19(2): 78 – 86.

15. LEENAARS A A, ANAWAK J, TAPARTI L. Suicide among the Canadian Inuit[M]//KOSKY R J, HADI H S. Suicide prevention: The global context. New York: Plenum Press,1998.

16. MACLACHLAN M. Culture and health[M]. Chichester, UK: Wiley, 1997.

17. MARMOT M G, SYME S L. Acculturation and coronary heart disease in Japanese-Americans[J]. American Journal of Epidemiology, 1976,104(3): 225 – 247.

18. MATSUMOTO D, FLETCHER D. Cross-national differences in disease rates as accounted for by meaningful psychological dimensions of cultural variability[J]. Journal of Gender, Culture, and Health, 1996,1(1): 71 – 81.

19. MATSUMOTO D, KOUZNETSOVA N, RAY R. Psychological culture, physical health, and subjective well-being[J]. Journal of Gender, Culture and Health, 1999,4(1): 1 – 18.

20. MUKAI T, MCCLOSKEY L. Eating attitudes among Japanese and

American elementary schoolgirls. Journal of Cross-Cultural Psychology, 1996, 27(4):424-435.

21. MULATU M S, BERRY J W. Health care practice in a multicultural context: Western and non-Western assumptions[M]//KAZANAN S S, EVANS D R. Handbook of cultural health psychology. San Diego: Academic Press, 2001.

22. ROEMER M I. National health systems of the world[M]. New York: Oxford University Press, 1991.

23. YURKOVICH E E, LATTERGRASS I. Defining health and unhealthiness: perceptions held by Native American Indians with persistent mental illness [J]. Mental Health, Religion & Culture, 2008, 11(5):437-459.

24. SWAMI V, FREDERICK D A, AAVIK T, et al. The attractive female body weight and female body dissatisfaction in 26 countries across 10 world regions: results of the international body project Ⅰ. Personality and Social Psychology Bulletin, 2010, 36(3):309-325.

25. TRIANDIS H C, BONTEMPO R, VILLAREAL M J, et al. Individualism and collectivism: cross-cultural perspectives on self-ingroup relationships [J]. Journal of Personality and Social Psychology, 1988, 54(2):323-338.

26. RUDMIN F W, FERRADA NOLI M, SKOLBEKKEN J. Questions of culture, age and gender in the epidemiology of suicide[J]. Scandinavian Journal of Psychology, 2003, 44(4): 373-381.

27. QUAH S H, BISHOP G D. Seeking help for illness: the roles of cultural orientation and illness cognition[J]. Journal of Health Psychology, 1996, 1(2): 209-222.

28. ZHANG J, WIECZOREK W, CONWELL Y, et al. Characteristics of young rural Chinese suicides: a psychological autopsy study[J]. Psychological Medicine, 2010, 40(4):581-589.

第十章 文化与心理障碍及治疗

心理学的一个重要目标是利用从研究获得的知识来帮助精神病理学患者（包括行为、认知和情感方面的功能障碍患者）摆脱症状，过上更有效、更有活力和更幸福的生活。这一领域的研究和实践有几个重要问题。首先是对异常的定义。什么被认为是不正常的？什么时候一个人的行为、思维和情绪会不正常？其次是关于心理障碍的表现。我们如何发现一个人的心理出现了障碍？如何对不同心理障碍进行分类？这些是关于评估和诊断的问题。再次是当我们发现心理障碍时应该如何治疗。

文化为这些基本问题增加了一个重要的维度。将文化融入心理理论和概念中引出了许多与心理障碍有关的重要问题：

- 不同文化对正常和异常的定义是否不同，或者是否存在一个通用标准？
- 不同文化中心理障碍的发生率有差别吗？
- 在不同的文化中，心理障碍是否以相同的方式表达，或者我们能否识别出心理障碍上的不同文化模式？
- 该领域能否开发出可靠、有效的跨文化方法来测量、分类和诊断心理障碍？

这些问题的答案对我们识别和干预心理障碍具有重要意义。忽视心理障碍在文化背景中的作用可能导致过度诊断、诊断不足和/或误诊，从而有可能对个体产生有害后果。

本章内容与上述这些问题密切相关。第一，我们将讨论文化对定义异常的影响。第二，我们将讨论文化在评估心理障碍中的作用，检验目前使用的分类方法，并探讨在实际过程中测量异常的一些有关问题。第三，我们将讨论人格测量是如何在跨文化条件下评估心理障碍的。第四，我们将回顾最常见的几种心理障碍（如精神分裂症和抑郁症）的患病率（现有病例的比例）和病程的研究，并描述一些特定文化中的心理障碍。最后，我们将介绍一些文化特殊性治疗法和跨文化心理治疗法。

第一节 文化与心理障碍的分类和诊断

一、异常的定义

心理学家和一些社会科学家一直对文化对精神病理学的影响感兴趣。已有观点可分为两种。一种观点认为文化和精神病理学是不可分割地交织在一起的，研究者只有在它们发生的文化背景下才能理解心理障碍。这种观点被称为文化相对主义。另一种观点认为，尽管文化在决定心理障碍的具体行为和情景表现方面发挥着作用，但许多心理障碍的潜在心理机制和主观经验都存在着跨文化的相似性，甚至普遍性。

从历史上看，研究人员在一个特定的文化中定义和描述了一个特定的精神病理学，然后将这个定义导出到其他文化中进行比较研究。最近，研究者开始质疑在特定文化中定义的精神疾病的跨文化有效性，并努力理解心理障碍的文化背景，例如关注不同文化对健康和疾病不同的归因和观念。了解精神病理学的文化特异性和共同性，对于确定一种共同的语言和知识库来促进我们全面地理解精神病理学非常重要。理解文化特异性和共同性可以从研究如何定义异常开始。

例如，有这样一个场景：一个女人在一群人中间，但她似乎完全没有意识到她周围的环境。她经常用周围人都听不懂的词语特别大声地对着空气说话。后来，当你询问她在干什么时，她说她被一个动物的灵魂附身了，并且在和一个刚刚死去的男人说话。

这个女人的行为异常吗？

在定义异常时，心理学家经常使用统计标准。例如，我们使用统计标准，可以定义这个女人的行为是异常的，因为它的发生是罕见的或不常见的。然而，并非所有罕见的行为都是不正常的，也不是所有的不正常行为都罕见。比如，创作协奏曲是不常见的行为，但我们通常认为它是非常可取的。又比如，在许多国家，喝酒到烂醉的程度是很常见的，然而人们普遍认为这可能是某种药物成瘾现象。

另一种定义异常的方法关注的是个体在进行日常习惯任务时,其行为是否损害或降低效率。很难想象上面描述的女人在相信自己是动物的同时,还能履行日常的职责。在许多情况下,心理障碍确实涉及严重的损害或个人的整体功能下降。然而,情况并非总是如此。例如,一些患有双相情感障碍(躁郁症)的人,在躁狂发作期间工作效率更高。

如果我们从偏离正常范围的角度来审视这个女人的行为,我们可能也会认为这个女人的行为是异常的,因为它似乎违反了社会规范。但并不是所有的社会越轨行为都可以被认为是不正常的或心理紊乱的。随着时间的推移,我们对什么是社会越轨的认识也在改变。因此,使用社会规范作为衡量异常的标准是不太容易的。

依赖对主观痛苦感的报告来定义异常行为也有问题。一个人是否会因为不正常的行为而感到痛苦,可能取决于其他人如何看待他或她。例如,如果这个女人因为她的行为而被其他人嘲笑、拒绝和认为有病,那么她很可能会感到痛苦。相反地,如果她被认为拥有特殊的能力,被人们普遍接受,那么她可能一点也不难过。此外,一些文化群体可能反对报道或关注直接表露痛苦的行为,而这与西方关于自我表露重要性的观念形成了鲜明对比。

上述定义异常的方法各有优缺点。当考虑到文化时,这些问题变得更加复杂。许多跨文化学者认为,只有考虑到文化背景时,我们才能理解和识别异常。这种观点认为,我们必须运用文化相对主义的原则来处理异常。例如,如果这个女人的行为发生在美国一个大城市的街角,那么她的行为可能会显得异常;然而,如果这个女人的行为发生在一个部落的某种仪式上,并且她是这个仪式中的疗愈者,那么她的行为看起来就是合适的、正常的。

因此,异常还是正常是由文化决定的。通过对跨文化文献的研究,我们可以了解文化对异常和心理障碍的产生方面的影响。

二、文化与心理障碍的分类和评估

心理障碍的评估涉及在个人的广泛背景(如整体功能、生活史和生活环境)下识别和描述其症状。评估的工具和方法应该对文化以及其他环境因素对行为和功能的影响敏感。虽然多年来研究者在这一领域取得了相当大的进展,但文献表明,使用一种文化背景下开发的心理测试和方法来评估另一种文化背景下的行为时,可能会存在偏差或不灵敏的问题。

1. 文化与心理障碍的分类

在评估心理障碍时,心理学家试图将异常的认知、行为和情绪确定为具有信度和效度的诊断类别。由于文化对异常的产生、维持和定义都有一定程度的影响,因此诊断的信度和效度,甚至使用的诊断类别上,都会产生跨文化的差异。如果所有心理障碍在不同文化下的表现都是完全相同的,那么创建具有信度和效度的诊断类别就不是问题。但是,一些文化中的特定心理障碍似乎只局限于一种或几种文化。因此,开发能够跨文化,甚至跨一个国家的不同文化群体共同使用的诊断体系和分类系统是一项巨大的挑战。

国际上主要使用的诊断分类系统是美国精神病学会的精神疾病诊断与统计手册(DSM)。DSM 最初于 1952 年出版,经过了几次重大修改(DSM-I,DSM-II,DSM-III,DSM-IV),最近的版本为 2013 年出版的第五版(DSM-V)。DSM 版本的一些变化表现了逐步增加的对患者文化背景的关注,以提高诊断的文化敏感性:① 纳入了一些因文化而异的心理障碍的临床症状;② 在附录中包含了文化特定心理障碍;③ 增加对个体文化背景的进一步了解和评估,包括个人心理障碍的文化表达、个人特定文化背景中与心理社会功能相关的文化因素、临床医生与异常个体之间的文化差异。修订后的手册还提醒使用者关注评估诊断中忽视文化的风险。尽管如此,但 DSM-IV 不要求使用者对文化因素进行必要的评估,不利于对文化特定心理障碍的分类。

另一个著名的诊断分类系统是国际疾病分类第十版(ICD-10),由世界卫生组织出版(1992)。它是目前世界上应用最广泛的分类系统。与 DSM 不同,ICD 的大部分内容侧重于身体疾病(如传染病、寄生虫病、循环系统疾病等),其中一章侧重于精神和行为障碍。虽然 ICD-10 在世界各地都有使用,但有人批评它没有意识到文化在影响心理障碍的表达和表现方面的重要性。

一项研究发现,不同使用者根据 ICD 和 DSM 诊断症状的结果差异很大,83% 的人同意抑郁发作的症状,64% 的人同意强迫症的诊断,35% 的人同意创伤后应激障碍的内容(Andrews,Slade,Peters,1999)。这些发现表明,这两种广泛使用的分类系统对心理障碍的诊断结果可能并不一致,至少对某些障碍如此。

为了解决评估心理障碍时忽略文化影响的问题,人们建立了地方诊断系统。例如，中国精神疾病分类（CCMD）受到 DSM-IV 和 ICD-10 很大的影响，但同时也具有其他系统所不具备的文化特异性。最新版本 CCMD-3 是 2001 年修订的。该手册包括了中国文化特有的心理障碍，如旅途精神疾病。人们乘坐过于拥挤、通风不良的长途火车时可能会出现旅途精神疾病，症状包括错觉、妄想、幻觉、惊恐、自杀行为和伤害他人。CCMD 还排除了 DSM-IV 和 ICD-10 中包含的一些障碍，如病理性赌博和一些人格性障碍。一项研究发现，使用 DSM-IV 与 CCMD-3 诊断抑郁症的中国患者时，有 10% 的病例的诊断结果不同（Wang, Yang, Zhang, 2008）。

对于所有健康专业人士和向他们寻求帮助的人来说，拥有一个可靠和有效的诊断分类系统将是一大优势。尽管 DSM 在这方面取得了重大进展，但这一领域的工作仍在不断发展进步。未来我们将会看到这些分类系统的变化。

2. 心理障碍的跨文化评估

我们不仅需要一个可靠、有效的心理障碍分类系统，还需要一套能够可靠、有效地测量（评估）与精神疾病有关的行为、情绪和其他心理参数的工具。这些工具可能包括调查问卷、访谈提纲及需要个体做出某种行为和情感上反应的标准化任务。

评估工具的许多条目会使用带有文化印记的措辞（例如"感觉忧郁"），所以这些措辞被翻译成另一种文化的文字后可能并不适用。Green 回顾了在创建跨文化的评估工具时遇到的一系列问题，包括测验编制、测量误差、构建效度、翻译、社会赞许性、测验实施和结果解释。这些问题使得对异常心理进行有效、可靠的跨文化测量变得非常困难和复杂。

世界卫生组织于 20 世纪 70 年代开始对精神分裂症进行大规模研究，并使用精神现状检查（PSE）来诊断精神分裂症。但是，PSE 程序中隐藏的民族中心偏差受到人们的批评。例如，在尼日利亚对约鲁巴人进行的一项精神病学调查中，调查人员必须补充特定文化的症状，如感觉到头在膨胀和起鸡皮疙瘩的症状。

在一个多文化国家内使用统一的心理评估方法也可能有问题。例如，人们使用美国印第安人抑郁症一览表来评估和诊断印第安人的抑郁症，但是印第安人有很多不同文化的部落。研究者发现霍皮（Hopi）部落的抑郁症状包括一些特定的、未被评估方法捕捉到的症状（Manson, Shore,

Bloom, 1985)。

儿童行为检查表（CBCL）是评估全世界儿童行为、情感和社会问题最广泛使用的量表之一。CBCL评估内化行为（如退缩行为、抑郁症状、躯体化主诉）和外化行为（如注意力问题、违纪违法行为、攻击性行为）。研究者对这个量表的跨文化应用的信度和效度进行了几次大规模的核查。从总体上看，这些核查结果表明CBCL在不同文化下获得的数据具有相似的因素结构，但确实存在忽略某些特定文化问题行为的现象。例如，一个对泰国儿童进行的研究发现了某些特殊行为表现如发育迟缓和间接性攻击，而这些行为在美国对照组中没有被发现（Weisz, Weiss, Suwanlert, et al, 2006）。

Li-Repac（1980）开展了一项研究，评估文化在心理治疗师诊断中的作用。在这项研究中，邀请部分华裔美国男性和欧裔美国男性接受采访和录像，然后让华裔美国男性和欧裔美国男性心理治疗师对来访者的心理功能水平进行评分。结果表明，治疗师与来访者的文化背景对心理治疗师对来访者的判断有交互作用。欧裔美国心理治疗师给华裔美国来访者的评价是尴尬、困惑和紧张，而华裔美国心理治疗师则认为他们适应能力强、诚实和友好。相比之下，欧裔美国心理治疗师认为欧裔美国来访者真诚、随和，而华裔美国心理治疗师则认为他们咄咄逼人、桀骜不驯。此外，欧裔美国心理治疗师认为华裔美国来访者更抑郁，社交能力差，而华裔美国心理治疗师认为欧裔美国来访者非常不安。另一项有关欧裔美国教师的研究表明，他们对正常行为的评估结果取决于孩子的种族（Chang, Sue, 2003）。在这项研究中，老师们观看了一些关于过度控制（如急于取悦他人、完美主义、依附成年人、害羞、胆怯）、控制不足（如不听话、扰乱课堂秩序、说话不合时宜、坐立不安）和正常（如大致遵守规则、正常玩耍、有一些朋友）的校园行为的小片段。这些小片段与欧裔美国、非裔美国或亚裔美国男孩的照片相匹配。研究结果显示，教师认为亚裔美国儿童的过度控制行为比欧美或非裔美国儿童的更普遍。这些研究表明，文化背景对我们评估他人的行为是否恰当有重要而微妙的影响。

最后，我们还需要考虑心理评估中的语言问题。如果心理咨询师和来访者的第一语言不同，那么他们通常会需要一个双语翻译。但是，在语言翻译过程中实现语义对等是非常困难的事情。翻译不当可能影响我们对他人的心理评估结果。

3. 测量人格以评估精神病理学

人格量表的跨文化使用不仅涉及人格的评估，还涉及临床状态和精神病理学的评估。在这类跨文化评估中使用最广泛的量表是明尼苏达多相人格测验（MMPI）量表。该量表已发行第二版（MMPI-2）。

Butcher 和他的同事进行过一系列研究，考察了 MMPI-2 在不同文化（包括亚洲、欧洲、澳大利亚和中东国家）中的适用性（Butcher, Cheung, Lim, 2003；Butcher, Derksen, Sloore, et al, 2003；Butcher, Lim, Nezami, 1998）。他们发现 MMPI-2 在不同文化下的使用结果具有很高的一致性和准确性。

但是，也有研究发现 MMPI-2 不适用于特定人群。Pace 及其同事认为 MMPI-2 无法准确评估印第安人的精神病理学。这些研究人员发现，与 MMPI-2 的常模相比，美国原住民在 MMPI-2 的几个量表中得分更高。研究人员认为，高分并不意味着美洲土著的病理水平更高，反而可能揭示出根植于印第安人历史中的创伤和压迫所体现的特殊世界观、知识、信仰和行为（Hill, Pace, Robbins, 2010；Pace, Robbins, Choney, et al, 2006）。

由于标准的 MMPI-2 对某些人群可能不具有文化上的敏感性，因此研究者正在努力修改 MMPI 以适应文化差异。例如，韩国版的 MMPI 在预测韩国人的特定心理障碍"hwa-nyung"上具有较高的信度和效度。"hwa-nyung"的症状包括心悸、消化问题、焦虑、恐慌、失眠和死亡恐惧。也有研究者直接开发针对特定文化的人格测量工具，如中国人格评估量表（CPAI）（Cheung, Kwong, Zhang, 2003）。在评估中国的人格症状上，CPAI 可能比 MMPI 更准确。

第二节　常见心理障碍的跨文化对比

多年来的跨文化研究提供了丰富的证据，表明心理障碍既有文化共同性，也有文化特异性。在这一节中，我们将着眼于一些已经有大量跨文化研究的心理障碍：精神分裂症、抑郁症、注意缺陷多动障碍。

一、精神分裂症

精神分裂症的特征是妄想、幻觉、缺乏动力、社交退缩、记忆受损和情绪失调。人们常常将精神分裂症误解为多重人格或分裂人格，部分原因在于受这个名词的表面意思的误导。为了避免误解，在日本，精神分裂症的术语已经从精神分裂疾病改变为整合失调综合征。

精神分裂症是一种常见心理障碍。一个2010年的美国健康调查结果估计，在美国，精神分裂症的患病率约为1.1%（影响约240万人），男女发病率相当。

一些关于精神分裂症病因的理论强调生物因素的影响，如多巴胺过量或其他生化递质失衡。其他理论则强调家庭动力学的影响，如父母离异和儿童创伤（如忽视和虐待），以及更广泛的环境因素，如生活在人口密集的城市、支离破碎的社区或贫民窟。有一个素质-应激模型强调个体与环境的互动，即具有易感性的个体暴露于环境压力源中容易患精神分裂症。

世界卫生组织曾赞助精神分裂症的国际试点研究，比较了该障碍在9个国家和地区（哥伦比亚、捷克斯洛伐克、丹麦、英国、印度、尼日利亚、苏联、美国和中国台湾）的1 202名患者中的患病率和病程。研究人员发现了所有文化中的精神分裂症患者的一系列相同症状，包括自知力缺乏、听觉和语言上的幻觉以及错误的参考观念。世界卫生组织的研究结果被人们广泛引用，以支持精神分裂症的文化普遍性的论点。但是，上述研究中也发现了一些重要的跨文化差异。与高度工业化国家的患者相比，发展中国家的患者的病程发展更为良性。哥伦比亚、印度和尼日利亚患者的康复速度快于英国、苏联和美国患者的康复速度。研究者将这些差异归因于发展中国家的一些因素，如扩展亲属关系网络、社区支持、患者重返全职工作的趋势以及婚姻关系。研究者还注意到不同文化中精神分裂症状表达的差异。与丹麦或尼日利亚的患者相比，美国患者自知力缺乏和幻听的可能性较小。

对精神分裂症患者的研究表明，在家庭沟通中以敌意、批判和情感上过度介入为特征的情感表达会增加复发的风险。情感表达方式受文化价值观的影响。例如，Bhugra 和 McKenzie（2003）的综述研究指出，情绪表达可以有效预测西方国家（如美国、英国）的患者精神分裂症的复发，但对其他国家（如印度、埃及、中国、以色列）的患者并非如此。情感表达在不同的文化中可能有不同的含义。例如，在一种文化中被认为是过度介入的情感表达可能在另一种文化中被解释为正常关怀；在一种文化中被认为是高度批判的情感表达可能在另一种文化中被认为是正常关心。

二、抑郁症

抑郁症是被人们研究最广泛的疾病之一，也是世界上最常见的疾病之一。到 2020 年，重度抑郁症预计将成为影响世界人口的第二大与疾病相关的因素。抑郁症的特征是生理变化（如睡眠和食欲紊乱）、动力变化（如冷漠和无聊）及情绪和行为变化（如悲伤、绝望和精力丧失的感觉）。根据 DSM-IV，抑郁症的症状持续时间较长，至少两周（根据 ICD-10）。

抑郁症的发病率具有性别和发展差异。女性比男性更容易患抑郁症。这种性别差异在不同种族、民族和文化中都存在。从发展的角度来看，抑郁症的发病率在青春期前后急剧上升。抑郁症的发病率也因文化而异。图 10-1 显示了一项 2010 年的调查中 13 个国家的抑郁症发病率。

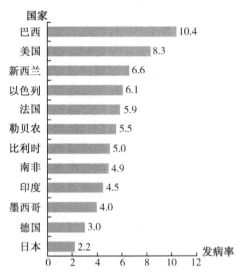

图 10-1 依据 DSM-IV 诊断的 13 个国家中 18 岁以上人群在 12 个月内的抑郁症患病率

参考文献：KESSLER R C, BIRNBAUM H, SHAHLY V, et al. Age differences in the prevalence and comorbidity of DSM-IV major depressive episodes: results from the WHO World Mental Health Survey Initiative[J]. Depression and Anxiety, 2010, 27(4): 351-364.

世界卫生组织曾对抑郁症进行过一项重要的研究。研究者在四个国家（加拿大、瑞士、伊朗、日本）调查了抑郁症的症状，发现绝大多数的患者（573 个病例中的 76%）报告了跨文化一致的症状，包括悲伤、不快乐、焦虑、紧张、能量缺乏、兴趣缺失、注意力缺陷和无能感，而超过一半的人（56%）有自杀意念。基于这些发现，研究者认为，植物神经症状（如失去乐趣、食欲或睡眠）是人们经历抑郁的常见方式。但是，研究者也认为抑郁症的症状模式在不同文化中是不同的,因为不同的文化在压力源以及应对压力的资源方面存在差异。

Lee 等人(2007)对中国南部被诊断为抑郁症的精神科门诊患者进行了深入访谈。他们的发现既支持抑郁症的文化共同性,也支持其文化特异性。患者报告的症状与标准诊断系统中描述的症状类似,如食欲不振、绝望感和自杀意念。然而,患者也报告了这些诊断系统不包括的症状,如特殊具身情感体验(即情绪痛苦与生理体验相结合,尤其是以心脏为中心的体验)和社会和谐受损的压力(Lee,Kleinman,Kleinman,2007)。

有一项研究对比了不同文化背景对抑郁症的表现的影响(Chentsova-dutton, Chu, Tsai, et al, 2007)。在这项研究中,研究人员使用电影片段诱发被试的悲伤或快乐的情绪,比较患有抑郁症的欧裔美国人、亚裔美国人与具有相同文化背景的非抑郁症被试的情绪表现。结果发现,在观看快乐电影时,抑郁的人和不抑郁的人的情绪表现没有差异。然而,在观看悲伤电影时,与非抑郁的欧裔美国人和抑郁的亚裔美国人相比,抑郁的欧裔美国人呈现出较少的情绪表达(较少哭泣和较少报告悲伤),而这与欧裔美国人鼓励情绪表达的文化规则相反。研究者认为,抑郁症可能会导致人们无法按照文化规范进行恰当的情绪表达。

三、注意缺陷多动障碍

注意缺陷多动障碍(ADHD)是儿童中最常见的一种病症。多动症最早由德国精神病学家 Heinrich Hoffman 博士于 1845 年提出。尽管早在一个多世纪前人们就认识到这种障碍,但 ADHD 直到最近 20 年才得到广泛的研究。ADHD 有三个主要特征:注意力不集中(难以集中注意力,容易分心)、冲动(难以等待、打断他人)和多动(坐立不安,坐不住)。重要的是,这些症状必须达到干扰社会和学业功能的程度才能被认为是一种障碍。目前,人们确定 ADHD 有三种亚型,即注意缺陷型、多动型和注意缺陷+多动型。

对于 ADHD 的成因学术界有两种截然不同的观点。一种观点侧重于这种疾病的神经生物学成分,认为大脑化学递质失衡是 ADHD 的主要原因。另一种观点认为 ADHD 仅仅是一种社会/文化建构。例如,有研究者提出,现代西方文化的压力(失去了扩展家庭的支持,极度活跃和忙碌的家庭生活,更加强调学业和成就)为近年来多动症的出现和高发病率奠定了基础。

在过去的几十年间，不同文化的 ADHD 研究大量增加，表明 ADHD 并不是特殊文化建构，而是一种跨文化普遍存在的儿童心理障碍。ADHD 症状存在性别和年龄差异：男孩比女孩更容易罹患 ADHD；ADHD 症状随着年龄的增长而有所减少。此外，人们也发现 ADHD 的患病率存在文化差异，例如，非洲和中东地区的患病率显著低于北美的患病率。Gómez-Benito 等（2019）指出，文化与 ADHD 之间的关系可能是以父母的教养方式为中介的。

Norvilitis 和 Fang（2005）考察了中美两国教师对 ADHD 的认识的异同。两个被试群体对 ADHD 重要症状的评估相似，认为重要症状包括多动/冲动和注意力不集中。但是，他们对 ADHD 的病因和治疗方法的观点不同。例如，71% 的中国教师和 13% 的美国教师认为 ADHD 儿童只是觉得无聊，需要让他们做更多的事情来调整状态。

第三节　文化特定心理障碍

关于不同文化之间以及不同文化形式的精神障碍的发病率和病程的研究结果表明，文化在塑造精神障碍的表达方面非常重要。文化中特定心理障碍的研究在理解和处理人们的心理异常上为文化相对主义提供了最有力的支持。

一些文化特定心理障碍例子如下：

"Amok"是最常见的文化特定心理障碍，已在亚洲几个国家（马来西亚、菲律宾和泰国）发现。这种疾病的特点是突然暴怒和有杀人冲动。它被认为是由压力、睡眠不足、个人损失或酗酒引起的，并且在男性中更容易出现。该心理疾病的病程包括从攻击性行为之前的极端退缩到暴怒后的疲惫和健忘的几个发展阶段。

"Brain fag"症状包括学习障碍、头疼、视力疲劳以及注意力无法集中等问题。这种精神疾病常见于西非学生，尤其在考试前会频繁出现。研究者在此文化区域之外并未发现类似情况。

"Zar"是在以色列的埃塞俄比亚移民中观察到的一种意识状态。特征是无意识的移动、缄默和无法理解的言语表达。

"Whakama"是新西兰毛利人的一种障碍，包括羞愧、自我贬低、自卑感、无能感、自我怀疑、害羞、过分谦虚和退缩。研究者在欧洲或美国的社会中则找不到完全相同的疾病。

"Susto"是由可能导致失魂的可怕事件引起的。它的症状是悲伤、睡觉和饮食紊乱、对陌生地方感到恐惧、与重要人物的社会关系受损。研究者在墨西哥、中南美洲和美国的拉丁美洲都发现了这种现象。

"Piblogtoq"症状为出现无法控制的强烈欲望，想要离开居所、脱掉自己的衣服、将身体暴露在寒冷的北极冬天。这种病症发现于格陵兰岛、阿拉斯加以及加拿大位于北极圈内的地区，据说与孤立的环境条件以及长期缺少阳光的冬天导致缺钙等因素有关。

其他的文化特定心理障碍还有"Latah"和"Koro"。前者症状是极度惊吓反应、模仿（不由自主地立即重复别人说的话）、走神或其他不适当的、无法控制的行为，主要见于马来西亚的妇女。后者症状是极度害怕自己的生殖器收缩或缩进身体导致死亡。研究者在马来西亚、印度尼西亚和中国的男性中发现了"Koro"。

文化特定障碍是如何产生的？Pfeiffer（1982）确定了三个维度。第一，他列举了特定文化领域的压力，包括家庭和社会结构以及生态环境。例如，在某些强调父权的文化中，对生殖能力的独特强调可能是"Koro"出现的主要原因。第二，他认为，特定文化对行为的塑造和对行为的解释可能意味着某些文化隐含的认可异常行为的模式。第三，他认为，文化对异常行为的解释与特定文化的干预相关。

随着时间的推移，一些曾经被认为是特定文化的症状逐渐在其他文化中被发现。神经性厌食症就是一个例子。1980年以前，神经性厌食症被认为仅存在于西方国家中，多见于中上阶层的白人女性。其症状是扭曲的身体意向、害怕变胖以及体重严重下降（这与控制饮食或饭后催吐有关）。如今神经性厌食症在许多地方如日本和中国都被发现。从1987年到2008年，中国香港人中的脂肪恐惧症变得越来越普遍，在某种程度上对应西方社会相似的发展情况。在那些不注意女性身材和女性身体的国家如沙特阿拉伯，研究者直到最近才发现神经性厌食症等饮食障碍的存在。不同文化群体对厌食症的具体标准可能有所不同。例如，在中国，自我强迫式挨饿的独特原因不是害怕变胖，而是对食物极度厌恶或难以忍受饱腹感。

文化特定心理障碍往往会出现在特定的文化环境中，这支持了文化相对论者的立场。但是这些心理障碍究竟是文化特定现象，还是由某些普遍的社会环境压力导致的结果，有待研究者进一步探索。目前的研究表明，精神病理学的内容既包含文化普遍性的成分，也包含文化特异性的成分。

第四节 文化与心理治疗

许多实践或应用心理学家以改善人们生活为目标，使用一些方法对因心理障碍而生活功能紊乱的人进行心理干预。干预主要通过心理治疗来实现。原始社会和落后地区往往依赖于土著民俗性的治疗。治疗者多利用人们对"超自然"力量的信奉心理来减轻或解决求治者心理上的困难。在现代社会中，心理治疗发展出多种流派和方法，其中与文化关系尤为密切的是文化特殊性治疗和跨文化治疗。

一、文化特殊性治疗

有些心理治疗的理论与方法是在特殊的文化背景中发展起来的，带有浓厚的特殊文化气息。这些方法受文化因素的影响比较大，也比较适于解决本土文化中出现的心理问题。在其他的文化中，由于求助者的信念、价值观等与该文化认同的信念、价值观差别较大，这种治疗方法未必有效。但随着治疗方法的传播以及实证研究的增加，这些原本在特定文化中产生的心理疗法也逐渐被发现同样适用于其他文化。

1. 森田疗法

森田疗法是由日本东京慈惠会医科大学森田正马教授于1919年创立的。其基本治疗原则是"顺其自然，为所当为"，要求人们将烦恼当作人本身的自然情绪来接纳和包容，重视当前的现实生活，按照现状和能力去做自己应当做的事情，努力朝目标前进。森田疗法依据的是东方文化中的禅学和佛学思想，与西方传统的心理治疗形成鲜明的对比。目前，森田疗法适用于强迫症、恐惧症、焦虑症等神经症。除神经质症患者以外，药物依赖、酒精依赖、抑郁症、人格障碍、精神分裂症等的患者通过治疗都取得了良好效果。据日本的研究报道，森田疗法的痊愈率（无论在主观上还是在客观上症状全部消失）达60%左右，好转率（在主观上还残留症状，在客观上对社会的不适应还存在）达30%左右。

森田正马认为，各种神经症的主要症状包括精神上及身体上的症状，包含抑郁、焦虑、不安、强迫以及失眠和精神疾患所导致的躯体不适等。

他认为导致这些身心不适症状的主要原因是这些患者的思维方向过分地指向自我，他们过分地不断进行自我内省、自我批判，过分地夸大自己的缺点，并且对各种危险表现格外敏感，导致不安情绪的形成。这类患者的内在欲望比一般人的强，容易导致内心矛盾的形成，从而导致焦虑及强迫症状的形成。所以，森田正马认为对这些神经症的治疗应采取"顺应自然"的人生态度去对待；患者不要主动地对症状有任何的抗争，要对疾病采取听之任之的态度，不要在乎它，不要带着焦虑去生活、工作，从而打破这种心理的恶性循环，久而久之，自然就会痊愈。

森田疗法具有以下治疗观点：① 不问过去，注重现在。治疗采用"现实原则"，不追究过去的生活经历，而是引导患者把注意力放在当前，鼓励患者从现在开始，让现实生活充满活力。② 不问症状，重视行动。治疗注重引导患者积极地去行动，强调"行动转变性格"，"照健康人那样行动，就能成为健康人"。③ 强调在生活中指导，在生活中改变。森田疗法不使用任何器具，也不需要特殊设施，主张患者在实际生活中像正常人一样生活，同时改变不良的行为模式和认知。④ 陶冶性格，扬长避短。森田疗法认为：性格不是固定不变的，也不是随着主观意志而改变的；无论什么性格都有积极面和消极面，神经质的性格特征也是如此；患者应该通过积极的社会生活磨炼，发挥性格中的优点，抑制性格中的缺点。

森田疗法产生于20世纪初的日本。当时日本的工业逐渐发展。社会压力的增大导致神经症患者数量显著增加。在这样的社会背景中，森田正马试图用西方的精神医学方法解决日本的神经症问题，但没有成功，因而结合日本的文化特点，创立了森田疗法。森田疗法植根于日本的文化，具有如下文化特点：① 在治疗过程中，治疗者让求助者天天写日记，然后为求助者的日记写评语。由于日本人不太习惯用口头表达自己内心的私事，而且平时有写日记的习惯，因此森田疗法利用这个文化特点进行辅导。② 在治疗过程中，治疗者为求助者日记写的评语大多传达"无心"的态度，如使用"不安常住"（不安的心情是总有的现象，是生活的一部分。辅导求助者要以自然的态度去接受，而不要紧张）、"顺其自然，按实接受"（事情好坏、痛苦与否，都是现实的一部分。辅导求助者要去接受，不用费心祛除或改善）、"日日是好日"（辅导求助者要把握当下而利用且享受）、"行动为准绳"（不管怎么想，采取实际行动才算数）等评语。这反映了禅道对森田疗法的影响。

目前森田疗法应用不仅仅局限于东方文化中，也见于很多以西方人为被试的研究中。这证明了该疗法的跨文化适用性。例如，研究者对森田疗法进行了临床实验，检验该疗法对英国人的适用性。60 名英国重度抑郁症患者被随机分配到常规治疗组（对照组）和森田疗法加常规治疗组（干预组）。经过 8~12 个疗程的干预，结果显示干预组的恢复率显著高于对照组（Sugg, Richards, & Frost, 2018）。

2. 内观疗法

内观疗法是由日本人吉本伊信所创的心理治疗法，受日本净土真宗的直接影响。所谓"内观"，即"观内""了解自己""凝视内心中的自我"。该疗法借用佛学"观察自我内心"的方法，设置特定的程序进行"集中内省"，以达到自我精神修养或者治疗精神障碍的目的。内观疗法也被称作"观察自己法""洞察自我法"。

内观疗法作为心理疗法，主要用于矫正一些人的精神疾病和心理、行为问题，如夫妇关系不和、反社会行为、逃学、神经症、酒精依赖、抑郁症、心身疾病等。内观疗法的理论认为，不光明的人都是病人。内观疗法强调人性暗淡的一面，要求患者学习正确的反省方法。内观疗法认为"无明"是精神官能症的根源。"无明"是佛教词汇，也就是说神经质症状来自欲望太强、过分执迷而拘泥于此欲望。因此，精神官能症的根源是欲望，而欲望的根源是"无明"。内观疗法认为只要"无明"消失，欲望将转为欲生，精神官能症就可以治愈。

开展内观疗法的原理主要是回顾和检讨自己历来在人际关系上所作所为中存在的问题而进行彻底反省，比较自身对他人的冲撞和他人对自己的慈爱这二者之间的差异和原因，并进行自我洞察、自我分析，从而纠正自己在人际交往中的不良态度，改善自己的人格特征。内观疗法认为罪恶感来自自私，也就是所谓的"我执"。内观的目的在于祛除"我执"。要祛除"我执"，在内观上需要先察觉到自己的"我执"，也就是要察觉到自己得到别人的恩惠太多，却一直未加关注，不但没有感恩图报，而且带给别人太多的麻烦；自己的自我本位、放任、怠慢、缺乏体贴心是这些罪恶的根源。内观疗法除了要求人们察觉到个人的罪恶外，同时也强调人们要察觉到他人的爱，也就是了解他人对自己帮助了多少，自己又对这些人回报了多少，无论这些帮助是物质层面的还是精神层面的。在内观的过程中，感受最强烈的莫过于洞察到"别人给予我富有牺牲精神的全身心的爱，而我却表现出背叛行为，尽管如此，别人仍然宽恕我"。以此为基础，人们在进行内观时，应对与自己有密切关系的人和事做三方面的情况回顾：① 别人为我做的；② 我为别人做的；③ 给别人增加烦恼的。然后按年代顺序进行回忆，通过深刻的情绪体验，会产生后悔感、内疚感、内心感谢体验和报答心理等，从而产生与他人的共鸣，增强自己的责任感，消除不良的心理状态，调整人格偏离。

内观疗法产生于日本，在日本也比较有效，是因为这种方法与日本人的心理与性格有关。日本人强调尊敬长辈、偿还恩情或人情，以及在人际关系中讲究廉耻心等。另外，静坐、内省这些具体的方法也是日本人可以接受的，但在西方国家，让求助者静坐十几个小时沉思内省是比较困难的。

目前能够支持内观疗法的跨文化适用性的文献非常有限，但内观疗法在各种不同群体文化中的适用性有一些文献可以佐证，例如中国学者曾发现，内观疗法作为治疗精神分裂症的辅助手段，有利于减少精神分裂症的复发率。内观疗法还有助于毒品成瘾个体重组依恋内部记忆、重构依恋工作模式、改善依恋关系，是有效干预毒品成瘾的可行方法。

3. 正念疗法

正念这个概念最初源于佛教禅修，是从坐禅、冥想、参悟等发展而来的，是一种自我调节的方法。Kabat Zinn 将其定义为一种精神训练的方法。这种精神训练强调的是有意识地觉察，将注意力集中于当下，以及对当下的一切观念都不做评判。因此，正念就是有目的、有意识地关注、觉察当下的一切，但对当下的一切不做任何判断、分析和反应。目前正念疗法在多种文化下都得以应用。例如，Shore 等人（2018）对偏执狂进行简短的在线正念干预之后，发现此法可以有效减少患者的焦虑和抑郁水平，从而间接减少偏执。Thomas 等人（2016）调查了阿联酋穆斯林公民中一种以正念为基础的减轻压力疗法（MBSR）的有效性和文化适宜性。来自阿联酋的 12 名女大学生参加了为期 8 周的集体 MBSR 项目。随后该疗法得到了参与者良好的评价。参与者认为该项目在任何方面都未与自己的有神论或文化传统相冲突。

二、跨文化心理治疗

如果治疗者与求助者有不同的文化背景，双方的价值观、习惯、对各种事情的看法、观念、态度等文化因素就会严重影响心理咨询和治疗的效果，因此治疗者要采取各项措施，尽可能避免这些因素对咨询和治疗过程的影响。当求助者和治疗者来自不同的文化背景时，所进行的心理治疗就叫作跨文化心理治疗。

治疗者的价值观体系会严重影响他在心理治疗过程中的表现，因此，治疗者不但要了解自己的文化背景及可能带来的影响，还要善于了解求助者的文化背景，并善于根据对方的文化背景进行治疗。

1. 了解求助者的文化背景

治疗者应关注存在于任何一个求助者身上的文化影响，并思考这种文化如何塑造了求助者的人格特征。例如，某个西班牙妇女可能喜欢被称作西班牙人而不是拉丁人，但对另一个人来说，他也许更喜欢被称为拉丁人。最明显的求助者的文化背景差异主要表现在语言和宗教上，此外也可能表现在信仰、价值观、习俗上。

2. 了解求助者的弱势文化

来自非主流文化的求助者在多个方面都可能受到不公正的对待。例如，有研究者经过调查发现，一些少数民族求助者得到的精神卫生服务很少，并且服务质量很差。非主流文化的人们不仅受到区别对待，而且还经常被剥夺平等的机会，受到主流文化或明或暗的歧视和压迫。即使是善意的治疗者，也难以了解非主流文化的求助者所受到的压迫。

3. 文化敏感会谈者的具体要求

治疗者要掌握多元文化能力，掌握能有效应付各种求助者的知识、态度、信念和必要的技能。Cormier 等人（2004）概括了具有文化敏感性的访谈治疗师的 11 个特点：

- 对所有文化背景的求助者都持尊重、接纳、关心、感兴趣、共情的态度，并关注个体的独特性和保密性。
- 努力建立一种明确的意识，即自己是特定种族或民族、性别、年龄、社会层次、社会阶层、职业群体的成员之一，因此本身具有的文化和其他特征会影响自己在会谈中的信念、态度、行为、刻板印象、偏好和偏见。
- 获得了上述自我意识后，对文化敏感的治疗师就会对自己作为某个文化群体成员的身份感到坦然，并不再自我防御。
- 能够主动从求助者背景中了解和接纳跨文化因素。它们影响求助者的问题及其性质，也是选择干预方式的依据。

- 能够认识到影响访谈的跨文化因素，并可以不带任何防御性和辩护性地讨论这些跨文化因素。
- 能够认识到具有文化差异的群体多种多样，虽然不可能了解所有的文化群体，但承诺将学习那些经常接触的求助者的文化背景。
- 愿意承认自己对某个求助者的文化背景的了解不足，并不带防御性地要求求助者给予帮助，以便学习所需要的知识。
- 持文化差异不分好坏的态度，认识到差异是一种合理的存在，并尊重这些差异。
- 能够意识到文化的优势，意识到具有同样文化基础的群体可能成为治疗中的资源，而某些帮助措施从本土文化的角度看可能并不适当。
- 能够意识到那些常与少数群体相关联的权利剥夺、歧视和侮辱等问题。
- 不但对那些可能与求助者问题有关的文化因素敏感，而且能了解这些因素在某个特定求助者的案例之中是否处于核心位置。

四、治疗过程中的文化问题

心理治疗中的很多环节都涉及文化问题，如咨询关系的建立、诊断、目标设定等。治疗者认识到文化因素可能产生的影响有助于增强治疗的效果。

1. 跨文化治疗中的信任测试

在心理治疗关系中，治疗者对求助者不可避免地会产生影响。研究者认为，治疗者的三个特点可以增强治疗者对求助者的影响。这三个因素分别是专业能力、吸引力、可信任性。在心理治疗过程中，求助者对治疗者建立信任之前，往往会有某种形式的信任测试，例如说出一个秘密。

2. 诊断的文化问题

如本章前面所述，诊断心理障碍存在文化差异。治疗者需要考虑文化背景因素来确定求助者的症状。

3. 咨询目标的文化问题

在心理咨询过程中，治疗者一般会和求助者共同制定咨询目标。治疗者应该明确地意识到，少数群体的咨询目标往往与主流群体的咨询目标不一致。治疗者要注意保持价值中立，尊重求助者的自主意愿。

4. 治疗计划和方法选择中的文化问题

在心理咨询和治疗的过程中，治疗者会采取各种治疗策略，但在跨文化心理治疗中应该注意,这些治疗策略大部分反映的是西方主流的价值观。西方主流价值观的特征是"白人、中产阶级、年轻、健康、异性恋和男性",而不具备这些特征的人会觉得自己处于社会边缘状态。所以,适合主流人群的治疗策略不一定适合非主流人群。此外,一些在欧美求助者身上取得成功的传统心理治疗技术,对非主流文化的求助者来说,可能是文化上的禁忌。

思考题

1. 定义心理异常有什么常用方法?它们各有什么缺陷?
2. 已有对精神分裂症、抑郁症和注意缺陷多动障碍的研究发现了什么文化普遍性和特异性?
3. 常见的文化特定心理障碍有哪些?
4. 文化因素对心理治疗有什么影响?

参考文献

1. [美]CORMIER S, NURIUS P S, OSBORN C J. 心理咨询师的问诊策略[M]. 张建新,等,译. 北京:中国轻工业出版社,2004.

2. WANG Z Q, YANG S J, ZHANG Y P, et al. Use of a structured questionnaire to assess the concordance of the diagnosis of depression based on DSM-IV and the Chinese Classification of Mental Disorders (CCMD-3)[J]. 中国心理卫生杂志,2008,22(7):497-500.

3. ANDREWS G, SLADE T, PETERS L. Classification in psychiatry: ICD 10 versus DSM IV[J]. The British Journal of Psychiatry,1999,174(1):3-5.

4. BHUGRA D, MCKENZIE K. Expressed emotion across cultures[J]. Advances in Psychiatric Treatment,2003,9(5):342-348.

5. BUTCHER J N, CHEUNG F M, LIM J. Use of the MMPI-2 with Asian populations[J]. Psychological Assessment,2003,15(3):248-256.

6. BUTCHER J, DERKSEN J, SLOORE H, et al. Objective personality assessment of people in diverse cultures: European adaptations of the MMPI-2[J]. Behaviour Research and Therapy,2003,41(7):819-840.

7. BUTCHER J N, LIM J, NEZAMI E. Objective study of abnormal personality in cross-cultural settings: the Minnesota Multiphasic Personality Inventory (MMPI-2)[J]. Journal of Cross-Cultural Psychology, 1998, 29(1): 189 – 211.

8. CHANG D F, SUE S. The effects of race and problem type on teachers' assessments of student behavior[J]. Journal of Consulting and Clinical Psychology, 2003, 71(2): 235.

9. CHENTSOVADUTTON Y E, CHU J, TSAI J L, et al. Depression and emotional reactivity: variation among Asian Americans of East Asian descent and European Americans[J]. Journal of Abnormal Psychology, 2007, 116(4): 776 – 785.

10. CHEUNG F M, KWONG J Y, ZHANG J. Clinical validation of the Chinese Personality Assessment Inventory[J]. Psychological Assessment, 2003, 15(1): 89 – 100.

11. GÓMEZ-BENITO J, VAN DE VIJVER F J, BALLUERKA N, et al. Cross-cultural and gender differences in ADHD among young adults[J]. Journal of Attention Disorders, 2015, 23(1): 22 – 31.

12. HILL J S, PACE T M, ROBBINS R. Decolonizing personality assessment and honoring indigenous voices: a critical examination of the MMPI-2[J]. Cultural Diversity & Ethnic Minority Psychology, 2010, 16(1): 16 – 25.

13. LEE D T, KLEINMAN J, KLEINMAN A. Rethinking depression: an ethnographic study of the experiences of depression among Chinese[J]. Harvard Review of Psychiatry, 2007, 15(1), 1 – 8.

14. LI-REPAC D. Cultural influences on clinical perception: a comparison between Caucasian and Chinese-American therapists[J]. Journal of Cross-Cultural Psychology, 1980, 11(3): 327 – 342.

15. MANSON S M, SHORE J H, BLOOM J D. The depressive experience in American Indian communities: a challenge for psychiatric theory and diagnosis[M]//KLEINMAN A, GOOD B J, GOOD B. Culture and depression. California: University of California Press, 1985,.

16. NORVILITIS J M, FANG P. Perceptions of ADHD in China and the United States: a preliminary study[J]. Journal of Attention Disorders, 2005, 9

(2):413-424.

17. PACE T M, ROBBINS R, CHONEY S K, et al. A cultural-contextual perspective on the validity of the MMPI-2 with American Indians[J]. Cultural Diversity & Ethnic Minority Psychology, 2006,12(2):320-333.

18. PFEIFFER W M. Culture-bound syndromes[M]//AL-ISSA I. Culture and psychopathology. Baltimore: University Park Press,1982.

19. POLANCZYK G, DE LIMA M S, HORTA B L, et al. The worldwide prevalence of ADHD: a systematic review and metaregression analysis[J]. American Journal of Psychiatry,2007, 164(6): 942-948.

20. SHORE R, STRAUSS C, CAVANAGH K, et al. A randomised controlled trial of a brief online mindfulness-based intervention on paranoia in a nonclinical sample[J]. Mindfulness, 2018,9(1): 294-302.

21. SUGG H V R, RICHARDS D A, FROST J. Morita Therapy for depression (Morita Trial): a pilot randomised controlled trial[J]. BMJ Open, 2018,8(8):e021605.

22. THOMAS J, RAYNOR M, BAKKER M C. Mindfulness-based stress reduction among Emirati Muslim women[J]. Mental Health, Religion & Culture, 2016,19(3):295-304.

23. WEISZ J R, WEISS B, SUWANLERT S, et al. Culture and youth psychopathology: testing the syndromal sensitivity model in Thai and American adolescents[J]. Journal of Consulting and Clinical Psychology, 2006,74(6): 1098-1107.

第十一章 文化、管理和跨文化沟通

组织是人们为了达成某些目标而创造的一种社会结构。在这个结构中，一群人进行协作，以完成共同的目标。具体而言，组织中的人可能具有特定的角色、目标和任务以及社会等级。我们大部分人都有在某些组织（如教育机构、宗教组织、运动团体、政府机关等）中生活或工作的经验。组织是社会化的重要机制，对文化的传承和发展起到重要作用。本章将讨论一些与文化有关的组织和管理现象，并讨论与跨文化组织管理密切相关的跨文化沟通现象的主要特点。

第一节 工作价值观的文化差异

价值观是主体按照客观事物对其自身及社会的意义或重要性进行评价和选择的原则、信念和标准。价值观通过人们的行为取向及对事物的评价、态度反映出来，是驱使人们行为的内部动力。它支配和调节社会行为，涉及社会生活的各个领域。工作价值观就是人们在工作中的评价准则和行为动机。循着工作价值观的定义，本节将讨论工作价值观的构成维度和不同工作价值观中的行为动机。

关于工作价值观的研究，Hofstede 的研究具有里程碑式的意义。Hofstede 在 IBM 分布于世界各地的子公司进行了一项关于工作价值观的研究。该研究涉及世界范围内的 53 个国家和地区，分别在 1968 年和 1972 年进行了两轮数据采集工作，调查对象包括从经理到行政职员 7 种不同的职业。研究主要采用问卷法，共有 160 道题目，其中 63 题涉及工作价值观。研究最终收集到涉及 20 种语言的超过 116 000 份数据。Hofstede 根据研究结果将工作价值观分成了四个维度：权力距离、不确定性回避、个人主义/集体主义、男性气质/女性气质。Hofstede 通过因素分析发现，这四个维度的指标反映了文化中的很多潜在因素，即这四个维度与经济、地理、人口学等方面均有一定程度的联系。例如，权力距离与个体的独立性呈负相关、与独裁主义呈正相关；在权力距离维度上得分越低的被试对严密监督管理的评价越消极，同时更喜欢协商式的决策制定方式；在个人主义得分相对较低的文化中，自主的重要性也相对较低，而在个人主义得分较高的文化中，自主性和多样性对个体而言也更为重要。（Hofstede，1980）

Hofstede 所做的维度划分意义重大。这些维度使得出现在研究者和被试面前的"文化"不再是一个模糊的概念，而是可以测量和研究的对象。他提出的个人主义/集体主义维度的影响尤其深远。目前任何一本主流的管理心理学手册几乎都是按照个人主义/集体主义这一维度来进行结构编排的。在研究管理的众多文献中，很多都将个人主义/集体主义作为区分东西方风格的重要依据。在实际生活中，个人主义与集体主义的划分维度也得到了广泛验证，成为价值观的一项核心组成部分。

第二节　文化与组织管理气氛

在管理学中，组织结构特指反映人、职位、任务以及它们之间的特定关系的网络。这一网络可以把分工的范围、程度、相互之间的协调配合关系、各自的任务和职责等用部门和层次的方式确定下来，成为组织的框架体系。文化影响生活中的许多领域。这就意味着组织间的差异不仅表现在产品技术、市场以及员工的态度上，也表现在深层次的信念、工作意义以及价值观上。在不同文化基础上构建起来的组织具有不同的效能。例如，20 世纪 50 年代到 20 世纪 80 年代日本的发展速度极为惊人，与日本当时采择的社会政策及管理措施有密切关系。

1. 成就动机

动机是由一种目标或对象所引导、激发和维持的个体活动的内在心理过程或内部动力。许多活动的引发是从需要开始的。需要引起某种内驱力的增强，而内驱力激发了反应，即一个或一组行动，以实现特定的目标。因此，一个完整的动机过程包括需要、内驱力、反应和目标四个组成部分。在关于动机（或称需求）的所有理论中，McClelland（麦克莱兰）和 Maslow（马斯洛）的动机理论是对跨文化研究影响最为深远的两种理论。

McClelland 认为，经济的发展必须结合社会和心理的变量进行解释。他肯定动机在国家经济发展中的重要作用，并提出了"成就动机"这一说法，认为成就动机是国家经济发展决定性因素的一部分。McClelland 的研究表明，在一个国家的文学作品中成就作为主题出现的频率与该国的经济发展呈正相关，并且存在着一定的时间滞后现象。其他研究也得出类似结果。例如，有研究者通过分析儿童读物中的故事得到国民成就动机分数，通过资本收益和用电总量来评估国家经济水平，结果发现，成就动机分数与经济水平之间存在着非常显著的相关性。

Haire 等人在 1966 年根据马斯洛需要层次理论，进行了第一次全球性的大规模动机行为调查研究。在实际操作中，他们对该理论稍微做了调整，形成安全、社交、自尊、自主和自我实现 5 种需要，然后采用三个问卷分别测量动机、领导方式和管理角色。研究者对来自 14 个国家的至少 200 名管理者进行了测量。在这 14 个国家中，9 个是欧洲国家，其他分别是美国、阿根廷、智利、印度和日本。被试从商会、大学、培训中心及私人企业中征集。研究者对收集到的数据进行多因素方差分析，通过比较发现，在所有的 5 种需要中，自我实现需要在所有的国家中都被认为是最重要的，其次重要的是自主需要。这两种需要的满足是在工作情景中促进管理者工作的重要因素。同时研究者也发现，在这些国家中，这两个最为重要的需要得到满足的程度低于其他需要得到满足的程度。总体而言，满意度最高的是日本和北欧群组中的管理者。

性别多样性在不同文化下对工作绩效也有影响。在中国，性别多样性对工作表现有积极影响，可能是因为中国人在团队合作中更重视人际关系的和谐，尤其是当出现性别差异导致的冲突时更愿意去减少冲突、追求和谐，从而表现出更好的绩效。

2. 工作动机的研究

社会科学中对工作意义的研究有很长的历史。20 世纪初，德国著名社会学家 Max Weber（马克斯·韦伯）认为资本主义的崛起是新教的兴起和工作伦理发展的结果。最近在社会科学中，对工作意义的研究越来越受到重视。MOW 国际研究组织（Meaning of Working International Research team）于1987年进行了一项对工作中心化的地域差异的研究。工作中心化是指一种认为工作对个体生活具有重要意义的普遍信念。研究者在日本、南斯拉夫、以色列、美国、比利时、荷兰、联邦德国和英国8个国家中抽取被试。衡量工作中心化程度的方法是直接向被试提问，而问题包括"工作对你来说有多么重要""工作与其他生活角色（包括休闲社交、宗教、家庭等领域）相比较时你如何排序"等。研究者根据被试的回答来评定被试工作中心化的程度。结果如下：

（1）工作中心化的国家差异。按照被试认为工作重要性的程度，从高到低对这些国家进行排列的顺序为：日本、南斯拉夫、以色列、美国、比利时、荷兰、联邦德国、英国。研究者对此的解释是，工作中心化是工业化开始时间的非线性函数。西欧国家，包括英国，在研究涵盖的这些国家中是最早开始工业化的，而日本和南斯拉夫比起它们来要晚得多。

（2）工作中心化的职业差异。工作重要性的程度评价在不同的职业之间也有差异：专业人员得分最高，临时工得分最低，技术工人和失业人员得分处于中间位置。

（3）工作中心化的性别差异。除了比利时和美国外，其他6个国家的被试的评定数据均显示女性对工作重要性的评价显著低于男性的评价。这种现象在日本最为突出。

（4）工作的权利和义务。工作的权利和义务两个方面均存在显著的地域差异。在强调工作权利方面，美国被试的得分最低，荷兰、比利时、联邦德国被试的得分最高；在强调工作义务方面，荷兰被试的得分最低，南斯拉夫和以色列被试的得分最高。在日本、英国、南斯拉夫和以色列，工作的权利和义务这两个变量大体是平衡的；美国被试对工作义务的认同程度要高于对工作权利的认同程度，而荷兰、联邦德国和比利时被试对工作权利的认同程度要高于对工作义务的认同程度。研究者认为在工作权利和义务之间保持平衡关系是最佳状态，也由此进一步推测，某些国家和地区（例如荷兰）在工作中心化水平较低的同时过度强调工作权利可能会对经济活动产生消极的影响。

（5）其他重要结果。此项研究还有两个具有跨文化普遍性的重要发现：首先，86%的人表示，即使有足够的钱能保证下半辈子过上舒适的生活，他们也仍然愿意选择继续工作。其次，在人生中五个角色的重要性排序中工作排在第二，仅家庭角色在重要性排序上超过了工作。

第三节　文化与组织管理行为

无论选择怎样的组织文化模式，一个好的组织都离不开好的领导和管理。在管理学的研究中，领导行为是研究最多的主题，尤其是研究领导行为有效性的理论，是管理学理论研究的热点之一。领导行为研究的分支有很多，包括影响领导有效性的因素、加强领导的有效性、领导风格对组织的影响等。

一、领导风格

1. 领导风格有关理论

领导风格理论集中研究领导的工作风格对领导有效性的影响。比较流行的理论包括 Lewin（勒温）的三种领导方式理论、Likert（利克特）的四种管理方式理论、领导四分图理论、领导权变理论等。

（1）Lewin 的三种领导方式理论。Lewin 等三位学者在 1943 年提出，领导者的风格可以分为三类，分别是独裁式领导、放任式领导和民主式领导。

① 独裁式领导。这种类型的领导者拥有类似君王一般至高无上的权力，对于赏罚有决定权而不受任何约束。下属对命令完全遵守。领导者通常与下属保持相当的距离。这种领导风格决策迅速，很适合用于下属工作能力及工作意愿低落的组织，但是由于在这种领导风格之下会感到长期的压迫感，下属容易失去创意和工作热情。

② 放任式领导。放任式领导即所谓的"无为而治"。团体的决策多由下属自行决定。领导者处于相对被动的地位，当下属有所要求时，才行使其领导权力。放任式领导可以培养员工的自主性，训练其独当一面的能力，但也可能由于领导缺乏对事务通盘的了解，使员工产生本位主义。

③ 民主式领导。民主式领导者善于协助组织进行讨论，鼓励员工参与决定，对于组织的活动采取充分授权、信任下属，以激励代替处罚。此种领导方式能增加员工的参与感，增强其自信，而且有集思广益之效，使政策推行较为容易。但过于讲究民主容易导致效率低下，而且最后的决策往往不是最佳决策，而只是各方妥协下的产物。

（2）Likert 的四种管理方式理论。Likert（1967）提出了领导的四系统模型,即把领导方式分成四类系统:专制-权威式领导、开明-权威式领导、协商式的民主领导和参与式的民主领导。

① 专制-权威式领导。采用这种方式的领导者非常专制,很少信任下属,采取使人惧怕与惩罚的方法,偶尔兼用奖赏来激励下属;采取自上而下的沟通方式,将决策权握在手中。

② 开明-权威式领导。采用这种方式的领导者对下属怀有充分的信任和信心;采取奖赏和惩罚并用的激励方法;允许一定程度的自下而上的沟通,向下属征求一些想法和意见;授予下级一定的决策权,但牢牢掌握政策性控制。

③ 协商式领导。采用这种方式的领导者对下属抱有相当大的但又不是充分的信任和信心,常设法采纳下属的想法和意见;采用奖赏,偶尔采用惩罚和一定程度的参与;采取上下级双向沟通;在最高层制定主要政策和总体决策的同时,允许低层部门做出具体问题决策,并在某些情况下进行协商。

④ 参与式领导。采用这种方式的领导者对下属在一切事务上都抱有充分的信心和信任,总是从下属处获取设想和意见,并且积极地加以采纳,对于确定目标和评价实现目标所取得的进展方面,组织群体参与其中,在此基础上给予物质奖赏;更多地从事上下级之间与同事之间的沟通;鼓励各级组织做出决策,或者本人作为群体成员同下属一起工作。

Likert 认为有效的管理者应该坚决地面向下属,依靠人际沟通使各方团结一致地工作。包括管理者或领导者在内的群体全部成员都应采取相互支持的态度,应该具有共同的需要、价值观、抱负、目标和期望。因此只有第四种领导方式——参与式领导才能实现真正有效的管理。

(3) 领导四分图理论。1945 年,美国俄亥俄州立大学教授 Stogdill 和 Shartle 在调查研究基础上把领导行为归纳为"抓组织"和"关心人"两大类。"抓组织"强调以工作为中心,是指领导者以完成工作任务为目的,只注意工作是否有效地完成,只重视组织设计、职权关系、工作效率,而忽视下属本身的问题,对下属严密监督控制。"关心人"强调以人为中心,是指领导者强调建立领导者与下属之间的互相尊重、互相信任的关系,倾听下级意见和关心下级。调查结果证明,"抓组织"和"关心人"这两类领导行为在同一个领导者身上有时一致,有时并不一致。因此,研究者认为,领导行为是两类行为的具体结合,分为四种情况,可用两度空间的四分图来表示。属于"低关心人、高组织"的领导者最关心的是工作任务。属于"高关心人、低组织"的领导者大多较为关心领导者与下属之间的合作,重视互相信任和互相尊重的气氛。属于"低关心人、低组织"的领导者,对组织、对下属都漠不关心,一般来说,这种领导者的领导效果较差。属于"高关心人、高组织"的领导者对工作、对下属都较为关心。一般来说,这种领导者的领导效果较好。

(4) 领导权变理论。以上几种理论主要是从对人的关心和对任务的关心两个维度,以及上级控制和下属参与的角度对领导行为进行分类。这些理论在确定领导行为类型与群体工作绩效之间的一致性关系上取得了一定的成绩,但这些理论的主要缺点是缺乏对影响成功与失败的情景因素的考虑。领导行为与领导的有效性之间的关系显然依赖于任务结构、领导成员关系、领导权威、下属的主导性需求等情景因素。领导权变理论弥补了这一缺陷。根据这个理论,领导的有效性依赖于情景因素,并且情景因素可以被分离出来。它的研究成果包括菲德勒权变模型、情景领导理论、路径目标理论和领导者参与模型。但由于实践者很难确定领导成员关系、任务结构等权变变量,领导权变理论显得过于复杂和困难,使它的应用具有一定的局限性。1978 年,Burns 在对政治型领导人进行定性分类研究的基础上,提出领导行为应包含交易型和变革型两种领导行为。这一分类为领导行为的研究开辟了新的思路。1985 年,Bass 正式提出了交换型领导行为理论和变革型领导行为理论。它们比以往理论采用更为实际的观点,是以"走在大街上的"普通人的眼光看待领导行为,具有实际的应用价值,在实践中得到了广泛应用。

2. 领导方式的文化差异

早期关于领导风格、管理行为的研究主要以西方的组织为研究样本。20 世纪 80 年代初有学者逐渐开始对东方文化下的领导方式开展研究。

(1) 培养-任务型领导方式。

Sinha(1984)通过对印度领导风格的研究,提出了培养-任务型领导方式。这种管理方式包含两种成分:关注任务以及培养员工。培养-任务型领导能够创造一种相互支持的氛围,并且使组织保持较高的生产率。在这种领导模式下,领导者关爱下属,关注员工的幸福感,并且愿意为员工的成长做出贡献。培养-任务型领导灵活性很强。当员工完成任务、对工作指令的需求减少时,培养-任务型领导会转化为参与式领导。

Sinha 认为，培养-任务型领导具有权威性，但并不专断，介于权威式领导和参与式领导之间。根据西方的研究结论，参与式领导被认为是最为有效的领导方式，但是这种领导方式需要在一定的社会环境中形成。而印度现在并不具备这样的环境。一个重要的原因是，在印度，个人凌驾于组织之上，规则与制度往往会给友情或亲情让步。另外一个原因是，印度的组织缺少团队精神，而对时间有意识地滥用（如上班经常故意迟到或特意延长午餐时间）被看作身份的标志。这些原因以及与之相类似的因素就导致了印度人的领导风格中必然有权威的成分。

Sinha 在一项对印度组织中的员工进行深度访谈的调查中发现他们更偏爱培养-任务型领导。有证据显示在印度，有成就的领导者比起其他的领导者更倾向于支持培养-任务型领导风格。但值得我们注意的是，Sinha 的观点并没有得到所有学者的认同。绝大多数学者依然认为民主的参与型领导方式有着更为积极的效能。除此之外，Sinha 并不认为培养-任务型领导是很好的方式，因为这种领导方式要求领导者即使在下属的绩效并不理想的情况下也必须表现出无条件的关注，以便让下属有较强的归属感，而这对组织的效率和任务完成是有影响的。

（2）PM 领导理论。

日本学者三岛（Misumi）区分了一个团队的两种功能：一个是成就功能，即有助于实现团队成就目标及解决团队中存在的问题；另一个是自我保护功能，即有助于团队的自我保存和团队实力的增强。其中成就功能被称为"表现"，简称 P（Performance）。P 型领导旨在完成任务，实现团队目标，力求组织做出良好的表现。自我保护功能被称为"保持"，简称 M（Maintenance）。M 型领导旨在增加员工之间的相互支持和鼓励，减少冲突和纷争。P 和 M 在任何一种领导方式中都起着一定的作用，两者不是相互独立，而是彼此依赖。

PM 领导理论区分了领导行为的普遍性特点和特定情景下领导行为的表达方式。在 PM 领导理论中，P 意味着监督生产。与之相伴随的 M 有两种情况，一种是低 M，另一种是高 M。领导行为由此被分为四个基本类型，分别命名为 PM，Pm，pM，pm（大写字母表示对此领导行为赋予的权重值较高，而小写字母则表示对此领导行为赋予的权重值较低）。这种分类不仅得到了问卷调查的结果支持，而且一些在日本的学校、政府部门及公司进行的准实验研究结果也验证了这种分类。

在 PM 领导理论的研究中，领导方式是以外在指标（比如长期业绩、工作动机、事故率、员工流失率）和自我报告的内在指标（满意度和标准业绩）两个方面来进行测量的。在一般情况下，四种领导的有效性按照从高到低排列，存在着一定的顺序关系，即 PM，pM，Pm，pm，但是当员工缺少工作动机时，Pm 会成为最有效的领导方式。

Misumi 认为，PM 领导理论是西方经典组织管理理论的一种扩展，但是西方理论偏向于强调领导方式的单一维度和标准化的测量问卷。Misumi 提出，在测量某一特定文化中领导方式的 P 和 M 时，需要特定的适合该文化的测量指标。Smith 和 Peterson（1988）总结了英国、中国香港、美国以及印度的相关研究，发现在一系列被认为是领导风格评价指标的行为中，一些行为与领导风格的关系表现出跨文化的一致性，而另外一些行为与领导风格的关系则存在着国家、地区间的差异，属于特定文化中的具体表现。例如，领导者主动关心员工所面临的个人困难，在英国和美国被认为是轻率的做法，而在中国香港和日本则被认为是考虑周到。这些研究结果支持了 Misumi 的观点，即需要区分出领导的一般特质和在特定文化中的具体表现。

（3）领导方式跨文化差异性的其他相关研究。

在管理实践中，文化起到了重要的作用。例如，有研究发现，领导方式的地域差异主要存在于三个方面：人与人之间的率真亲近程度、谦逊程度以及自主程度。欧洲西北部的居民对参与度的重视程度要高于东南部的居民的重视程度。德语国家的人对行政管理能力的重视程度要高于英国人和爱尔兰人的重视程度。人文取向是欧洲的西北部区别于其他地区的主要特征；而有面子和自主性是欧洲东南部区别于其他地区的主要特征。

其他跨文化比较研究发现，日本的管理者在完成单一任务上消耗的时间要多于美国管理者消耗的时间。在美国和日本，占用管理者 1 个小时以上的单一任务比例分别为 10% 和 41%，而与之对应的是，只有 18% 的日本管理者和 49% 的美国管理者在忙于应对那些花费时间少于 9 分钟的任务。这反映了日本管理者更加倾向于完成需花费时间较长的任务。

Sinha 发现，在印度，人们注重工作满意度的程度高于对产量的重视程度。这一结论是与印度社会的集体主义价值观相一致的。对中国人的"面子"的相关研究发现，理解中国人的脸面在丢脸和有面子中的含义，对与其进行顺利的生意往来有着重要的意义。这个文化内的成员知道什么时候需要运用"面子效应",但是对外界那些不了解此文化内涵的人来讲,公认的价值观和实际行为看起来是相互矛盾的。

二、决策

1. 决策的跨文化研究

关于决策的研究,既包括描述性的分析,也包括解释性的模型建构。Mann等编制了一份决策调查问卷,分别对澳大利亚、新西兰、美国、日本以及中国香港、中国台湾等六个国家和地区的在校大学生进行测量。前面的三个样本采集地的人们更具有个人主义价值观,而后面的三个样本采集地的人们更具有集体主义价值观。测量结果表明,在个人主义样本中,学生们在做决策时自信程度更高,而与此相反的是,集体主义样本在"推诿责任"和"回避"的得分上要高一些。

一项研究在美国、以色列及5个西欧国家选取129家顶级企业,对这些企业高层的管理决策进行分析之后提出了"权利-分享连续统一体"的假设。这个连续体的一端是领导者单方面独断决策,另一端是下属享有一定的权利共同制定决策。根据所面对具体情形的不同,大多数领导者的行为会在这一连续体上发生很大范围的变动。文化背景不同造成的领导行为差异远小于具体情形不同造成的领导行为差异。一些特定的情景会增加共同制定决策行为的发生概率。这一点在跨文化研究中也具有一致性(Berry,Poortinga,Segall,et al.,2002)。在组织设置研究中,最常见的话题是"日本与美国管理方式在组织效率上的优越性比较"。相关研究结果表明,日式管理的优越性可归因于其"广纳意见"的决策过程。

2. 决策的影响因素

(1) 风险偏移现象。

风险偏移现象是指一个人在集体中所提议的决策往往会比他单独一个人做决定时所做的决策更激进,从而导致集体水平上的决策往往比个人单独决策更为冒险。西方社会认为,风险是个人价值的一种体现,个体希望与同伴承担同样的责任与风险,因此在群体讨论的过程中,为了不落人后,个体发表的意见就更容易偏激。由此我们可以预测,在一个认为谨慎是更重要的品质的文化中,群体制定决策的过程中会存在谨慎偏移现象。最早支持这个假设的论据来自一个对比美国和乌干达的群体决策效率的研究。研究者发现具有集体主义文化的乌干达群体在决策过程中确实比具有个人主义文化的美国群体更为小心谨慎。其他研究表明,利比里亚的群体决策没有风险偏移的倾向，他们的风险偏移与谨慎偏移的程度是一样的（Berry，Poortinga，Segall，et al.，2002）。

（2）自信。

制定决策者的自信对决策的制定有着至关重要的影响。有研究者曾对西方国家（主要是英国）和亚洲国家（包括马来西亚、印度尼西亚和中国）的样本做了一项相关研究。研究者在研究中要求被试回答一个问题，并让被试指出他们在多大程度上相信自己的答案是正确的。结果发现，被试经常对自己的正确程度过度自信，尤其是亚洲被试。相对于西方被试而言，亚洲被试更多使用"绝对正确"或"绝对错误"这样的字眼，而更少地使用中性化的评价。研究者将这种现象归因于非概率化思维倾向与概率化思维倾向的文化差异，即西方人的思维倾向和亚洲人的思维倾向之间存在文化差异：前者表现为概率化，而后者表现为绝对化（非概率化）。

（3）对积极结果的注意偏向。

Weber和Hsee（2000）对文化与决策相关研究结果做过一个综述研究，发现人们在进行决策的过程中，如果分别考虑消极结果和积极结果，将表现出不一样的决策采纳概率。例如，如果面对两种选择，一种是有100%的概率得到50元钱，另一种是有50%的概率得到100元钱，50%的概率一分钱都得不到，人们往往就会更加冒险地选择后一种方案。也就是说，在决策中，人们会更加看重自己能够得到的积极结果。有研究者对博彩中人们的风险决策行为进行研究，发现相对于西方人（以荷兰人和美国人为样本）而言，在做一项风险行为的决策时，潜在的损失及失败的概率对中国人（以中国香港人和台湾人为样本）决策行为的影响更大。这表明对消极或积极的决策后果的关注程度有文化差异（Bontempo，Bottom，Weber，1997）。一个因素分析研究考察了中国和美国被试在实际生活中的风险决策，结果发现这些决策的影响因素中有两个是共同的：一个是害怕，即对潜在的灾难和失控的恐惧；第二个是风险的未知性，包括无法观察到的以及可能存在的长期危害。此外，中国被试比西方被试（主要是美国被试）在做风险投资决策时更加激进，其原因可能在于，如果发生灾难性的后果，中国人的社会支持网络会起到一定的缓冲效应，从而降低风险的消极影响。这种解释在理论上和实际中都已经得到了证实。

第四节 跨文化沟通

在管理领域中，跨文化沟通往往是一个重要的主题。在相同文化背景下的沟通交流中，人们一般强调三大基本原则，即真诚、理解及尊重。在跨文化的背景下，这三个基本原则也同样适用。但是面对一种陌生的文化时，人们还是会出现很多不同的反应。在不同的文化中，真诚的方式、理解的程度和角度以及尊重的表达都会有很大的差异。因此，本节将讨论个体在陌生的文化背景中一般会出现的问题，以及跨文化沟通方式容易出现的问题。

一、个体在陌生文化中可能出现的问题

个体在陌生的文化中，即使非常小心，也会出现某些特殊的心理现象，从而影响正常的沟通和交流。Varner 和 Beamer（2006）总结了个体在陌生文化中可能出现的问题。这些问题包括偏见、障碍和普遍性假设。

1. 偏见

偏见是针对特定目标群体的一种习得性的态度。它包括支持这种态度的消极情感（厌恶）和消极信念（刻板印象），以及逃避、控制、征服和消灭目标群体的行为意向。在跨文化交流中，个体经常出现对某个文化群体成员的偏见。

有很多理论解释偏见的形成。最常见的是社会学习理论。它认为偏见的习得途径与其他态度和价值观的习得途径相同；人们从他们的家庭、同伴、大众媒体以及他们身处的社会中习得偏见。有这样一个笑话：英国人、德国人、日本人在广场上同时丢失了一美元。英国人心里很不舒服，试图去找，但转瞬间又整理一下衣袖，挺着胸膛，很绅士地大摇大摆地走了。德国人想出了一个办法，他将这个广场划分为几个区域，然后一个区域一个区域地排查，直到找到了丢失的一美元。日本人丢了一美元之后，开始反思：我是在什么心情下丢失了这一美元的？丢失的钱原先是放在哪个口袋的？于是日本人得出了改进的方法，保证不会再出现这样的情况。这个笑话所描述的情况符合我们对这三个民族群体的一般印象：英国人绅士，德国人严谨，日本人细致。这些都是人们从自己的思维原型中得出的结论。有时候这种刻板印象能有效地节约人们的认知资源，而有时候则容

易导致认知或推理的错误。很多时候人们对其他文化背景下的人群进行评价时，往往以自己所处的文化背景为基础来进行思维，产生片面看法，继而逐渐得出价值判断性的结论。例如，在若干年前，东方人认为西方人"开放"不过是以自己当时所处的文化背景做出的价值判断，而西方人认为东方人"保守"也是出于同样的缘故。

我们不能永远保持中立的价值观，对任何事情都会有一个源于自己价值观的判断。但在跨文化沟通中，我们必须认识到，跨文化、跨民族的偏见可能会滋生仇恨、蔑视、恐惧等多种不良情绪。这些情绪会给正常的跨国商务、政务以及日常沟通带来干扰和障碍。

2．障碍

在国际管理和交流中，除了最常见的语言障碍之外，沟通障碍还会表现在文化、知觉和非言语沟通障碍上。

文化障碍是语言障碍的深层原因。在一项研究中，研究者通过比较214封英语母语者和非英语母语者写的商务信函，发现非英语母语者的信函中存在过于礼貌、提供不必要的个人信息、向对方提出不适当的要求等问题。这项研究是以美国商务沟通为标准的。研究人员认为，如果以其他文化背景下的沟通作为评价标准，那么英语母语者同样会出现问题（Sims，Guice，1992）。同时，由于东西方文化的差异，在表达方式上，西方人比较直接，而东方人则比较含蓄。例如，西方人习惯当着送礼人的面打开礼物表示喜欢，但这种做法在东方文化背景下是不礼貌的；东方人在向送礼人表示感谢的同时很少当着送礼人的面打开礼物，但如果从西方文化背景的角度来理解的话，这有可能被解读为不喜欢或不在乎这份礼物。

对一件事情的认识不同会导致人们做出不同的判断和决定。这也是在跨文化沟通中常见的问题之一。其中，跨国公司的广告是最典型的表现形式。例如，一家洗涤剂公司在中东地区的广告宣传中就犯了这样一个错误：他们的广告页面左侧是脏衣服，中间是公司生产的洗涤剂，右侧则是干净的衣服，因为在该公司所属地区的文化中，人们习惯于从左向右阅读。但是在他们投放这则广告的地区，人们的习惯是从右往左读。在这样的解读顺序下，广告的含义则是洗涤剂弄脏了干净的衣服。

非言语沟通是指通过身体语言或物理空间等途径来传递信息。这些途径包括手势、表情、姿势、人际距离、化妆、衣着、时间习惯、饰物、非言语符号等多个方面。非言语沟通同样存在重要的文化差异，例如：在中国人眼中威严的"龙"往往被西方人视为一种不祥的动物；在南美人眼中合适的交际距离会令美国人觉得太近。在跨文化的交流中，这些细节上的差别都有可能会引起误会或阻碍。

3. 普遍性假设

信息技术和交通手段的日益发达让越来越多的人见到了不同文化。但很多人会觉得不同的文化更多的只是表现在语言、服装以及食物上，在本质上大家其实都一样。这就是普遍性假设。普遍性假设是一种错误的观点，很容易导致投射效应的产生。投射效应是一种心理效应，指的是人们将自己的特点归于他人身上的倾向，以己度人，认为自己具有某种特性，他人也一定会有与自己相同的特性，把自己的感情、意志、特性投射到他人身上的一种心理效应。比如，一个心地善良的人会以为别人都是善良的；而敏感多疑的人，则往往会认为别人不怀好意。投射使人们倾向于按照自己是什么样的人来知觉他人，而不是按照被观察者的真实情况进行知觉。当观察者与观察对象十分相像时，观察者的看法会很准确，但这不是因为他们的知觉准确，而是因为此时的被观察者与自己相似。当被观察者与观察者差异甚远时，这种投射便会导致沟通障碍。

二、沟通方式与文化

人与人之间的交流与沟通一般通过两种基本途径来实现：一种是言语沟通，另一种是非言语沟通。在跨文化沟通与交流中，我们要了解这两种沟通方式在特殊文化中的特殊意义。

1. 跨文化言语沟通

言语沟通是人际沟通的重要途径，主要指通过言语来进行人际交流。言语沟通分为口头和书面两种，在跨文化沟通中也不例外。首先我们来讨论一下跨文化的口头言语沟通。

（1）跨文化口头言语沟通。

口头言语沟通应当遵循感情真诚、表达清晰、避免歧义的原则。有效的口头言语沟通应注意以下几个方面：

① 及时释义与反馈。有这样一个小游戏：预备一张图。这张图由一些简单的几何图形构成。一个人先看着图当"发言人"，即由他来向大家描述这幅图，而其他人边听边在纸上画，画的同时不许提问，不许和"发言人"有任何交流，只能根据"发言人"的描述按照自己的理解去画。接

下来第二名"发言人"上台。程序和前面一样,唯一不同的是这次画画的人可以向"发言人"提问,而"发言人"可以根据大家的提问予以反馈。在大多数情况下,第二次画的效果要比第一次好很多,原因就在于第一次游戏仅仅是由"发言人"一个人描述,没有反馈,没有交流,是一种无效的沟通,所以会导致糟糕的结果;而在第二次游戏中,"发言人"和画画的人有了有效沟通,使得错误的认知、想法在询问与解释中就得到了及时纠正。在跨文化的沟通中,及时地释义与反馈能够最大限度地理解对方所讲的话,避免普遍性假设过多地发挥作用。

② 适当的态度、语调和用词。有效的言语沟通需要合适的态度、语调、用词等。同一句话用不同的态度可以表达不同的情绪,例如"你真坏"既可以表达亲密,也可以表达厌恶。在跨文化的沟通中,我们首先要保证感情真挚。友好与真诚虽然不能更快地加快双方对彼此意思的理解,但是有助于营造积极的沟通氛围,是让沟通得以继续的基础。其次,我们要保持文化的敏感性。越了解对方文化背景中的一些细节,沟通起来就会越容易。例如,在有的文化中,头部是身体中神圣的部分,因此随便摸别人的头是不可取的;在有的文化中,左手被认为不洁,握手时切忌用左手;还有的文化忌讳情侣当众牵手;等等。文化禁忌各有不同。如果事先有所准备,我们在沟通中就能避免让文化上的错误认知影响意思的表达。再次,在跨文化沟通中保持幽默感也很重要。我们应当有自我解嘲的能力,允许自己有犯错误的时候,这样才有助于我们保持轻松、开放的交往心态,不至于出现不该有的心理防御。

语调包括音量、音速等要素。音量适中、语速放慢、发音清晰是跨文化沟通中让对方听见所发出信息的保证。如果使用母语与外国人沟通,那么适当放慢语速,发音尽可能准确相当重要,因为任何人在运用母语交流时都会显得格外熟练,往往会"假设"对方和自己一样熟练,但此时对方可能会因为语速太快或听不清而反应不及时。

在跨文化交流的用语上,特别需要注意的是避免理解障碍、歧义和误会。缩略语、俚语及一些玩笑话是造成这些沟通障碍的"罪魁祸首"。在绝大多数的外语教学中,书面、正式的语言是教学主流语言,而口语等很多语言,包括缩略语、俚语、一些玩笑等,由于其流行性、暂时性和本土性,很难为学习该种语言的外国学生所知。而且有的俚语在一些特定的环境下可能还带有攻击性、侮辱性的特点。因此在跨文化沟通中,除非交流对象已经在该文化中生活了比较长的一段时间，否则我们应当尽量避免过度的口语化，以免造成不解和误会。例如 awesome 一词，其本意是令人敬畏的、可怕的，但近年来美国人经常用它来当感叹词，大大抒发内心的喜悦与赞美，表示"太棒了"。此外，neat 是整洁的意思，但是如果美国人大叫"That's so neat!"，那么他并非在对周边的环境的整洁程度表示满意，而是在表示"很好""美妙极了"这个意思。

（2）跨文化书面言语沟通。

书面言语沟通的主要形式一般是信函。跨文化信函中要注意的问题一般有以下几点。

① 信函的格式正确。格式的背后隐含着一种文化的信息组织方式和逻辑推理方法。不同文化背景的人组织信息的风格迥异。例如在西方，尤其在美国文化中，信件中的信息要求简洁、清晰、具体，避免冗余、复杂和抽象，常使用的是主—谓—宾句式。而在另外一些文化中，信函的开头往往会有一段看似无用的景物描写或对收信者及其家人的祝福，因为在这些文化中，良好关系的培养、责任的模糊化等是重要的命题。在这些文化背景下写出的信函，强调的是委婉、隐喻，尽量避免直接切入主题。

② 字符拼写正确。拼写正确更多反映了严谨、尊重的态度，而不仅仅是文化水平。

③ 数字、日期的书写正确。一些文化在数字和日期的书写格式上有着非常大的差异。例如，在一些国家，书写数字会用逗号（","），从右往左，第一个逗号表示千位，第二个表示百万位，第三个表示十亿位；而在中国，书写数字会使用小数点，但不会用逗号。在日期方面，英国和美国的表达方式是有差别的。如 1996 年 3 月 2 日，英国人习惯写为"2nd March, 1996"，而美国人则习惯写为"March 2, 1996"。并且在美式写法中，1st, 2nd, 3rd 中的 st, nd, rd 是不使用的。全部用数字表达日期时，英国和美国也有差别。如 1998 年 5 月 6 日，英国人将之写成 6/5/98，而美国人将之写成 5/6/98；01.08.1998 是英国式的 1998 年 8 月 1 日，按照美国的表达方式却是 1998 年 1 月 8 日，而美国的 1998 年 8 月 1 日应写成 08，01，1998。因此，使用数字来表示日期可能会产生误解，在商务活动中必须谨慎。

2. 跨文化非言语沟通

沟通的另一种途径是非言语沟通。行为心理学家多年的研究发现，面对面沟通时，文字、声音和肢体语言对沟通效果的影响比率分别为7%、38%和55%。这里的肢体语言就是非言语沟通的重要组成部分。有研究指出，人类的肢体语言传递了近60%的人际交往信息。比如，男性和女性在疑虑、不确定或说谎的时候，都会做出很多用手去碰触脸部的动作，包括揉眼睛、摸鼻子、扯耳朵和整衣领等。

非言语沟通是指通过身体语言或物理空间等途径来传递信息。交流双方的距离、坐姿、手势、握手方式、面部的微表情等都包含着丰富的信息。双方在沟通时应具备相应的敏锐性，才能保持良好的沟通。非言语沟通的构成要素归纳起来主要有空间语言、表情和动作三大类。

（1）空间语言与文化。

空间语言主要指人们使用物理空间来传递信息。人类学家 Edward Hall（爱德华·霍尔）通过研究动物的领地行为，指出人类的周围空间有4个区域，并且在交流中各有不同的意义：

① 亲密区域：小于1.5英尺（约0.5米）的区域，属于亲密关系（例如情侣和夫妻）的交流范围。

② 个人区域：1.5～4英尺（0.5～1.2米）的区域，通常是亲朋好友之间交流的范围。

③ 社交区域：4～12英尺（1.2～3.7米）的区域，是在工作环境中的正常交流范围。

④ 公共区域：12英尺（3.7米）以上的区域，是在社会公共场所如街区中的交流范围。

各种因素影响着我们和身旁的人坐着或者站着的距离，而这个距离通常受到社会和文化标准的影响。文化标准对人们决定如何利用交流中的个人空间有非常重要的作用。拉美、阿拉伯以及法国文化属于触摸文化。在这样的文化中，人们的自我空间极限离身体很近，因此触摸他人的行为一般会被认为是很正常的行为。而日本、德国以及美国文化则属于非触摸文化，因此人们不容易接受交流时彼此挨得太近或有身体上的触碰等。英语中的一条谚语充分地说明了这一点——"Good fences make good neighbors（有好篱笆才有好邻居）"。人与人之间保持一定的距离在这样的文化中举足轻重。在了解空间语言之后，我们就会更容易明白为什么当一个美国人和一个阿拉伯人谈话时双方的位置会不断地移动了：美国人为了保持个人空间距离会越来越向后退，而阿拉伯人为了保持他认为正常的交际距离会越来越向前靠近。双方都不是因为无礼而做出这样的行为，他们只不过是根据自己文化中有关空间的习惯，做出了一种无意识的空间调整。

（2）面部表情与文化。

在跨文化人际沟通中，差异最大的当属眼神接触的规则。例如，在和美国人进行面对面的交流时，礼貌的做法是，说话者不时看着对方的眼睛，而听话者看着对方的嘴；但如果在中国传统文化背景下，社会地位低者说话时直视社会地位高者的眼睛被认为是不礼貌的，甚至带有敌意、挑衅的含义。一般来说，自我空间极限距离越小的文化越注重说话时眼神的接触，而在自我空间极限距离较大的文化中，如在日本，人们对直接的眼神接触会感到局促，而保护自己的隐私是大家更为看重的东西。

人类的基本面部表情有愉快、惊奇、悲伤、愤怒、厌恶和惧怕等。它们具有先天性和共同性的特性，即在不同的文化背景下，这六种表情的表现形式是基本一致的，但是在使用频率、使用强度等方面还是有文化之间的微妙差别。一般来说，在自我空间极限距离越小的文化中，面部表情越明显、越强烈；在自我空间极限距离越大的文化中，如在中国、日本等国家中，人们的面部表情相对较平静，情绪较隐蔽。

（3）动作与文化。

人们在交流中不仅要合理有效地使用自己的肢体语言，还要注意锻炼解读他人肢体语言的能力。章志光等主编的《社会心理学》一书中展示了一幅图。这幅图画的是一些简单的身体姿势（见图11-1）。这些身体姿势传达了不同的信息。

在不同的文化中，肢体语言的使用频率是不相同的。与面部表情一样，自我空间极限距离越小，人们的肢体语言越丰富。美国人交流时的肢体语言多于日本人的肢体语言，而阿拉伯人交流时的肢体语言比美国人的还多，他们几乎每说一句话都会伴随相应的手臂姿势和动作。除此之外，一些肢体语言在不同的文化中还表示着截然不同的含义。在大多数文化中，点头表示赞同，摇头表示反对。但是，在印度南部一些地区，摇头并不代表反对；在保加利亚，摇头则表示同意。如果我们不清楚这些，在交流时就会闹南辕北辙的笑话。

图 11-1　身体姿势蕴含的意义

三、人格与跨文化沟通

前面我们讨论了外部客观因素如文化、语言、习俗等对跨文化交流的影响，但是在实际生活中我们会发现，在同样的环境中，总是有一些人会更快更好地适应跨文化的环境。这就涉及个性特征与有效沟通之间的关系了。

有关跨文化能力或者沟通能力的一个重要研究来自19世纪60年代对联合国维和志愿者的测量。在当时的个性评估方法中，特质取向运用得比较广泛。Kealey 和 Ruben（1983）总结了多个研究所提取出的志愿者特征。这些特征包括诚实、同情心、尊重和灵活性。这些特征基本上都是在一般社会人际交往中比较受欢迎的，所以，这样的结论对跨文化人格特征的研究意义不大。Kealey 认为，之所以出现上述结果，一部分原因是以往研究对成功的跨文化沟通并没有明确的具有操作性的标准。Kealey 和

Ruben试图从性格差异中寻找答案。他们认为在与跨文化交流有关的人格变量中,除了人格力量外,社会参与、本土语言能力和对习俗的包容度等变量也具有重要性。Kealey 和 Ruben 将跨文化合作者的特征分成三个主要的成分:个人与家庭在非本土文化中的适应及满足感、个体的专业技能、与所处国家成员关系的友好程度。通过对这三种成分的研究,以性格特征相似性为基础,他们认为有证据可以证明"海外型"的人确实存在。这类人的许多特征是相似的,如性格开放、对他人感兴趣、积极乐观、自信灵活、工作能力强。最终,Kealey(1996)列出了一个成功的跨文化合作者必须具备的三个条件:① 适应能力,包括灵活度和压力缓解能力,但同时也要满足物质基础稳定;② 跨文化能力,包括现实主义和对文化的参与;③ 合作能力,包括对他人的坦诚和主动。

思考题

1. 你的文化给予你什么样的工作价值观?
2. 文化对管理风格和管理决策的主要影响体现在哪些方面?
3. 跨文化沟通需要关注哪些方面?

参考文献

1. [美]艾里丝·瓦尔纳,琳达·比默. 跨文化沟通[M]. 3 版. 高增安,马永红,孔令翠,译. 北京:机械工业出版社,2006 年.

2. BERRY J H, POORTINGA Y H, SEGALL M H, et al. Cross-cultural psychology: research and applications[J]. 2nd ed. Cambridge: Cambridge University Press, 2002.

3. BONTEMPO R N, BOTTOM W P, WEBER E U. Cross-cultural differences in risk perception: a model-based approach[J]. Risk analysis, 1997, 17(4): 479–488.

4. HAIRE M, GHISELLI E E, PORTER L W. Managerial thinking: an international study. Oxford, England: John Wiley & Sons, 1996.

5. HOFSTEDE G. Culture's consequences: international differences in work-related values. Beverly Hill, Calif: Sage, 1980.

6. KEALEY D J, RUBEN B D. Cross-cultural personnel selection criteria, issues and methods[M]//LANDIS D, BRISLIN R W. Handbook of intercultural training:Vol. 1. New York: Pergamon,1983.

7. KEALEY D J. The challenge of international personnel selection[M]// LANDIS D, BHAGAT R S. Handbook of Intercultural training. 2nd ed. Thousand Oaks, CA: Sage,1996.

8. LIKERT R. The human organization: its management and vales[M]. New York: McGraw-Hill,1957.

9. MISUMI J, PETERSON M F. The behavioral science of leadership: an interdisciplinary Japanese research program[J]. Ann Arbor, MI: University of Michigan Press,1985.

10. MOW (Meaning of Working International Research Team) (1987). The meaning of working[J]. London: Academic Press,1987.

11. SIMS B R, GUICE S. Differences between business letters from native and non-native speakers of English[J]. Journal of Business Communication, 1992,29(1): 23 – 39.

12. SINHA J B P. A model of effective leadership style in India[J]. International Studies of Management and Organisation,1984,14(3):86 – 98.

13. SMITH P B, PETERSON M F. Leadership, organizations and culture: an event management model[M]. London: Sage,1988.

14. WEBER E, HSEE C. Culture and individual judgment and decision making[J]. Applied Psychology, 2000,49(1): 32 – 61.

15. BASS B M. Leadership: good, better, best[J]. Organizational dynamics, 1985,13(3):26 – 40.

16. BURNS J M. Leadership[J]. New York, NY: Harper & Row,1978.